文学の教材研究

――〈読み〉のおもしろさを掘り起こす

教育出版

まえがき ――〈読み〉の授業のために

さまざまな「教育改革」そして「授業改革」などが進められてきましたが、その一方、国語科教育の現場では教材研究不在の時代を迎えてしまったかのように思われます。とりわけ「詳細な読解」批判以降は文学教材においてその傾向が顕著ではないでしょうか。

活動の重視ということで、動作化や劇化を中心とした授業。作品を一つの資料のように扱うだけの授業。旧態依然のできごとやあらすじを追うだけの授業。あるいは、「非連続型テキスト」の読解（リテラシー）のみが重要ということで、学力テスト問題に合わせたような授業。

このような授業は、作品（教材）の〈読み〉を、「目的意識」を持った「課題解決」のための方法、情報の取り出しと「活用」のための活動といった面のみに特化して、「読むこと」本来の言語教育的価値を見のがしてしまっているようにとらえられます。

「ことばの力」が学習者個々の主体形成に不可欠な「力」であるとするならば、それは表層的なコミュニケーションのためだけの「力」ではなく、思考や想像、認識といった幅広くかつ深い「力」でもあるべきです。では「読むこと」領域において、それも文学作品を読む授業においてはどうあるべきなのでしょう。

あらすじをなぞるだけの授業ではなく、そこに書かれていることにどのような意味があるのか、それを発見すること、追究すること、あるいはそのような〈読み〉の行為を教室（学習者集団）に生み出すことによってこそ、〈読み〉の授業は成立していきます。そのためにも、まず教師が教材と向き合い、〈読み〉の可能性を十分に追究することが求められるのです。

〈読み〉の可能性とは教材価値のことでもあります。作品の持つ意味のことでもあります。そして、なにより〈読み〉のおもしろさなのです。そのために、「あらすじ」や「人物」だけではなく、それらを包みこむ「プロット」や「語り」をとらえます。これらをしっかりと踏まえたうえで、子どもとともに作品を読み進めていく、そのような授業をわたしたち「ことばと教育の会」では構想してきました。

そこで、「ストーリーの読みから意味の読みへ」というテーマを掲げ、毎月の研究会で文学教材を作品として読み合ってきたのです。前述のように、文学の〈読み〉の授業においては、まず教師の〈読み〉の追究が不可欠であると考えてきたからです。

この〈読み〉は読者一人一人のものです。尊重されなくてはなりません。

しかし、その「わたしの〈読み〉」を大事にするということは、なんでもありの主観的な〈読み〉を無条件に許容することではありません。主観の枠組みを超え、他との関係で「わたし自身」を問い返し、「わたしの〈読み〉」を確立していくことです。

本書では、子どもたちが接する教科書教材を取り上げ、〈読み〉をそれぞれに展開しています。研究会での報告や討論をもとにしていますが、最終的には教師としての個々の〈読み〉を問うています。

かつて、国語教室における「知の総合化」を目指して『国語教室宣言』（国土社）を私たちは世に問いました。今回は、国語教育の原点ともいうべき〈読み〉の授業に戻っての問いかけです。まず「読む」ことから始めようというわたしたちの提起をお受け取りください。

なお、巻末には、田中実氏の協力を得て、文学教育をめぐる今日的かつ原理的問題についての対談を収録することができました。併せてお読みいただければ幸いです。

【木下ひさし】

目次

序　〈読み〉のおもしろさを掘り起こす

文学の教材研究
――子どもと〈読み〉を共有するために

田近洵一

Ⅰ　読者としての教師

1　子どもと共に読む教師

読むことの教育は、〈読み〉の行為の成立自体を学習内容とするものである。つまり、読むことの学習は、〈読み〉の行為の成立と共にある。〈読み〉の成立自体が、学習内容であり、また学習活動なのである。

子ども（＝児童・生徒）は、〈読み〉の成立の仕方を学ぶ学習者であるが、同時に、自ら〈読み〉を行為する読者である。〈読み〉の学習において、子どもは一人の読者として〈読み〉を体験する。言うならば、子どもは読者として〈読み〉を体験することで、初めて学習者となるのである。

教師は、読者である一人一人の学習者に寄り添って、その〈読み〉の成立に立ち会う。教師は、自ら一人の読者として、子どもと〈読み〉を共に体験する（共体験する）。共体験者として、子どもの〈読み〉の成立を内側から支え、うながす。教師は、子どもと課題を共有しながら、〈読み〉を成立させていくのである。

2　教師は子どもと〈読み〉を共有する

読むことの教育においては、教師も読者である。子どもと共に、一人の読者として自ら〈読み〉を成立させ、新しい意味世界を創っていく。

教師は、子どもの〈読み〉の上に、意味生成の〈読み〉のおもしろさを見るが、それは、教師も一人の読者だからだ。教師は、自らも一人の読者として、子どもと〈読み〉のおもしろさを共有するのである。

一人一人の子どもの〈読み〉は、必ずしも教師の〈読み〉と同じではない。むしろ大きくずれている場合の方が多いだろう。それでも教師は子どもの視点に立ち、そこになんらかの可能性を見出そうとする。たとえ自分とずれていても、教師は子どもの〈読み〉の成立を自らのことのように思って共体験する。教師が子どもと〈読み〉を共体験できるのは、その時教師自身が読者として〈読み〉を体験しているからだ。

教える側に立っても、教師は一人の読者である。読み方を教える前に、まず自ら一人の読者でなければならない。教師は子どもと共に読むことを通して、自ら一人の読者として「私」の世界を創出し続ける。時には子どもの〈読み〉に刺激されて、自らの世界の拡充・再生を図ることもあろう。それも、教師はその時点において一人の読者だからだ。

3　「私」の〈読み〉の体験

文学の教材研究は、教材とする作品を、教師がまず一人の読者として読むことから始まる。一人の読者としての〈読み〉の体験があって、初めて教師は、作品を教材とし、その〈読み〉の成立を学習内容とすることができる。

何を教えるか、どのように指導するか……をとりあげる前に、教師は、教材としての作品自体の〈読み〉を自分のものにしなければならない。大事なことは、読者としての「私」の〈読み〉の体験を充実したものにすることである。

充実した〈読み〉の体験とは、「創造的な〈読み〉」の体験である。すなわち、作品のことばと関わって、自分の中に一つの意味世界を創出していく、過程的な〈読み〉の体験である。それは、一人の読者として、「私」の〈読み〉を成立させると共に、その「私」をも自己対象化し、その向こうに未だ見えざる世界を見据えて、さらに文脈の掘り起こしをはかり、〈読み〉を深めていく体験である。

教師の、「私」の〈読み〉の体験なしに、文学の教材研究はありえない。上記したような自己否定の契機をも内包した、「私」の〈読み〉の創出と再生の体験が、教材研究の基礎なのである。

Ⅱ 〈読み〉の成立

1 文脈の形成

読者にとって、読まれる前の文章は、印刷された活字の連なりでしかない。文学テキストも情報テキストも、読まれる前の活字の連なり（＝文章）を第一次テキストとするなら、それは、読まれることによって、初めて読者の内に第二次テキストとして存在する。（読まれる前の言語的資材として認知可能なテキストを「文章」とよび、読まれることで読者の内に成立する文脈、すなわち第二次テキストを「本文」とよぶ。）

読み書きの能力を基礎学力とする小・中学校の国語教育において、第一にクリアしなければならないのは、子ども一人一人の内に文脈（＝本文）を形成することである。語彙が乏しく、文の読みもたどたどしい子どもに、どのようにしたら本文を成立させることができるかがまず問題なのである。文学テキストの場合でいうと、まずは音読することができ、ストーリーがとらえられれば本文が成立したと言っていいだろう。

2　創造としての本文の形成——物語体の文章の場合

〈読み〉における本文の形成は、具体的な作業として言うなら、文字や語彙などの言語的な抵抗をなくし、登場人物の言動をとらえて、時系列で物語の展開（ストーリー）を読むことである。そのための学習は、基本的には文字から単語の認知へと進み、そこから文・文章の読みへと展開することになる。

文字や語彙の認知ができるようになっても、人物の言動をおさえてストーリーの展開をとらえるのは、そんなに簡単なことではない。登場人物を中心に個々の事物を関係づけ、読者の内に時系列で再構成しなければならない。すなわち、ストーリーの〈読み〉は、文章上のことばの仕組みを手がかりとしながら、本文の柱となるストーリーを自ら創り出していく行為である。小学校の、特に低学年の教材では、ストーリーの再構成を学習の基軸として、文章のことばの仕組みを手がかりに、一人一人の本文の形成をどう具体的に進めるかが検討されなければならない。

ところで、そのような本文の形成の仕方（＝文脈化のあり方）は、一人一人の読者の、「語とその連鎖」に対する認知の仕方と、それへの意味の与え方によって違ってくる。文脈の形成の仕方が違ってくるということは、読者の内なる本文が違ってくるということである。国語教育においては、当然のことながら、文脈を形成し、本文を成立させるためにはどうするかの基礎作業のあり方が問われることになるのである。

3　意味世界の生成と他者との出会い

読者は、言語的資材としての「語とその連鎖」に意味を与えることで、自らの内に一つの文脈を形成する。外なる文章は、内なる本文として、読者の内に意味世界を生成するとともに、感動・反発などの情意的反応を触発する。

読者である「私」は、本文を形成し、意味世界を生成せしめる行為を通して、「他者」と出会う。他者との出会いとは、日常の外の世界との出会いであり、「私」を目覚めさせる出会いである。「私」は本文を形成することを通して新しい世界、異質な世界と出会うのである。そして、時にはコモンセンスの陰に隠れた真実に目を開かせられたり、時には異化体験をさせられたりもする。そのような出会いをもたらす意味世界、すなわち本文自体、読者にとっては他者である。読者である「私」は、読むことを通して、わが内に本文を現象させ、他者と出会うのである。

しかし、はたしてその出会いは、「私」にとって本当の他者との出会いだと言えるだろうか。それは、わが内なる本文の上での出会いである以上、「自己化した他者」との出会いでしかない。もちろんそれに意味がないとは言えないのだが、「私」は、「さらに」と言うか「絶えず」と言うか、「自己化した他者」を超えて、「未見の他者」との出会いを求め、わが内なる意味世界（＝本文）を問い返す。それが、終わりなき追究としての〈読み〉の始まりである。

Ⅲ　本文の再生・意味の生成

1　内なる本文の問い返し

読者は、元の文章の言語的な仕組みをとらえ返し、さらにそれにどう意味を与えるかを問い返す作業を通して、本文を修正したり補充したりしながら、読み返す。そのような「私」の〈読み〉の根拠は、言うまでもなく、読者としての「私」が、客体としての文章にどのような意味を与え、どのような文脈化の操作により本文を形成せしめるかにある。つまり、客体としての文章に対する主体の文脈化のあり方にある。「未見の他者」を求め続ける限り、読者は、絶えずわが文脈化の働きをふり返る。そのたびに、客体としての文章は、意味を与えられ、主体の内に新たな本文として現象するのである。

対象が、文学テキストであっても情報テキストであっても、上記のような記号操作の働きにおいて違いはない。言語的資材としての文章は、それに意味を与える行為（＝読むという行為）を通して、文脈化されて本文となり、意味世界を生成する。本文が曖昧な場合、読者はいくどもその文章に返って、そこでの意味生成のあり方を問い返す。つまり、自分の文脈化のあり方を問い直すのである。

2　「私」の〈読み〉

自分の文脈化のあり方を問い返す場合、たとえ本文の成立が不十分であっても、一度でも読めば、読者である「私」は元の「私」ではない。読者の内に成立した本文が不確かなものであったとしても、読み返す

「私」にとっては、それが先入観となって働く。つまり、「私」は、自分の内に成立した本文を下敷きとしながら、読み返すことになる。読み返す「私」は、最初の〈読み〉における「私」ではないから、「語とその連鎖」のとらえ方や意味の与え方において、最初の読みの影響は大きく、それを自己否定して読み替えるには、大きなエネルギーが必要となるのである。

自分の本文を問い返し、自己相対化しながら、改めて新しい文脈を創り出していくためには、わが内なる本文を自己確認することが緊要である。自己確認があって、初めて文脈化の問い返し、そこからの自己変革も可能になるのである。そこに、言語的事実としての文章に戻って、改めて読み返すことの意味があるのだ。

読み返し自体、本文を立ち上げる働きの上で、最初の〈読み〉の影響を受けながらも、その〈読み〉を確かにするものである。しかし、それだけではない。読み返すという作業は、文脈化をふり返り、本文の成立を確かにするだけではなく、その本文の意味を確かにする作業ともなって機能する。

3　本文の問い返しと意味の読み

本文は、「自己化した他者」である。上述したように、「未見の他者」を求めて本文の成立の仕方（＝文脈化のあり方）を問い返すことは、必然のことだが、本文がどのような世界を描いたものか、それは何を意味しているか、つまりは本文の意味を問うことと重なる。なぜなら、ことばの仕組みとの関係で、本文の成立における〈読み〉のメカニズムを問うことは、そこに成立した本文の本質的な意味を明らかにすることにつながるからである。ことばの仕組みに対する文脈化のあり方を問うことは、そこに成立した本文（＝文脈）の意味を問うことの基礎作業なのである。

そのことは、また逆に、本文の意味を問うことは、本文の成立の根拠を確かにすることだと言える。たとえば、本文の意味を求めて、プロットを問うことは、具体的な作業としては、文脈化のあり方を文章のことばの仕組みとの関係で問うことになるからである。すなわち、意味の読みは、文脈化の問い返しと本文（ことばの仕組み）との相関として成立すると言っていいだろう。

くり返す。読者は、本文が成立した時点で、さらにその本文が何を意味しているかを問うと同時に、本文の文脈が、元の文章のことばをどのようにとらえたものであるかを問い返していく。本文の意味を、文章のことばの仕組みのとらえ方、つまり文脈化のあり方の上に問うていくのである。

Ⅳ　文学の教材研究

1　文脈の形成と本文の言語化

〈読み〉とは、「語とその連鎖」からなる言語的資材としての文章にことばの仕組みを見出し、それに意味を与えて文脈を形成し、意味世界を形成していく過程的な行為である。つまり、外なる客体としての文章は、〈読み〉を通して、読者の内に一つの意味世界（＝本文）として現象するのである。それが、文学を読むという行為である。

文章とよばれる言語的資材を第一次テキストとするなら、読者の文脈化の働きにより、読者の内に生成された意味世界（＝本文）は、第二次テキストである。すなわち、文学は、〈読み〉を通して一つの意味世界（＝第二次テキスト）として読者の内に生成されるのである。

教材研究は、その読者の内に現象した内なる意味世界（＝本文）を対象とし、その創出の筋道を明らかにすることである。すなわち、読者として、「私」の内なる本文を対象として、如何《いか》にしてその本文が形成されたかをふり返り、その文脈化のメカニズムを客体である文章のことばの仕組みの上に確認するとともに、その物語は如何なる世界を描いたものか、それにはどのような意味があるかなど、本文の構造と意味とを明らかにしようとする作業である。

2　第三次テキストと教材研究

〈読み〉を通して、確かに読者の内に本文（＝意味世界）は生成され、読者に働きかける。しかし、その本文は、あくまで読者の内なる現象である。つまり、本文は文字でも音声でもなく、非実体的なイメージなのである。その非実体的なイメージとして現象する意味世界をとらえるには、それにことばを与えるしかない。ことばを与えることで、内なるイメージ世界（＝本文）は可視的な文脈を形成し、その読者の「読み」として客体的に存在するのである。

「私」の〈読み〉を明確にするには、「私」はどう読んだかを言語化しなければならない。一人一人の読者の〈読み〉は、内なる本文にことばを与え、言語的に可視化することで、初めて読者自身にも認知可能な「私」の〈読み〉として成立する。その作業が教材研究の基礎としての〈読み〉である。つまり、内なる本文を自己対象化し、自分はその作品をどう読んだか、そこにはどのような意味世界が展開していると読んだか……を、ことばで明確にする――そのことが、教材研究の基礎である。

内なるイメージとしての本文を言語化することで、読者は、それを対象化し、その意味を問うことで〈読み〉を深めていくことができる。すなわち、言語化を通して本文の成立を確かにすると共に、それ（第三次テキスト）を手がかりにさらに本文の意味を追究し、それを書き換えたり、価値づけたりしていくのである。それが、教材研究の実の姿である。

ともかく読んで書くことである。書くことなしに読みを深めることはできない。教材研究は、そのような〈読み〉の深化の過程を通して、本文とその意味とをことばの仕組みを踏まえて明らかにしていく、そしてさらにことばの仕組みのとらえ方の上に〈読み〉の成立のメカニズムを明らかにしていく作業である。

3　本文とその意味

文学の教材研究は、「私」の〈読み〉の成立を前提として、そこに成立した内なる本文を確認し、その意味を追究する作業である。本文は、〈読み〉を通して読者の内に文脈として存在する。しかし、その内なる文脈は、確かに存在はするのだが、非実体的であって読者本人にしか認識することのできないイメージである。そのイメージを意識の対象とし、継時的に想起することによって、本文は線状的な文脈として対自的な認知の対象となるのである。

本文の意味は、その内なる線状的な文脈を構成することばの仕組みの意味である。それを明らかにするには、内なる文脈を言語化しながら、その意味を問うていかなければならない。文脈の言語化とは、まず作品のストーリーをことばで取り出す（ストーリーを書く）ことである。その上で、本文を成り立たせていることばの仕組みについて解釈を加え、その意味を明らかにしていくのである。すなわち、意味の〈読み〉は、本文を成り立たせていることばの仕組みについて、説明のことばを与えていく作業（解釈作業）である。

4　本文の形成と意味の〈読み〉

読者の内なる本文の意味の生成は、文章を構成する言語的資材としてのことばに、なんらかのことばの仕組みを見出し、文脈化していくところにある。つまり、読者の内なる本文の意味の根拠は、読者のことばの仕組みのとらえ方、すなわち文脈化のあり方にある。たとえば、本文の意味を求めて、プロットを問うことは、具体的な作業としては、文脈化のあり方を文章のことばの仕組みとの関係で問うことになるからである。すなわち、意味の〈読み〉は、文脈化の問い返しと本文との相関として成立すると言っていいだろう。

読者である「私」は、内なる本文をふり返り、本文の意味を明らかにしようとする。自分はそこで何と（あるいは誰と）出会ったのか、それにはどのような意味があるのかと、出会いの内実を問うていく。そして、それは同時に、わが文脈化のあり方をも問い返すことと重なる。なぜなら、内なる本文の意味は、外なる文章の仕組みへの意味の与え方の問題でもあるからだ。読者は、本文の意味を明らかにしようとしながら、同時に、ことばの仕組みのとらえ方はそれでいいのか（問題はなかったか）、意味の与え方に問題はなかったかと、文脈化のあり方を文章の上に問い返すのである。

言語的資材である文章の上に、ことばの仕組みをどう見出し、どう文脈化していくかと同時に、生成された内なる本文の意味を問うていく――それが〈読む〉という行為である。

5　教材研究という作業

文学テキストを〈読み〉の教材としてとらえるということは、〈読み〉は如何にして成立するかを明らかにすることである。それは、右に述べたような〈読み〉の成立過程を対象化し、読者における意味生成のメカニズムを、文学テキストとの関わりの上に明らかにしていく作業である。具体的には、言語的資材としての文章に、どのようなことばの仕組みを見出して、どう文脈（本文）を生成するか、そして、そこにどのような視点から、どのような意味を与えていくか（どのような意味の与え方が可能か）を明らかにするのである。

それは、次のような作業として実践される。

ア　人物とエピソード、ストーリーの〈読み〉

これは、人物を中心として線状的に展開するエピソードを時系列で理解していく〈読み〉であって、意味の〈読み〉として特に問題はないのかもしれない。しかし、小学校段階の学習者にとっては、〈読み〉の基礎として特に重要である。それは、エピソードからエピソードへの展開や、そこでの人間関係などの読み取りが難しいからである。したがって、教材研究としては、人物を中心としたストーリーの展開をわかりやすく整理しておく必要がある。

人物を中心としたストーリーの〈読み〉で、特に重要なのは、結節点の〈読み〉である。結節点とは、具体的に言うと、物語の展開に関わる、登場人物の言動を表す表現、特に重要な人物の会話文、あるいは行動描写文である。それは、読者にとっては印象点であって、読んでいて特に心に残る言葉（語あるいは文）である。その結節点（＝印象点）は何を意味しているか（その結節点から何がわかるか）を問うことは、人間理解の〈読み〉であり、文学の〈読み〉をおもしろくする鍵である。

イ　プロットとその意味の〈読み〉

プロットを読むとは、全体がどのようなエピソードの関係として成り立っているか、特に、物語を構成する重要なエピソードを取り出し、そのエピソード間の因果関係、あるいは相関関係を明らかにするのである。

小学校教材の場合は、人物を中心とした展開が、屈折したり変化したりしている場合が多い。そのような作品の場合は、冒頭を承《う》けて展開してきた物語が、その屈折点で、何が原因で、どう変容・変化して、どのような結末を迎えたかを、全体的に把握する必要がある。つまり、屈折点を中心に、物語を構成する因果関係を明らかにするのである。（屈折点は、物語全体の結節点である。）

プロットの〈読み〉とは、一言で言うと、作品の全体をエピソード間の関係様相としてとらえることだが、そのプロットにどんな意味があるか（プロットの意味）の解釈は、〈読み〉の実質としては、そのようなプロットを成り立たせているものは何か（メタ・プロット）を読むことに通じるものである。なぜなら、読者が取り出したプロット自体、読者自身が内なる本文を対象として、それを意味ある構造として再構築したもの（構造化したもの）であり、その作業は、本文に対して意味づけをすることになるからだ。

プロットの意味を読むとは、「このような物語の展開は、何を意味しているのだろうか」、「このような展開で、この物語は何を問題にし、何を描き出そうとしているのか」を問うことである。そのことは、読者にとって、作品の主題を中心に、自らの内に成立した意味世界を構造的に明らかにすることになるだろう。

ウ　語りと作者

語りを読むとは、どのような語り手が、物語をどのような視点からとらえて、どのように語っているか、その語り手の視点や語り方に、どのようなものの見方や考え方（想）が表出されているか、また物語に対するどのような価値づけがなされているかを読むことである。

さらに、そのような語りをさせている「作者」を読まなければならない。ここで「作者」とは、伝記上の作家ではなく、この作品の上に読むことのできる、その作品の「書き手としての作者」（虚構の作者）である。そのような作者を読むということは、「語り手にそのような物語を語らせたのはなぜか」、「そこに、作者のどのような想いや価値意識を見ることができるか」を読むことである。そのような作品の「作者」論が重なって、作家論を形成することになるわけである。

補説

語りと「作者」――『川とノリオ』の場合

ノリオとじいちゃんの二人は、けなげに生きている。彼らは、自分の状況にもてあそばれながらも、いっしょうけんめいに生きている。語り手は、そんな、状況に対して無抵抗に生きるしかない二人の現実を語る。状況に巻き込まれ、なんの異議申し立てもできないのが現実の人間なのである。語り手は、異議申し立てのできない二人の側に立ち、二人の置かれた状況を、「年寄りすぎたじいちゃんにも、小学二年のノリオにも、何が言えよう」と、二人にかわって告発する。

ノリオは状況とたたかうことはできない。しかし、そんな中で、ノリオは成長する。そして、「母ちゃん帰れ」と痛切な思いをことばにしながらも、それで今や、一人の働き手として自分を奮い立たせるかのようにして力強く鎌をふるい始める。語り手は、ノリオにかわって、ノリオの理不尽な状況を語り、その中で力強く生き始めるノリオの働く姿を語る。そのノリオの姿を語ることで、語り手は、決して悲観することなく、状況を超えて自立していく人間にエールを送っているのである。力強く生き始めるノリオを、語り手はどんな思いで語っているのだろうか。そこに、語りの〈読み〉がある。

ノリオは何も語らない。すなわち、この作品の作者（虚構の作者）は、登場人物には何も語らせない。作者は、ノリオに語らせず、ノリオの側に立つ第三者として、語り手にノリオの直面する状況と、そこに力強く生きはじめる姿を語らせているのである。悲しみを内に抱きながら、それでも決して状況に敗北せず、自ら働き手として生き始めるノリオを描くことで、作者は、そこに未来を拓く人間のたくましさを見ているのだと思われる。作者は、このノリオの物語を、どんな思いで書いているのだろうか。それが作者の〈読み〉である。

初読と再読

童話や小説など、物語体の文章の〈読み〉は、登場人物とその行動を中心とした出来事（エピソード）と、その展開としてのストーリーをとらえる活動として成立する。読み進む行為は、その行為と共に立ちあらわれる人物や出来事など、物語を構成する題材とその展開上の意味をとらえて、ストーリーを読む活動である。それは、主として、物語の展開を、時系列でたどって読んでいくことになる。それが、私の言う「初読」である。

「初読」は、ストーリーの展開を追って物語内容を読んでいく「たどり読み」である。それに対して、「初読」が終わったところから、物語の全体をふり返り、改めてその意味を問う「ふり返り読み」が始まる。ふり返ることで、継時的・線状的に展開してきた物語を貫く因果律が明らかになり、物語の構造が見えてくるのである。そのようなふり返って全体をとらえ返す〈読み〉を、私は、「再読」と呼んでいる。

〈読み〉の原理

田中実氏は、「第三項」としての「〈原文〉の影」という仮説により、読みを通して、客体としての文学は

〈本文〉として現象し、後には物質としての言語が残るだけで、そこに返ることはできないが、〈原文〉の影が働くとする。すなわち、「〈原文〉の影」に読むことの根拠があるということになる。それに対して田近は、――読者が、客体として存在する「語とその連鎖」としての文章に意味を与え、文脈を形成するのが〈読み〉であって、言語的資材である「元の文章」自体には、読む前も、読まれた後も意味はない。読者が意味を与えることで、読者の内に「本文」として現象するだけだ。だから、「元の文章」には、いくども返ることができ、その度に意味を与えることで、「本文1」「本文2」「本文3」……を生成し、現象させる。その〈読み〉の根拠は、読者の文脈化の働きにある。――と考える。すなわち、読みの行為自体に意味を見出すとともに、その〈読み〉が読者の意味生成の働きによるものであるという原点で、田近は田中実氏と立場を共有しつつ、〈読み〉の根拠を主体と客体とを超えた第三項に求めるか、客体に意味を与える主体の文脈化の働きに求めるかで、見解を異にしていると、私は考えているのである。〈補説「〈読み〉の原理」は、拙著『創造の〈読み〉新論――文学の〈読み〉の再生を求めて』（東洋館出版社　二〇一三）を参照のこと。〉

文学の〈読み〉の授業づくり

――『竜（今江祥智）』を例に

笠井正信

Ⅰ　はじめに――文学の〈読み〉の授業づくりの課題

1　なぜ今、文学の〈読み〉の教育なのか

この問いについて考えると、二つの「国語教室」の問題が思いうかぶ。

作品世界の中に遊び、新たな発見や追究に満足すればよいのではないか、とにかく楽しく読めればよいのではないか、という発言を聞いたことがある。とある国語研究会の公開授業後の研究協議会でのことである。そもそも教室で「文学」など扱う必要がないとでも言いたげであった。子どもたちが、教室中に響きわたる声で音読や朗読を楽しんでいる。動作化や劇化を楽しんでいる。しかし、「声に出す」ことでどのように読みが深まったり広がったりしたのであろうか。動作化や劇化を通して、作品をどのように読んでいるのであろうか。どのような〈読み〉の力がついたのかが見えない。

しかし、国語教室で文学作品を扱おうとして、とたんに子どもたちにがっかりされた経験はないだろうか。

物語や小説に読みふける子どもは多い。にもかかわらず、授業で「文学」を扱うと子どもの顔から生き生きとした表情が消えてしまう。「文学」を扱う国語教室は危機的な状況である。〈読み〉の力の低下や「国語嫌い」の増加は、国語教室そのものの危機である。

もう一つの問題とは、「キャラ」や「スクール・カースト」などの言葉で象徴される、今日の子どもたちの人間関係である。[1]流動的で変容していく教室という社会の中で、子どもたちは、固定化した、しかも期間限定の人間関係を営んでいるという。生涯の友と出会うということなど想像すらしないという。つまりそこには、相手の気持ちを想像し、互いに尊重し合う人間関係の構築が成立していないのだ。自分たちの未来を想像《イメージ》し、創造《クリエイト》していくことに絶望している。このような「子ども」や「若者」を変えていくには、虚構の世界に自分を照らす人間を発見し、自分自身を見つめることが必要である。そうした経験は、文学を〈読む〉という行為の中にはじめて作り出せるのである。

2　「文学」を扱う「国語教室」の問題点と課題

「文学」の授業が国語教室の中心であることに、変わりはない。しかしながら、前述のような「国語教室」の問題を克服できない原因はどこにあるのだろうか。多くの教室で「文学」を扱った授業が見られるにもかかわらずである。多くの「文学」の授業に、次のような問題点を見出すことができる。

① 授業方式の形骸化――教師の〈読み〉の不在
② 「言語活動の充実」「基礎・基本の徹底」の危うさ――活動に頼る教室、教えたつもりの指導
③ 教室で生まれる〈読み〉の学び合いの問題――「なんでもあり」からどう脱却するか
④ 〈読み〉の深まりや広がりの客観性――何を目指すのか

第一に「授業方式の形骸化」の問題をあげたのは、文学の授業から子どもたちを遠ざけ「国語嫌い」を増産している大きな要因がそこにあるからである。そして、形骸化してしまう原因は、教師の〈読み〉の不在にある。そもそも教師が文学作品を読んでいない、読もうとしていないところにある。そこで、子どもたちの多様な〈読み〉に対応しきれなくなった教師は、指導書の「主題」を〈読み〉の正解だとして子どもたちを説き伏せることに腐心する。

また、学習指導要領に代表される「国語科は、言語の教育」というスローガンもまた、「言語」を矮小化して、国語教育全体を痩せたものにしてしまう危険性をはらんでいる。学習指導要領改訂のたびに「言語の教育」が強調され「基礎・基本の徹底」が繰り返されてきた。結果として、漢字のドリルと空欄補充と書き抜きだけのワークシートで授業が進められる教室の姿がそれである。豊かな想像力や論理的な思考力などにはほど遠く、知識のあるなしと暗記の力だけが試されることになる。二〇〇八年の学習指導要領の改訂では、さらに「言語活動の充実」が加えられ、強調された。その結果、方法・手段としての「言語活動」が目的化され、這《は》い回る授業が目立つ。その言語活動がどのような〈読み〉を生み出したのかは問題とされない。そこにはまさに、かつて批判された「這い回る」授業づくりに腐心している教室、教師の姿がある。

それでも子どもたちは、文学を読み、多様な〈読み〉を創出する。その〈読み〉を交流することで教室の学び合いが生まれる。しかし、〈読み〉の交流が学び合いを生むというが、それぞれの〈読み〉をどのように出会わせるのか、読み手がどのように他者の〈読み〉を受け止めればいいのか。そもそも〈読み〉の深まりや広がりは、読み手である子どもの外にあるのではなく、読み手自身が自分自身の〈読み〉を問い直すことにつながっていかなければならない。学び合いを通して、自分の〈読み〉を相対化できるのである。異なる視点からの〈読み〉と自身の〈読み〉を比較し、自身の〈読み〉を見出すことができる。そうして、「なんでもあり」の〈読み〉ではなく、多様な〈読み〉にそれぞれの関連性があることに気づかされるのである。例えば、ある人物の言動に対する原初的な情動が、快、不快に分かれたとする。どちらもある登場人物の言動に着目して生まれたものであるから、その言動がどのように語られているか、叙述をもう一度読んでみる。その言動がどのような状況の中に置かれた人物の言動であるのか、読み深めていくことになる。一つの言動をめぐる叙述を、快、不快という情動を導き出した根拠となるものを探しながら読み直すのである。この読み直しをさせるきっかけは、異質な〈読み〉との出会いである。出会いは、授業づくりの基本である。意図的計画的な出会い（学び合い）の場の設定が、授業の成否を決める。そのためには、〈読み〉が出会うところはどこなのか、作品はどのような〈読み〉を創造するのかという視点からの、教材研究が重要なのである。

Ⅱ　文学の〈読み〉が培うもの――『竜（今江祥智）』を例に

1　『竜』という教材

今江祥智の『竜』は、しばらく中学校の教材（三省堂『現代の国語1』）であったが、二〇一一（平成二三）年度より小学校六年生の教材（三省堂『小学生の国語　六年』）となっている。初出は雑誌『高一コース』（一九六五）で、その後、作品集『ぱるちざん』（大和書房　一九七四）に収められている。この『竜』は、複雑なストーリーもなく、考え込むような主題性もないが、なんとも言えぬ〈笑い〉を感じさせる作品である。〈笑い〉の奥に、人間の在り方に対するある種の安堵する感情を抱かせる作品である。『竜』

は、そのような人間の在り方や生き方に気づかせる〈笑い〉の仕掛けをいたるところに見出すことができる作品である。

2 『竜』の〈笑い〉の世界(2)

①作品『竜』は、誇張した表現と意外でしかも矛盾した設定で、読み手を〈笑い〉の世界に引き込む。

竜の子・三太郎は、体長が山を二巻きするくらいもあり、雲をよび、風を起こし、天をかけることができる竜である。にもかかわらず、気が弱く、いつも沼の底でじっととぐろを巻いて息を殺している。

そもそも竜は、雲をよび、風を起こし、天をかけるという超越した霊力の持ち主であり、人々の畏敬の対象にほかならない。古代の王権は、竜を退治したり加護を受けたりすることで治水を可能にした。竜に慈雨や豊穣をもたらしてもらうことで人々は豊かになった。王権は竜のおかげで支配や権力の正当化を図り、それは絶対性を強めることにつながった。竜は、世界各地で誕生している。古代文明発祥の大河における竜は、大河そのものであった。西洋には王による竜退治の神話が多い。インドでも仏教上の釈迦を守護する竜神の存在がある。竜宮伝説もまた海を支配する竜の存在を伝えている。これらは、自然の脅威に対する畏怖や感謝が生み出した空想の怪獣としての竜である。だから、竜は人間の力の及ばない神でもあったし、恐ろしい怪獣でもあったのである。

しかし、この物語は、「にもかかわらず」というパターンの繰り返しで展開している。意外でしかも矛盾した逆接の表現がおもしろい。本文中の「というのに」「それなのに」「しかし」「といっても」「とはいうものの」「ところが」「それでも」といった接続を表す語句が、この〈笑い〉の仕掛けになっている。大自然を操れるほどに力があり、人間にとって畏れ多い「竜の子」であるはずの三太郎は、まったく竜らしからぬ存在なのである。とにかく「気が弱い」のである。水底で「息を殺して」いる竜ではさまにならない。三太郎はひたすら「人に見つからずに、そっとくらしていたかっただけ」と願うばかりの存在なのである。

　このような竜の子三太郎を、語り手は「これではまるでどじょうではないか。」と酷評する。そうなると、語り手が語る主人公三太郎に対して、読み手が感じる〈笑い〉は意外で信じがたい驚きなどの感情ではなく、むしろあきれた嘲笑の感情に近いものになる。三太郎は竜としては失格なのである。しかし、三太郎にとっては竜でもどじょうでも何でもよかったのである。とにかく「そっとくらしていたかっただけ」なのである。ここで、〈笑い〉の奥にある感情は、あきれてしまうだけではすまなくなる。なぜかパターン化された、大自然を操り人間の畏怖の対象であるという竜の在り方になじめない三太郎に、寄り添ってしまう自分を感じるのである。三太郎に理由もなく、なにげなく共感し同情する自分に気づき、思わず〈笑い〉が生まれるのである。これは、物語の中に引き込まれている自分自身への〈笑い〉にほかならない。

②三太郎と「木こりの椙やん」がしでかす滑稽な〈笑い〉が物語を急展開させる。

　ある夜のことである。いつものようにひっそりと沼の底でとぐろを巻いているはずの三太郎が、とうとう村人に見つかってしまう事件がおこる。三太郎を見つけるのは、「村のつりてんぐ」の「木こりの椙やん」である。椙やんは、天狗らしい神通力を発揮したのか、「つれるわ、つれるわ……」「もう一ぴき、もう一つ……」の繰り返しの表現が示すように、大漁である。時間が過ぎるのも忘れて釣りを続けていると、「とほうもなく大きなうなぎ」、つまり「三太郎のひげ」と出会う。これも〈笑い〉の仕掛けである。途方もなく大きいといいながら、三太郎の登場を期待する読者に肩すかしを食らわせている。「ぬまのおもてに、どでかい穴が、二つ開いたかと思うと、生あたたかい空気が、ぶわあっと辺り一面に広がった」のは、三太郎が胸の中にたまっていた息を吐いただけだったのである。「椙やん」と三太郎のそれぞれの側から描くと関係が見えてくる。ちっぽけな人間と超大な竜の関係である。びっくりした「楢やん」の目玉は普段の十倍にも見開かれた。だが、三太郎の目玉はその何百倍もある。その超大な竜の子三太郎と出会ってしまった「楢やん」の驚きようといったら大変なものだ。しかし、驚き慌てるのは「楢やん」ばかりでなく、超大な竜のはずの三太郎も慌てふためく。結局、慌てふためいた三太郎のせいで、「楢やん」は舟ごと吹っ飛ばされてしまい、三太郎は沼の底深く「息を殺して」様子をうかがいながらひっそりとするのである。ここで読者である学習者には、矛盾というべき違和感が生じる。この出来事は、三太郎の周辺を騒がしいものに変えた。沼見物の人々が続々と駆けつけるようになったのである。ちっぽけな人間を恐れる偉大な竜という矛盾した関係が、〈笑い〉を生む仕掛けとなっている。三太郎のついたため息があぶくになって立ち上がるとたんに見物の人々は「それ出たぞい！」と慌て、「見物衆相手の店さえ建つ始末」という信じがたい事実を生む意外性には、声を出して笑ってしまう。

③気の弱い三太郎は辛抱も我慢もたりない人物として描かれている。

人間に見つかることを極度に恐れ、沼の底でじっととぐろを巻いているだけの気の弱い三太郎は、ため息一つくしゃみ一つできなくなり、元気をなくして「気の弱いびしょう」を浮かべながら沼底にいる。この微笑は絶望の笑いだろうか、自嘲の笑いだろうか、すっかり元気をなくした三太郎の様子を表している。「とはいうものの」という逆接のことばがまた効果的に使われている。「気の弱いびしょう」がどのような感情を持ったものかにかかわらず、三太郎は気が弱いばかりでなく、意志もまた弱い、あきらめの悪い人物になっている。辛抱我慢にもきりがあるとして「思い切って鼻先を出そうと、やっと心に決め」てしまうのである。

三太郎が上の様子をうかがうと、池の周りには見物の人間たちはいなくなっている。なかなか出てこない三太郎に業を煮やし、また日照りが続いたものだから、人々の関心は三太郎に向かなくなっていたのである。三太郎は沼の底にじっとしていることに耐えられなくなってきており、息苦しくて「むねの中にはい色のさばくが広がり、舌がざらざらして」辛抱できなくなってくる。「体じゅう、もだらけ水ごけだらけ。ぬるぬるねちねちして、気持ちの悪いことおびただしい。そんなときには思い切って飛び上がり、雲に乗って一かけすればさっぱりするのだ」と、語り手は三太郎の心の内を代弁する。飛び出す決心をした三太郎の心の内を語り手が語る仕掛けは、読み手にあきれさせたりあざ笑わせたりする〈笑い〉の仕掛けになっている。

④気の弱い三太郎が「竜神様」になるという逆転が〈笑い〉の仕掛けである。

気が弱く、辛抱も我慢もたりない三太郎ではあるが、それでも三太郎は竜なのである。「三太郎はとうとう心に決め、それから三日したある真夜中、ものすごい勢いでぬまの底から飛び出した。ぬまの真ん中から竜まきが起こり、雲をよんでかける三太郎の下に広がる田畑一面に大雨をふらせた。」という場面は竜としての三太郎の面目躍如というところだ。気が弱くても三太郎は竜なのである。

人間はその雨に恩恵を受け、「竜神様」の存在を確かめる結果となる。「やっぱ、竜がござらっしゃったか。」「どんと、祭るべや。」と民衆は畏敬の念、崇拝の念を強くする。しかし、三太郎はというと、さっぱりとした気持ちでまた沼底に身を沈めるのである。この関係の矛盾が〈笑い〉の仕掛けとなっている。

⑤三太郎の「神様ちゅうもんは、たいくつなもんじゃ……。」ということばは、人間の在り方を問う。

百姓たちが沼の周りにしめ縄を張り巡らし、立て札を立て、いきさつを書き込み、見物人はますます増した。その結果、気の弱い三太郎は以前にも増して沼底に小さくなっていなければならなくなった。語り手は「しかし」と、またしても関係の矛盾を創り出す。「けがの功名」とあっさり言い切ってしまうのだ。そしてそうことわりつつ、竜神と奉られる三太郎の心の内を「まんざら悪い気持ちでもない」と代弁している。理由は、竜大王に対して「ちっとは申しわけも立とうというものだ」からだ。語り手は「三太郎はそう思うと」と限定して「ほおを赤らめ、気の弱そうな苦笑いをうかべ」たとしている。百姓たちが三太郎を竜神様としてまつりあげたことを「まんざら悪い気持ちでもない」と受け止め、それで竜大王への言いわけにできると思ったことが「ほおを赤らめ」「苦笑い」させたとするのは、〈笑い〉の背景にある感情に想像をめぐらせる仕掛けとなっている。気が弱い三太郎は、竜の子でなければただの「普通の子」であるのかもしれない。ここで、読者である学習者は、クラスの中に一人や二人、いやそれ以上かもしれないが、普通にいる引っ込み思案な友達、あるいは自分の姿をそこに見出すことができる。しかし、竜は超越した力の持ち主なのである。百姓たちから崇《あが》め奉られることに少なからず満足を得ることができる。そんな素直な気持ちを語り手は素直に代弁する。それは読み手にも同様の「夢」を感じさせないではいられない。百姓たちを救い役に立つという偉業をした実感である。

しかし、三太郎が「ああんと一つ小さなあくびをして考えた」ことは、「神様ちゅうもんは、たいくつなもんじゃ……。」であり、決して三太郎は自分の生き方、在り方を変えようとしていない。自分のささやかな在り方に執着するのである。自分のことしか考えないずいぶんと身勝手な三太郎だといってしまえば、その通りである。しかし、このような自分の生き方、在り方への執着は、人々のために生きるという献身的な生き方や在り方と同じように、大切にされなければならないのではないかという主張にほかならない。

松田司郎氏は、『竜』を松谷みよ子の『竜の子太郎』と比較しながら、立派な生き方だけが求められることに疑問を呈している。[3] 松田氏は、『竜』は『竜の子太郎』のパロディーであるという。「三太郎」は「太郎」的世界（献身的美学）への痛烈なアンチテーゼであるという。人々のために生きる献身的な生き方や積極的な生き方が賛美されるのは当然だが、竜の子三太郎の存在はそうではない。むしろ、献身的な生き方や積極的な生き方には背を向けている。たまたま、「竜神様」と崇め奉られるが、語り手の言うとおり「けがの功名」にすぎない。この三太郎の姿に、今日の子どもたちの姿を重ね合わせることができる。小さな社会を作って、一人ではないこと（「ぼっち」ではないこと）を誇示し、いかにも友達に恵まれているふりをするための人間関係づくりに腐心する子どもたちである。そんな子どもたちにとって、三太郎の在り方は、実は一番求める在り方なのかもしれない。この物語を読んで、ほっとする子どももいるのではないだろうか。語り手の語りにつられ、あざ笑ったり、同情したり、はらはらしたりさせられたりした三太郎であるが、どうも三太郎は自分の中にも住んでいるのではないかと考えさせられる作品なのである。

Ⅲ　学習活動と学習過程

1　初読の感想の交流が〈読み〉の課題を作る

教科書教材である『竜』は、「朗読を楽しもう」という言語活動を通した読みの教材として位置づけられている。しかし、「主人公の生き方や考え方を読み取って」ということが「朗読」でできるだろうか。「朗読」は物語の内容をいかに語るかが問題になる。登場人物の生き方や考え方は、例えば三太郎の言動に表れた〈笑い〉の仕掛けから読み取ることができる。竜の子三太郎は、竜であることにとらわれていない。気が弱くてじっと密《ひそ》やかに暮らそうとしている。また、結果として百姓たちの暮らしを救うことになるが、竜だからできたこととはいえ、三太郎が努力したりがんばったりしている物語ではない。「けがの功名」と言いきられてしまうほど実にまぬけな顛末なのである。三太郎はがんばっているわけではない。また、献身的に努力する生き方をしているわけでもない。つまり、がんばらない三太郎が描かれているのである。このことの意味を問うことが必要になる。そこで、次のような学習活動と学習過程を考えることができる。

第一次　〈笑い〉の仕掛けに注意しながら作品を通して読み、おもしろいと思ったところを発表し合う。そのことを通して、確かめ読みのための課題を発見する。

第二次　課題を追究するための確かめ読みをし、考えたことや思ったことを話し合う。そのことを通して三太郎の生き方や考え方をとらえる。

課題となるところ

・竜の子三太郎という主人公がどのような人物として設定されているか。

・なぜ、三太郎は竜神様に祭り上げられるようになったか。

・三太郎は竜神様になったことをどのように受け止めたか。

第三次　三太郎はどのような生き方や考え方をしたのか考えながら、作品を読み直す味わい読みをする。そのことを通して、三太郎の生き方や考え方を描いた意味について考える。

焦点化し、四時間程度で展開する授業づくりを構想した。本文中の表現の仕方に注意すること、表現の工夫を読むことで、場面の様子や主人公の生き方や考え方をとらえる読みができるようにすることがねらいである。そのためにも「何が書いてありますか？」という物語の内容の事実の確認だけで構成される授業から脱却する必要を感じる。(4)

Ⅳ　文学の〈読み〉の授業のねらいと授業づくり

1　文学の〈読み〉の授業のねらい

文学の〈読み〉の授業のねらいは、「文学の享受・創造の力を育てること」にある。それは、読者としての子どもが「ことばを手がかりとして心のうちに一つの想像の世界をつくり出し、その想像世界に自ら生きる[5]」ことを意味している。このように想像世界に生きるためには、文学作品を読みほぐし（分析し）、読みまとめていく（総合していく）方法をとることができるようになることが必要である。作品の文学性を示すことばにこだわり、関係づけながら作品全体を読み深めていくのである。そのため、文学の授業づくりは、読み手が〈読み〉を通して得られる感動体験の深化過程と重なるように指導過程を考えることになる。従来からの「通読→精読→味読」などの三読法も、そうした感動体験の深化過程と重なる指導過程として考えると、〈読み〉の学習内容がわかりやすくなる。学習者の感動体験の深化過程との対応から考えると「通し読み→確かめ読み、ほぐし読み→まとめ読み→味わい読み」という段階的な指導過程を想定することになる。また一方で、〈読み〉の深化過程は、学習活動としての「課題発見・設定→課題追究→表現行為」という学びのサイクルと関連することは言うまでもない。つまり、「通し読み」で見出した課題を追究する「確かめ読み、ほぐし読み」を行うのである。そうして追究結果を総合させる「まとめ読み」と一人一人の〈読み〉を自分のことばで表現するための、あるいは表現したことを確認するための「味わい読み」をすることになる。

2 文学の〈読み〉の過程と指導過程

このような指導過程は、〈読み〉の感動体験の深化過程と対応するのである。しかし、それはどのような過程であろうか。

まず、作品との出会いは、作品の物語内容を読むことからはじまる。その結果、物語内容を構成する人物や状況の中に自分を置いたり重ね合わせたりすることで生じる感動体験を味わうことになる。物語の主人公ばかりでなく、登場人物の個性にふれ、その人物と自分とを重ね合わせて作品を読み味わう読みの段階である。さらに、文学の感動体験が重ね合わせられると、次第に目のつけどころが違ってくる。作品をおもしろいと感じさせる仕組みの発見である。どのような表現に魅力を感じるのか。言葉のすばらしさとの出会いを通して得られる感動体験の段階になる。語り手がある意図を持って物語の内容を的確に伝えようとする表現の工夫に着目することで、語り方に対する感動体験に変わってくる。〈読み〉を通しての感動体験の観点が変わってくるのである。さらに次の段階として、他の作品との比べ読みや作者の追求などに広がったりする感動体験が生じることになる。

感動体験はこのように系統的で体系的な深化過程をたどることになる。ただし、そうした深化過程は読み手である全ての学習者が同時に段階的に踏んでいくものではない。感動体験の深化過程として系統的にとらえるほうが、授業づくりのために学習活動を組織するのに都合がよいというだけである。一人一人の興味関心や読む力の違いに応じて、〈読み〉を通して生み出される感動体験は異なることになる。しかも、「感動」を教えるのではなく、「感動体験」を通して〈読み〉の力を育むことにねらいがある。

文学の学習は、〈読み〉の学習である。同時にそれは「読み方」の学習でもある。しかも、文学の「内容」の学習でもある。そして、物語内容として語られているのは、「人間」の姿である。そして、その「人間」がどのように描かれているのか、「表現としての言語」にはどのような働きやどのような表現の方法があるのかを、学習することになる。

3　文学の〈読み〉の課題

文学の〈読み〉の方法論を考えるうえで、次の点をおさえる必要がある。行為としての〈読み〉は学習活動（行為としての〈学び〉）にほかならない。そして〈読み〉は、読み進めていく中で課題を発見し、それを追求しながら自身の中に文学世界を創造していく行為であり、この繰り返しである。つまり、この〈学び〉のサイクルは、螺旋《らせん》的な繰り返しになる。そうしながら、一人一人の〈読み〉が展開していく。そこで、授業もまた、この学びのサイクルをモデルとして単元の展開を想定することになる。つまり、単元全体を次のような三段階で構成することになる。

①学習課題の設定――〈読み〉の課題設定（課題発見）
②課題の追求――〈読み〉を通しての課題追求
③〈学び〉＝〈読み〉のまとめ（表現）――〈読み〉の確認

以上のように、授業づくりの過程の中で教材研究を考えるとき、秋田喜代美氏は、教師の教材研究から授業実施までの過程としてとらえて整理している「教えることの推理と思考過程のモデル」の中で次の過程を示している。(6)

①理解：目的・教材構造・教科との関連から見える教材内容についての理解
②翻案：❶教材の批判的解釈と分析（構造や分節化、カリキュラム開発、目的の明確化による準備過程）
❷教材の表象過程（アナロジー、比喩、例、説明、提示等）
❸授業構成（教え方、学習集団の組織、経営、教材の配列等の選択過程）
❹生徒の特性（概念、誤り、困難、言語、文化、動機、性、年齢、能力、興味、自己概念等に合わせた仕立て過程）
③授業
④評価
⑤省察
⑥あらたな理解

ここには、省察的な実践者としての教師像がうかがえる。まず、教材研究の段階で、どのような学びが生まれるかという観点からの検討が必要なのである。そして、教師に願いを持つことを求めている。担当する子どもたちの人間観や価値観をゆさぶる価値を見出し授業づくりを行うことが求められていると考える。『竜』の場合、三太郎のような人物の存在を認めて、共存できるような寛容さと豊かな想像力を培うことが教師の願いとしてある。単に〈笑い〉の仕掛けを読むおもしろさだけではなく、作者・今江祥智の「人間観」と出会わせたいという教師の願いがある。小さな社会の中で無理して明るく活発な「キャラ」を演じなければならないような閉塞した生活を強いられている子どもたちが、三太郎のような人間の存在を許し、

「キャラ」を演じないですむ自分の発見につなげることができればよいのではないかと考えるからである。
では、そのような人間追求に結びつくような授業づくりをどのようにすればよいのか。

4　豊かな想像力を育む「発問」の工夫

実際の授業を展開するためには、教師の発問の工夫が重要になる。物語内容の事実を確認するための発問と、人物の心情や情景を豊かに想像するための発問は、大きく意図が違う。前者は収束的な思考力を働かせる問いかけをしなければならない。後者は、むしろ想像力を膨らませるのであるから、拡散的思考力を要求される問いかけをしなければならない。

たとえば、『竜』の三太郎が、最後の場面でつくため息のようなことば、「神様ちゅうもんは、たいくつなもんじゃ……。」に着目する。「なぜ三太郎は『神様ちゅうもんは……』と言ったのか。」という発問をする場合、予想外の民衆の反応と、神様にまつりあげられた経緯を、的確に物語内容の中から取り出さなければならない。つまり正確に物語内容を読むことを求めた発問である。

しかし、そのときの三太郎の心の中をいろいろと想像させたいという意図であれば、「三太郎はどのような思いで『神様ちゅうもんは……』と言ったのか。」と「どんな」を問うことで、さまざまな想像をさせることができる。大王への言いわけと語り手は書いているが、それは語り手の判断である。「ちっとは申しわけも立とうというものだ。」というのは、語り手の判断が表れたものである。こうした、語り手に同化する読みもあれば、三太郎に同化した読みもある。さらに、語り手の語りに意図を想像するものなどもある。このようにして多様な〈読み〉が生まれる。三太郎のつぶやきから、そのつぶやきに至る物語の展開を確認し、三太郎の思いや語り手の語りの意図などを想像することで、豊かで多様な〈読み〉と出会うことになる。

5　言語活動の工夫と単元の指導計画

話し合い活動も、目的や意図を明確にすることで活性化する。「○○を決定するための話し合い」、「調整するための話し合い」、「情報を共有するための話し合い」そして「創造的な思考のための話し合い」などと明確な目的をもって話し合うことが必要である。話し合いを核に据えた単元の展開は、話し合いの準備段階、話し合いの段階、一人一人のふり返りの段階から構成することになる。言語活動を充実させるには、言語活動をするにたる情報や自分の考えを持つことが重要なのである。さらに、言語活動をすることで終わるのではなく、一人一人が自身の学習をふり返ることは、もっと重要なことである。

6　学習者の実態と向き合い、常に修正し改善する授業づくり

教師の願いが授業づくりの出発にはなるが、学習の主体、〈読み〉の主体は子どもたちである。物語内容の確認が必要になったり、分析の仕方を確認する必要などが生じたりした場合は、実態に応じて授業の進め方や発問の修正を行い、授業の改善に努めるべきである。常に学習者の実態と向き合い、カリキュラムを修正し改善する姿勢を大切にしたい。このことは、実際の教室では意図的にも意図しなくても実践されているのであるが、周到な準備をしたからといって固定化しないことへの注意である。

注

（1）次のような文献を参考とした。
土井隆義『キャラ化する／される子どもたち――排除型社会における新たな人間像――』（岩波書店 二〇〇九）
本田由紀『学校の「空気」（若者の気分シリーズ）』（岩波書店 二〇一一）
鈴木翔『教室内《スクール》カースト』（光文社 二〇一二）

（2）〈笑い〉の仕掛けを考察するにあたっては、中村明『笑いのセンス――日本語レトリックの発想と表現――』（岩波書店 二〇一一）などを参考とした。

（3）松田司郎「今江祥智の遊びの世界」（『ページのなかの子どもたち――児童文学論集1 作家論』五柳書院 一九八四）

（4）三浦和尚「中学校文学教材における『第三の書く』――今江祥智『竜』を中心に――」（『愛媛国文と教育 二七』愛媛大学教育学部国語国文学会 一九九五）では、「竜大王の文句」「擬音語の比較」「沼から出た三太郎の気持ち」「立て札のいきさつ」「竜大王への手紙」という書く活動を通して読み深めていく授業を構想している。中学生対象の授業である。

（5）田近洵一『文学教育の構想』（明治図書 一九八五）

（6）秋田喜代美「授業の実施過程」（森敏昭・秋田喜代美編『教育心理学キーワード』有斐閣 二〇〇六）

一　基礎としての教師の〈読み〉

――教師も、まず読者である

『サーカスのライオン』川村たかし　東京書籍３年

生きることの意味を問う存在に変わる物語

野中三恵子

川村たかしの『サーカスのライオン』は、ある日町にやってきたサーカスのライオン、じんざの物語である。

老いたサーカスのライオンじんざは、男の子と出会い、倦《けん》怠《たい》と孤独の日々に訣別《けつべつ》する。そして、かつての自分の力を発揮しようと決心する。しかし、サーカス最後の日の前夜、男の子のアパートが火事になる。命をかけてじんざは男の子を助ける。じんざは金色のライオンとなって天に昇る。翌日、人々はそうしたじんざのことを知っていて、じんざのいない五つの火の輪くぐりを見物に来る。そして、じんざのいない火の輪くぐりに拍手をおくる。じんざによって生きることの意味を考えさせられた人々の拍手である。生きることを問う物語を読むことになる。

川村たかし

一九三一（昭和六）～二〇一〇（平成二二）。本名、川村隆。奈良県出身。一九七八年『山へいく牛』で国際アンデルセン賞優良作品賞、野間児童文芸賞を受賞。奈良県五條市の小学校・中学校・高校教諭を経て、奈良教育大学、梅花女子大学教授を長く務めた。

一　はじめに――ライオンじんざが問うたもの

『サーカスのライオン』は、東京書籍『新しい国語　三下』にある。原典は、絵本『サーカスのライオン』(ポプラ社　一九七二)である。ある日町外れの広場にやってきた、サーカスの花形ライオンじんざの物語である。じんざは、ある男の子と出会うことによって、老いの倦怠から抜け出し、自ら生きることの意味を問うようになる。読者は、そのじんざの姿によって自らの生きることの意味を問いかけられるのである。

1　ライオンじんざのしたこと

じんざは、五つの火の輪をくぐることのできるサーカスの花形であった。そして、男の子の素直さ、優しさから、再び五つの火の輪をくぐることを決意する。しかし、サーカス最終日の前夜、火事の中男の子を救い出すために炎の中に身を投じて、金色のライオンとなって暗闇の中へ消えていった。こうした内容から、この物語は「ライオンの自己犠牲の物語」と読まれることが多い。その男の子の命の危機を、じんざは自分の危険を顧みることなく助けたからである。

しかし、物語は、自らの命を投げ出して男の子の命を救うことでは終わらない。じんざが金色のライオンとなった次の日、つまりサーカスのおしまいの日。ライオンじんざの五つの火の輪くぐりの番になると、サーカスのおじさんはじんざがいないにもかかわらずむちを鳴らし、観客は一生懸命、見えないじんざに拍手を送る。

自己犠牲の場面にじんざの姿を見るのではなく、五つの火の輪くぐりの場面にじんざの姿を見ることの意味をどのように考えるかが問題となる。これは、じんざが生きる場面は、アフリカの草原ではなく、火事の場面でもなく、五つの火の輪くぐりの場面にほかならないからである。

2　生きることを問うじんざの火の輪くぐり

このように、この物語は、ライオンじんざが生きることの意味を問うた物語として読むことができる。老いたサーカスのライオンじんざが、男の子との出会いによって、老いの倦怠を乗り越え、生きることの意味を問う存在に変わっていった物語である。サーカス最後の日に「ライオンじんざがどうして帰ってこなかったかを、みんなが知っていた」にもかかわらず、サーカスのおじさんがむちを振り上げ、人々が拍手を送る姿を語り手が語ることにどのような意味を見出すことができるだろうか。ライオンじんざが自らの生きることの意味を問うた姿をクライマックスの場面で描き、それをサーカス最後の日によって意味づけている。自己犠牲への称賛としての拍手ではなく、自ら生きることを問い、サーカスのライオンとして生きることを選んだじんざへの拍手にほかならない。

同時に、読み手にとっても生きることの意味を問う物語になっている。人々の記憶の中に生き続けるじんざの火の輪くぐりは、生き方、生きる意味を問いかけるものとなっている。

二　自己犠牲の物語として読むことの問題点

1　一般的な授業の問題点

二〇一一（平成二三）年版の教科書所収の『サーカスのライオン』には、小学校三年生の教材として、次の学習目標が設定されている。

○物語の中心となる人物の気持ちの変化を考えながら読みましょう。

さらに「学習の手引き」には、次のような学習活動が示されている。

○あらすじをまとめよう。
○人物の気持ちの変化を考えよう。
○サーカスのおしまいの日の人物の気持ちをそうぞうしよう。
○感そうを書こう。

ストーリーをとらえ、心情の変化を読む活動になっている。そして、それをふまえて最終段階で、感想をまとめる学習活動が指示されている。授業では、これに沿って読みの学習は進められていく。

2　最後の場面を読むことの課題

この物語は、男の子を救うために火の中に身を投じたじんざが、ひとかたまりの炎となって天に昇るところでは終わらない。その後、サーカスのおじさんや町の人々の心の中に、五つの火の輪をくぐり抜ける勇姿を刻みつけて終わる。つまり、ライオンじんざが男の子を救うために自己を犠牲にしたというところでは終わっていない。人々の心に刻みつけられたのは、サーカスのライオンとして火の輪の炎の中を勇敢にくぐり抜けていく姿であった。そこには、じんざは実在していない。前夜、すでにじんざはアパートの火事の炎の中に身を投じて、天に昇っている。サーカスのおじさんも観衆も、そのことを知っていて、目の前にはいないはずのじんざにむちを振り、拍手を送る。

この物語を、じんざが火事の中から男の子を救った自己犠牲の物語として読むと、次のような問題点が生じてくる。

○「さすがのライオンもとび下りることはできない」というじんざの状況を「自己犠牲」を強調するための仕掛けと読んでよいのか。じんざの行為は「命をかけて」男の子を救うためである。しかし、むしろライオンとして風のように駆け抜け、炎も恐れぬ生き方を選んだじんざの姿を読むべきではないか。

○サーカスの最終日、じんざのいない火の輪くぐりが行われ、それが語られる意味は何か。語り手はなぜ最後の場面として、じんざのいないサーカスの火の輪くぐりの場面を語ったのか。つまり、この物語は、じんざの「自己犠牲」への賛美ではない。この男の子を救うというじんざの選択は、「自己犠牲」を前提としたものではなく、じんざが自ら生きることを選択したことにほかならないのではないか。

金色のライオンが、「空を走り、たちまち暗やみの中に消え去った」場面は確かに、この物語のクライマックスである。読み手にとって、命をかけたライオンじんざの行為（自己犠牲）は心動かされる場面である。しかし、語り手は「次の日」の「サーカスのおしまいの日」のことを語る。「ライオンの曲芸はさびしかった」にもかかわらず、「おじさんはひとりで、チタッとむちを鳴らし」、「くぐりぬけるライオンのすがたはなかった」にもかかわらず、「お客はいっしょうけんめいに手をたたいた」のである。読み手は、語り手が語るままにむちの音を聞き、「お客」とともに拍手するのである。その音や感触を感じながら、じんざを思うのである。

三　男の子と出会うライオンじんざ――ストーリーを読む

1　サーカスのライオン、老いてしまったじんざ

この物語は、そもそもどのようなストーリーをたどっているのか。ある日町にやってきたサーカスには、火の輪くぐりの花形ライオンのじんざがいた。しかし、じんざは年老いていた。自分の出番がないときは、テントのかげの箱の中で一日中眠っている。それでもじんざは、サーカスが始まり、自分の出番がくると、火の輪をめがけてジャンプすることはできる。火の輪が、二本、三本と増えていくことにも躊躇《ちゅうちょ》なく、じんざは果敢にジャンプする。少なくとも観客には、じんざの火の輪くぐりが勇敢に見えるのだ。繰り返し行われる火の輪くぐりに喜ぶのである。実際じんざは、ライオンつかいのおじさんの合図がなくとも、自ら火の輪めがけてジャンプした。

しかし、一見勇敢に見えるジャンプも、年老いたじんざにとっては、長年行ってきた曲芸であり、慣れっこになった火の輪くぐりである。なぜなら、ライオンつかいのおじさんがむちを鳴らすのを忘れていても、じんざは火の輪くぐりができるのだから。観客にはじんざの惰性は伝わらない。

それでもライオンつかいのおじさんは、じんざが老いたことや、ジャンプに迫力がないことに気づいていた。心配するおじさんの言葉にじんざは「そうともさ。毎日、同じことばかりやっているうちに、わしはおいぼれたよ。」と答えて、自分の老いを実感している。

老いたじんざは、自分の出番以外の時間は眠っている。「ねむっているときは、いつもアフリカのゆめを

見た」という。夢の中には父親、母親、兄さんたちの姿が現れ、アフリカの草原の中でじんざ自身も風のように走っている。おそらく、じんざは子どもの頃、アフリカの草原で人間に捕らえられ、家族と離れ離れにされて日本へ連れてこられたのであろう。そして日本で長い間、「サーカスのライオン」として暮らしてきたのである。長い間、曲芸を見せて生きてきたじんざも今は老いてしまった。老いたじんざは、サーカスで芸を見せる時以外、箱の中で、ひたすら眠り、眠ることで懐かしい家族と対面しているのである。じんざは夢でだけしか姿を見ることができない家族と会いたいがために、眠っているかのように思える。

2　男の子との出会い

昼間の強い北風とは対照的に、夜になると風もなくなった。動物たちも眠っているらしく、サーカス小屋は静かである。夜の情景は、お客さんで活気ある昼間のサーカスの姿と比べ、なんとも寂しいかぎりである。ライオンつかいのおじさんは、じんざの元気のなさに気づいていた。おじさんはじんざに「今日のジャンプなんて、元気がなかったぞ。」と声をかけ、じんざの気晴らしになるようにと夜の散歩を勧める。そして、「ライオンは人間の服を着」て出かける。この一頭と一人が入れ替わるという行為は、二人の信頼関係から成り立つファンタジーである。ライオンつかいのおじさんの「ちょっとかわってやるから、散歩でもしておいでよ。」には、長い年月コンビを組んで生活してきたじんざに対する信頼と愛情が感じられる。

サーカスのテントから出たじんざは、北風にとばされそうな夜空の星に感動し、「外はいいなあ」とつぶやく。そこからも、「サーカスのライオン」として、火の輪くぐりをするためだけに、一生をテントと箱の中で過ごさなければならないじんざの悲哀を感じる。

人間の男に変装したじんざは、一人の男の子に声をかけられる。この男の子は、昼間のじんざの火の輪くぐりを熱心に見ていたお客である。サーカス小屋から出てきたじんざを男の子は呼び止めて、大好きなライオンのところへ「ちょっとだけ、そばへ行きたい」とお願いする。

じんざは、思いもかけず男の子に声をかけられ驚くが、更にその後の男の子の言葉に胸が熱くなる。男の子は、ライオンが大好きで、でもその大好きなライオンの火の輪くぐりの様子が、なんだかしょげていたので、ライオンのところにお見舞いに行きたいというのだ。男の子の言葉からじんざは、自分の老いが見抜かれ、元気のない様子が男の子にはわかってしまっていることや、そんな自分を気遣って、夜わざわざ町外れの広場にあるテントまで出かけてきてくれたことに感動する。じんざを見舞いたいという男の子の気持ちが、じんざの胸を熱くさせるのである。

更に、「おこづかいをためて、また来るんだ。」と言う男の子の気持ちをじんざはとてもうれしく思う。じんざは家まで男の子を送りながら、男の子が、夜一人ぼっちであることを知る。父親は夜も仕事、母親は入院している。姉はその付き添いで病院におり、家には誰もいない。小学生の男の子が夜たった一人で過ごさなければならないのは大変寂しいことである。男の子は、お姉さんと夕食を食べたのだろうか。サーカスは誰と見に来たのだろうか。お姉さん、あるいはお友達だろうか。男の子の生活は想像するしかないが、じんざは男の子を思いやる。

じんざは、男の子を楽しませようとしてピエロのまねでおどけてみせるが、足をくじいてしまう。夜とはいえ、けがをするところは、やはりじんざは老いている。じんざの顔を見た男の子は何やら疑問を持ち首をかしげるが、じんざにうまくごまかされてしまう。ここは、じんざの正体がばれないかどうか、どきどきする場面である。おじさんだと思っていた人が、実は自分が昼間サーカスで見たライオン、夜にお見舞いに行こうとしていたライオンだと知ったら、男の子はさぞかしびっくりするにちがいない。

男の子をアパートまで送り、石垣の上で見守るじんざに、男の子は窓から顔を出し、挨拶をした。男の子がおじさんを慕い、じんざが男の子をかわいがる、心温まる情景だ。男の子が「あしたライオン見に行っていい？」と尋ね、じんざは「来てやっておくれ。きっとよろこぶだろうよ。」と答え「下から手をふっ」て、明日男の子に会えることを楽しみにする。

教科書では、

男の子「サーカスのおじさん、おやすみなさい。あしたライオン見に行っていい？」

じんざ「来てやっておくれ。きっとよろこぶだろうよ。」

絵本では、

男の子「サーカスのおじさん、おやすみなさい。あしたライオン見に行っていい？」

じんざ「いいとも、うらからくればみつからないよ」

となっている。絵本では、サーカス小屋の入り方を教える内容になっている。が、教科書では、セリフの中のおじさんに成り代わったじんざの気持ちが表現されている。

男の子は翌日、サーカスの舞台裏にじんざを訪ねて行く。男の子はサーカスの入場料を持っていないので、絵本の記述の方が、じんざに会いに行くことができる理由を理解しやすい。しかし、ここでは、じんざが男の子の気持ちをうれしく思い、男の子がじんざに会いに来られるようにする。じんざは、サーカスで一人ぼっちの自分を、家で一人ぼっちの男の子に重ねているのである。

じんざは、約束通り会いに来た男の子にけがをしていることを知られたくない。自分が老いていることを男の子に気づかれているじんざは、心配をかけたくない。これ以上「弱み」を見せたくないのであろう。しかし、昨晩くじいた足は、かなり痛みが伴う重傷であった。

その日から、男の子は毎日じんざに会いに来た。じんざは、自分が好きではないチョコレートを、男の子のために喜んで受け取った。自分のために半分分けてくれた男の子の気持ちが、じんざにはとてもうれしく思えたのだった。

3　孤独からの解放

男の子との出会いは、じんざの孤独からの解放であり、男の子と共に生きているという共生の実感であった。昼間は火の輪くぐりで忙しいじんざだが、今までのように眠って草原や家族の夢を見るのではなく、男の子が訪ねてくるのを起きて待っている。そして毎日、男の子のお母さんの話を聞いてあげるのだった。自分も眠れば母親の夢を見る。一人ぼっちで過ごさなければならないまだ小さい男の子が、じんざには不憫《ふびん》に思えたのだろう。また、男の子が訪れてくれることで、じんざ自身にも元気が出てくる。男の子と、アフリカの家族と引き離されて一人ぼっちの自分とを、じんざは重ね合わせているのだろう。男の子がじんざにチョコレートを持って元気づけにやってきて、二人で時間を過ごすことが、いつしかじんざを孤独から解放し、男の子と共に生きているという共生の実感をもたらしたのである。じんざは何も話さず、男の子の話すことをうなずきながら聞いている。そして、いよいよ最後のサーカスでは、力を出して、若い時と同じような姿、皆から喝采を浴びるような姿、皆が驚嘆するような姿を、男の子に見せたいと心に決めるのだった。

「じんざの体に力がこもった。目がぴかっと光った。『……ようし、あした、わしはわかいときのように、火の輪を五つにしてくぐりぬけてやろう。』」とじんざは決意する。男の子は、母親の退院も決まり、おこづかいもたまって、再びサーカスを見ることができると告げる。明日はサーカスの最終日、じんざは体に力がこもるのを感じた。若い時にやっていたように、五つの火の輪をくぐり抜けようと心に決める。毎日じんざに会いに来た男の子を、勇敢なジャンプで喜ばせたい。じんざを心配して毎日じんざに会いに通ってきてくれた男の子の目を輝かせてあげたいと、じんざは心に勇気とやる気が湧き上がるのを感じるのだった。

四　じんざが生きることを問うとき——意味を読む

1　じんざをめぐる人物の役割

じんざにとって男の子は、もう一度自分の力を試して生きることの意味を問う、きっかけをつくってくれた人物となったのである。じんざの男の子に対する優しい気持ちと、男の子のじんざに対する優しさとの交流を感じる。老いとともに弱っていたじんざの心が、男の子との交流によって、生きる喜び、曲芸をする喜びを再び感じるようになった。ライオンじんざが寂しい男の子を見守り、最後にその男の子の命を助けた。そして、男の子を見守りながら、じんざ自身もその男の子から勇気づけられるのである。

ライオンつかいのおじさんとじんざも、使う側、使われる側だけの関係ではなく、心を通い合わせることができる関係である。本来、サーカスではむちとごほうび（えさ）の関係で、人間が動物に言うことをきかせるのかもしれない。だとすれば、この物語のライオンつかいのおじさんとじんざの関係に、リアリティーはないかもしれない。しかし、ライオンつかいのおじさんとライオンじんざの関係は、飼い主とペットとの関係とは異なる。一年中旅を続けながら、一緒に行動することでお互いの生活が成り立っている。それぞれが生きることで共に生きる関係が成り立っている。

2　じんざという存在の意味

ある日の夜更け、町で火事が起きてしまう。北風が強く、サーカスのテントが激しく翻る。じんざは、火事の現場が、あの男の子の住んでいるアパートのあたりであることを知る。「ライオンの体がぐうんと大きくなった」のは、じんざの男の子を助けたいという思いと重なる。じんざは、おりをぶちこわすほど大きくなり、強い力も出て、「むかし、アフリカの草原を走ったときのように」、「ひとかたまりの風になってすっとんでい」った。昔、アフリカで、家族から引き離されて以来、走ったことのないほどの速さと力ですっとんでいったのにちがいない。読み手は、この語り手の力強いじんざの描写によって、足の痛みも老いも忘れたじんざの姿に心動かされるのである。じんざは、男の子の身を案じ、夢中になってとんでいく。それは「足のいたいのもわすれて」しまうほどの気持ちの強さだ。

じんざが予想した通り、男の子のアパートが燃えていた。「中に子どもがいるぞ。」という人々の声に、あの男の子にちがいないと確信をもったじんざは、ぱっと火の中へとびこんでしまう。人が止めるのも聞かずに、じんざは「なあに。わしは火にはなれていますのじゃ。」とつぶやいている。果敢なじんざの行動の描写は場面の緊迫感を伝える。しかし、まだ完全に治っていない足を引きずりながらなのである。それは、じんざの「自己犠牲」を予感させる。そして、じんざは、煙と炎の中で気を失っている男の子を抱きかかえ、立ちつくしてしまう。力の限りにほえたじんざの声で、消防隊が気づき、じんざは無事に男の子を消防隊の「男の人」に手渡すことができた。しかし、さすがのじんざも、猛烈な煙で、目を開けることも石垣の上に立つアパートから外へとび下りることもできない。男の子を助けた勇気と、じんざの「自己犠牲」とがないまぜとなって、やるせない思いをつのらせる。

その時、人々は、「ライオンの形になっ」た炎を見る。人々が見たものは何だったのか。それは「ぴかぴかにかがやくじんざだった」のである。力の限りを尽くして男の子の命を助けたじんざの命の輝きであった。そしてその輝きは人々の目に「金色に光るライオン」として映り、「空を走り、たちまち暗やみの中に消え去った」のだった。じんざは、自分の命と引きかえに男の子を助けたのである。この劇的な場面で、語り手はじんざの内面を語ってはいない。しかし読み手は、無我夢中で男の子を助けようとするじんざという読み方に満足しない。なぜなら、ひとかたまりの風のようになって走ることや、炎を恐れずとびこむことや、果敢なじんざの行動そのものが、ライオンじんざの生きることを表しているからである。じんざは、老いの倦怠の中で忘れていた、アフリカの草原で生きたライオンの「野生」を取り戻すのである。

五　拍手を送る客とは何か――語りを読む

1　五つの火の輪くぐり

夜が明けて、男の子がおこづかいをためて見に来るはずだった、サーカスの最後の日のことである。ライオンのいない火の輪くぐりの曲芸に、お客さんは一生懸命拍手を送った。じんざが若かりし頃やっていた五つの火の輪に向かって、「おじさんはひとりで、チタッとむちを鳴らした」のだった。

ライオンのとばない火の輪くぐりに向かって、人々は拍手を送っている。不思議な光景である。ライオンのじんざは燃えたぎる炎の中、男の子を救い出し、空へ上っていったことを、おじさんもお客さんもみんな知っていたのである。ライオンのいない曲芸を中止にしないで行うことと、それを見ているお客が拍手を送る場面を描くことで、読み手をお客に同化させるだけでなく、ライオンじんざの存在を問うている。この場面は、長い間生活を共にしていたライオンつかいのおじさんと、曲芸を楽しみにしていたお客さんたちが、じんざの最期に別れを告げたのである。前の晩、己の身を捨てて男の子を助けたサーカスのライオンじんざの姿がみんなの心に残っている。それは、命をかけて男の子を助けたじんざに対するレクイエムであり、既に存在していないじんざに対する称賛の思いである。読み手もまた、じんざに対するレクイエムを唱え、称賛の思いを募らせることになる。

2　じんざが帰ってこなかった理由

しかし、ライオンじんざは単に火の輪くぐりを見せるために生きたライオンではなかった。風のように走り、燃えたぎる炎を恐れず、命をかけてでも男の子を救う勇ましいライオンにほかならない。じんざは犠牲となったのではなく、自らの生き方を取り戻した結果、「ひとかたまりのほのお」になって空高く駆け上がった。金色に光るライオンこそ、ライオンじんざがじんざとして生きたあかしである。サーカスのおしまいの日、じんざのいない火の輪くぐりで、おじさんがむちを振り、お客が拍手を送ったのは、じんざがじんざとして生きたことへの称賛である。じんざが風のように走り、命をかけて男の子を救う勇ましいライオンとして生きたことへの称賛である。そして、ライオンじんざは、サーカスの花形という縛りからも解放され、かつて夢見たアフリカの草原を風のように走ることを実現できたのである。炎の中、男の子を救い出すような勇気のあるライオンとして生きたのである。

3　そこにはいないじんざに拍手を送るお客とは

勇気を得たのはライオンのじんざだけではない。男の子との出会いが、じんざに命をかけて男の子を助ける勇気を与えてくれた。しかし、じんざとして生きたじんざを認め、拍手を送る観衆は、そのまま読み手にもつながっている。読み手は、思わず拍手している自分に気づかされるのである。勇気ある行動ばかりではなく、じんざがじんざとして生きたことへの拍手である。じんざは、倦怠や孤独から解放され、夢見たアフリカの草原を風のように突っ走れる自分を取り戻すことができたのである。男の子との出会いと、火事の中からの救出と、自らの死によって、はじめて手に入れたことではあるが。

燃えている男の子のアパートの前で、「引きかえせ。」と止められたにもかかわらず、じんざは火の中に飛び込んだ。そのとき、じんざは「なあに。わしは火にはなれていますのじゃ。」とつぶやいている。語り手はまるでじんざの状況判断が甘いかのような語り方をしている。なにしろ、「足を引きずりながら、男の子の部屋までたどり着」くのだから。炎に包まれてじんざは「力のかぎり」に助けを呼ぶのである、男の子を助けるために。とうとう、じんざは「ひとかたまりのほのお」になり、「ほのおはみるみるライオンの形」になり、「金色に光るライオン」になる。このことを、翌日のサーカスのお客たちは知っていたのである。そして、火の輪くぐりにはいないじんざに向かって拍手を送るのである。「金色に光るライオン」になったライオンじんざに拍手を送るのである。語り手が語るのは、そこまでである。お客は、老いや倦怠、孤独から解放され、本来のじんざを取り戻したことに対して祝福の拍手を送っているのである。命を失うことを喜ぶはずはない。花形スターがいなくなることがうれしいはずはない。にもかかわらず拍手を送る観衆をどのように考えたらよいのであろうか。

この物語は、ライオンじんざの最期の場面と「サーカスのおしまいの日」の場面とを関連づけて読むことができる。ライオンじんざがしたことは「生きることを問うた」ことであるという読みをすることで、「サーカスのおしまいの日」の観衆が鎮魂の思いを募らせていることが読める。さらに、じんざを鎮魂の思いで見送ったばかりか、勇気をもらい自らの生きる意味を問いなおすきっかけをもらったことへの感謝の思いを読み取ることができる。語り手は、ライオンじんざの結末を「死」という終点としてはとらえていない。そのことを「発見」することの大切さを静かに語っているのである。そうした発見の読みの楽しさを授業の中でつくり出せたらと思っている。

実践への視点

1 登場人物を読む――どんな状況の中で生きているのか

①ライオンじんざが「生きること」を問う存在に変わっていったことを読む

男の子に「ぐぐっとむねのあたりがあつくなった」り、「うれしかったのだ」と思ったりするじんざの心の中を想像することができる。観衆の期待に応えるサーカスのスターじんざを取り戻すことから、さらにライオンとして生きることとは何かを問うことになる。しかし、この段階では、じんざはサーカスのライオンとして、男の子という観衆に応えることに意味を見出すのである。

2 巧みな描写に想像を膨らませながら読む

①火事の場面のライオンじんざを読む

語り手は、火事場に向かい男の子を救うじんざの行為を描写するだけである。「ライオンの体がぐうんと大きくな」り、「ひとかたまりの風になってすっとんでいく」のである。そして、炎に囲まれたじんざは「力のかぎりほえた」のである。このあとの「サーカスのおしまいの日」のおじさんやお客のことを考えるためにも、この火事場の場面を想像豊かに読むことが重要になる。「力のかぎりほえた」叫びには、じんざのどのような思いがこもっているか想像をめぐらすことが、サーカスのライオンじんざが問うたことを考えることにつながる。

②クライマックスを読む

「金色に光るライオンは……の中に消え去った」ことは、じんざの最期をつたえているが、語り手の意図を考えることで、じんざが問うた「生きること」の意味を考えることにつなげたい。

3　最後の場面を意味づける

① 「サーカスのおしまいの日」を読む

サーカスの最終日、じんざがいないのにもかかわらず、「おじさんはひとりで、チタッとむちを鳴らし」、「それでも、お客はいっしょうけんめいに手をたたいた」のはなぜなのか。何がおじさんやお客の心に刻み込まれたのか考えることを通して、じんざが問うた「生きること」の意味を考える。

実践への視点

授業の展開──そのポイント

一次　ライオンじんざのしたことを読む──ストーリーの読みを共有する二時間

・ライオンじんざはサーカスのスター？

・物語の結末は二つ？

二次　巧みな描写に想像を膨らませながら読む──どのような情景の描写か読み合う二時間

・ライオンじんざの決心・男の子との約束

・ライオンじんざの決断・火の中にとびこむじんざ

三次　「サーカスのおしまいの日」を読む──再び意味を問う読みを共有する二時間

・ライオンじんざのしたことが伝えるもの

『モチモチの木』斎藤隆介　学校図書3年　光村図書3年　教育出版3年

見守り続ける「語り手」のもとで

赤堀貴彦

主人公豆太が勇気を出して行動した時、モチモチの木の幻想的な風景に出会うこの物語は、小学生の教科書に長年採録されてきた作品である。
今回は、物語の価値を大いに意義深いものとしていると考えられる語り手を中心にして、その存在の意義と影響について考察していく。なぜこの物語が語り手の言葉で始まり、語り手の言葉で終わるのか、語り手を読むことで何が見えてくるのか。豆太だけでなく、じさまや医者さまの態度や言葉にも注目しながら、その裏で機能する語り手の重要性について考えを深めていきたい。

斎藤隆介
一九一七（大正六）年、東京に生まれる。明治大学文芸科卒業。短篇童話集『ベロ出しチョンマ』により一九六八（昭和四三）年、小学館文学賞を受賞。他に『職人衆昔ばなし』、『花さき山』、『立ってみなさい』、『ゆき』、『ちょうちん屋のままっ子』等がある。一九八五（昭和六〇）年没。

一　語り手と豆太の確かなる存在

全く、豆太ほどおくびょうなやつはない。もう五つにもなったんだから、夜中に一人でせっちんぐらいに行けたっていい。

『モチモチの木』はこうして始まる。豆太に対する思いと取れるこの言葉は、物語の登場人物によって語られたものなのか。いや、そうではない。語り手の豆太に対する思いなのである。この言葉は主人公豆太の精神的な幼さ、弱さを語る言葉。落胆にも似た語り手の気持ちと、語り手のまるで豆太の成長を願う祖父母のような視点を感じることができる。語り手が考える、一般的な五歳児に対する成長の度合いと豆太の実態とがいかにかけ離れているのか。この文章によって読者は気付かされるのである。

この冒頭で語り手の存在が確かなものとなり、主人公豆太が第三者的な視点で語られていくこともはっきりとし、さらに、読者のまなざしも確かなものにさせられる。読者は、その弱さ、幼さゆえに、物語が展開していくうちに、豆太の中で何かが変わっていくのではないか、豆太が大きく成長していくのではないかという期待を持って、物語世界に入っていくことになるであろう。

続く次の部分にも語り手の気持ちが表れている。

ところが、豆太は、せっちんは表にあるし、表には大きなモチモチの木がつっ立っていて、空いっぱいのかみの毛をバサバサとふるって、両手を「わあっ！」と上げるからって、夜中には、じさまについてってもらわないと、一人じゃしょんべんもできないのだ。

この一文では、豆太がせっちんへ行けない様子がさらに詳細に述べられている。豆太は、理由もなくせっちんに行くことができないわけではない。モチモチの木がその枝葉を空いっぱいに広げて襲ってくるのではないかという不安と恐怖から、一人でせっちんに行けないのである。

読者は、この一文で豆太がせっちんに行けない理由を理解するとともに、もう一つ大切なことを理解する。それはモチモチの木の存在である。ここではじめてタイトルにある『モチモチの木』と実際のモチモチの木が結びつく。そして、物語の展開において、このモチモチの木が重要な役割をするであろうことを予測させられる。

物語冒頭のたった三文であるが、この物語の展開において重要な役割を果たす三文である。それは、語り手の存在が確固たるものとして表れていること、その語り手の豆太に対する視点、立ち位置がはっきりとしていること、読者に豆太の幼さを理解させるとともに、モチモチの木の重要性に気付かせることである。

以下、この冒頭部分から考えられたことを動機とし、『モチモチの木』における豆太の存在の意義とは何か、そして、語り手の存在にどんな意義があるのかを述べていく。

二　物語の設定

豆太やモチモチの木について考えていく前に、まずは物語の設定について確認しておく。

1　時代の設定

物語の時代設定については明らかにはできない。一九七一（昭和四六）年に絵本として出版された際の滝平二郎の切り絵を見ると、登場人物が髪を後ろに結っていたり、着物にも似た服を着ていたりすることから、昭和の雰囲気は全く感じられない。山の中にある猟師小屋に住んでいること、電気がなく、夜になると周りは暗闇に包まれてしまうこと、さらには物語の文中においても、熊との格闘や猪猟の話が出てきていることから考えても、文明の進歩とは隔絶された場所での出来事という感じである。

2　登場人物の設定

登場人物が絞られていることも、この物語の価値を決める上で欠かせないことである。豆太という子のことが語り手の視点で詳細に述べられ、その子の行動・行為を追跡する形で物語が展開していることで、読者はより豆太に寄り添うことができるのである。

じさまの存在も欠かすことができない。豆太の自立は、語り手だけでなく、じさまにとっても今後のための死活問題である。もちろん、豆太の傍には自分しかいないわけだから、離れたくない気持ちもあるだろうが、そればかりでは、この世の中で豆太は生きていけなくなってしまう。豆太に対するじさまの願い、それ自体がこの作品を作り出していると言ってもよいであろう。

登場場面としては多くはないが、医者さまの存在も見逃すことはできない。豆太がじさまを救おうとする必死さをよく理解しているし、現実的な話をしながらも、どこか豆太を温かく迎えている印象を受けることができる。

さらに、そこに添えられるのが、他でもないモチモチの木である。精選された登場人物の中だからこそモチモチの木の存在感もまた特別なものとなる。豆太の台詞《せりふ》の中には、「やい、木い、モチモチの木い！　実い、落とせえ！」などの言葉もあり、豆太にとっては人間と同等の扱いになっているような印象も受ける。豆太、じさま、医者さま、モチモチの木。この四者がそれぞれ重要な役割を果たし、展開していく物語である。

3　命名者としての豆太の存在、その設定の意義

次に、豆太とモチモチの木の関係性とその意義について検討する。

モチモチの木と名付けたのは、豆太である。「でっかいでっかい木」で、「秋になると、茶色い、ぴかぴか光った実」をつけ、その実を使ってじさまが餅を作る、栃の木のことである。

先にも述べたが、この木は豆太にとって、とても身近な存在である。じさまとたった二人だけの生活、しかも峠の猟師小屋からほとんど離れることのない生活においては、他人という存在が傍にない。故に日常生活においても自然を相手にしていることが多い。自然物に名前をつけることとイコール何かしらの愛着を感じているのである。このことは、よく幼少期の子どもが動物や人工物に「くん」や「ちゃん」をつける感覚に通じるものがある。こうしたものに名前をつけることにより、子どもの世界においてこれらを擬人化し、自分にとっての存在価値を高めているのである。

なぜ豆太は『モチモチの木』と命名したのか。それは、豆太とモチモチの木の関係性が家族的なものであり、ライバル的なものだからであろう。秋の味覚というすばらしい恩恵をもたらしてくれる栃の木に敬意を払いつつ、それでも自分には超えられない大きな意志を持っているように感じられる栃の木に恐怖に似たも

のを感じ、『モチモチの木』と名付けたのであろう。

そして、豆太が命名者であるという設定は、読者だけでなく、語り手にとっても重要な意義を持っている。それは、じさまが幼い時から堂々と立っていたモチモチの木を、ただの歴史的な自然物に留めることなく、豆太という少年にまた新しい価値を見出されたと宣言しているように感じるからである。また、命名者として豆太が設定されることで、この物語が、豆太とモチモチの木を中心に語られることを理解するのである。

三　豆太の魅力と勇気

1　臆病豆太の魅力

『モチモチの木』を読んではじめに強く印象に残ることの一つに、豆太という少年の不思議な魅力がある。夜中のモチモチの木を見てみたいという怖いもの見たさの気持ちはもちろん、恐怖を顧みず、じさまを助けたいという純粋な衝動にかられ行動する様子にもその魅力を感じることができる。その愛らしさとも言うべき魅力を語り手も受け止めたのであろう。故に、この物語の中で豆太の存在が輝き、読者はそこに惹《ひ》きつけられるのである。

物語のはじめ、夜中にせっちんに行くことや、モチモチの木の立ち姿におびえる豆太がそこには描かれている。じさまやおとうのたくましさと比較されると、さらにその幼さ、弱さが強調される。もちろんモチモチの木によって、豆太が実際に害を被ったことはない。むしろその逆、ほっぺたが落ちるほどにおいしいもちになる木の実を恵んでくれる木なのである。日中のモチモチの木は豆太にとってとても身近なものであり、実際豆太はその木の下で「やい、木い、モチモチの木い！　実い、落とせえ！」などと木の根元でいばって催促したりもするくらいである。

しかしながら、夜中になると豆太にとってのせっちんに行くことへの思い、そしてモチモチの木の様子は一変する。夜中のせっちんへ行くことの恐怖は、幼少期には誰もが経験することである。夜という世界への恐怖、暗闇への恐怖は、むしろ当然なことでありそう特別なものではない。すべてのものが寝静まる頃は、幽霊や妖怪の時間。決して起きてはいけない。起きることが異界とつながることになる。もしかしたら、その異界に連れていかれてしまい、もう二度と現実世界には戻ってくることができなくなってしまうかもしれない。そのため、せっちんのたびに豆太はじさまを起こすのである。「……オラのことを離さないで……。」そんな豆太の声が聞こえてきそうな場面である。

しかし、そのような恐怖があるからこそ、怖いもの見たさの気持ちがあるのもまた事実である。豆太にとって夜中のモチモチの木への興味は絶えない。夜中という時間が、子どもにとってどんな時間か考えることはそう難しいことではない。夜中の様子は見たことがない、聞いたこともない、故に普段目にしているものの、聞いていることが「どうなっているのだろう。」「もしかしたら、ああなっているかもしれない。」など、子どもの想像力は膨らむばかりである。豆太にとっても恐怖心と好奇心が最高潮に達する時間である。

2　豆太の勇気

「医者さまを、よばなくっちゃ！」

じさまの病気により、状況は一変する。豆太が夜中の恐怖、モチモチの木への恐怖の壁を破り、行動しなければならない時が訪れたのである。

この場面は、この物語におけるクライマックスである。まさにこの場面において、豆太に対して、そして物語全体に対して読者の緊張感が高まるのである。表戸を体でふっ飛ばし、一目散に走り出した豆太は、泣く泣く医者さまのところへ行った。読者としては、信じられない行動であろう。なぜあれだけおびえていた豆太が、いくら衝動的とはいえ、そのような行動に出たのかということを考えずにはいられない。

まずは、豆太が飛び出した行動、それ自体の意味とは何だったのかを考えたい。橋本博孝氏は以下のように述べている。

とうげの猟師小屋の灯から離れた夜道を走るということは、豆太にとって未知の世界に乗り出すという意味を持つ。ここで豆太は、夜の闇の中に生まれて初めて一人で乗り出して行ったのだ。ここにこの行動の第一の意味がある。（中略）

依りかかっていたものが失われる恐怖、自分の存在の基盤がなくなる本能的なこわさ、これが豆太の深夜の疾走の原動力であり、その第二の意味である。[1]

今までの自分の殻を破り、夜中の世界に飛び出すこと、そして、「じさまを助けたい」という純粋な気持ちに突き動かされたということ、そして、共同生活を送るじさまを失うことで訪れる孤独への本能的な恐怖感によって動かされたことに意味があるということが指摘されている。

実際目の前に倒れている人がいて、その人が自分にとってとても身近で大切な人であった場合、何もしないでいられようか。否、誰でもその人を助けるために行動せずにはいられないであろう。それは相手のためでもあり、なにより自分のためでもある。豆太も例外ではない。飛び出したのは、もちろんじさまを助けたいという思いと、この生活を持続し、一人になりたくないという思いであり、そこには一切の迷いも存在していない。じさまのために、そして自分のために、夜中ということも気にせず、勇気をもって走り出した豆太。そこには一人の小さな人間の大きな一歩が感じられる。

その帰り、医者さまの背中でねんねこばんてんにつつまれ、じさまの無事を願いながら医者さまの背中を蹴る豆太。そして、モチモチの木との出会い。それは自分自身へのごほうびであり、ひとつの勇気の証。医者さまからは現実的な一言をかけられるが、じさまに聞いた話、そして自分の行動を理解している豆太にとっては、そんな医者さまの言葉は耳に入ってこない。「モチモチの木に、ひがついている！」という台詞には、一切の迷いも感じられない。

じさまの急病から一夜明け、体調が戻ったじさまは豆太にこう話している。

「自分で自分を弱虫だなんて思うな。人間、やさしささえあれば、やらなきゃならねえことは、きっとやるもんだ。それを見て他人がびっくらするわけよ。ハハハ。」

豆太がじさまからそんな言葉をかけられたことは、読者にとって一つの救いであり、作者が豆太の行動を称賛しているような雰囲気も感じさせる。じさまを助けたこと、モチモチの木にひがともるのを見たことそれ自体でなく、助けたという行動の動機になった勇気というものに価値を見出している。斎藤隆介の後書きにもあるが、その行動に理由はいらない。純粋な気持ちこそ、自分を大いに成長させ、一人の人間を形成させるのである。それは、先にも引用した語り手の言葉からも感じることができる。

しょんべんにじさまを起こしたとさ。

夜中の世界に走り出した経験をしながらも、豆太の様子があい変わらずだと説明している場面である。やはり深夜のせっちんには一人で行けずにじさまを起こしている。目に見えての確かな成長を感じることはできない。しかしだからこそ、読者は豆太を温かく見守り続けたくなるのである。人間誰しも、一瞬で大きく成長することはなく、多くのことを経験していく中で少しずつ成長していくのである。さらに読者は豆太の勇気ということについて考えさせられ、「なぜ豆太はもとの豆太にもどってしまったのか」という疑問を持ち、読み返すことの必然性や必要性にも気付くであろう。そして、やがて何か見えてくるものがあるのではと再読し、この作品の本当の魅力を見つけようと作品の世界を楽しみ続けることであろう。

豆太自身について考えるならば、じさまがそこにいることの再確認、じさまが病気から回復したことの確認をしているのであろう。

四　批評する語り手

これまでにも述べてきたが、この物語においては、語り手の言葉がとても存在感のあるものになっている。一つの物語の中で、語り手は、豆太の幼さを語り、豆太の魅力を語り、豆太の勇気を語り、豆太の行動を語り、確かな成長が見られない、しかし何かしらの変化を感じる豆太を語っているのである。これだけ主人公を語る語り手が確かな形で存在する物語もそう多くはないであろう。ここでは、その語り手について考えたい。語り手がいることで、豆太がどのような存在になるのか、語り手を読むことでどんなことが解決していくのか、そして、最後の場面でなぜ語り手の語りによって物語が終わるのかを考えていきたい。

1　語り手がつくる豆太像

この物語の中では、語り手が常に豆太の傍に寄り添い、その行動や気持ちの変化を見ている。ある時には落胆したり、またある時には安心したり、語り手の気持ちも紆余曲折を繰り返しながら、最後の場面へと続いている。

冒頭の語りについては先に述べた。豆太の幼さに対する少しあきれた思いがよく表れている。

モチモチの木についても、語り手から語られていることで、豆太がモチモチの木と精神的な部分でもつながっていることを表し、モチモチの木にも負けじと背伸びをしたがる男の子、その中にも優しさを兼ね備えた男の子像を語り手が作り上げていく。語り手の言葉によって豆太の人間性についての価値づけが行われているのである。

読者はその語り手の言葉によって、豆太の人間性を自分の中で作り上げていく。一つ一つの言葉は豆太への理解に満ちていて、その価値は直接的な思いとして表れていなくとも、言葉の裏に隠された意味を見出すことができるのである。

2　語り手の思惑

そのモチモチの木に、今夜はひがともるばんなんだそうだ。

この一文には、語り手の、豆太とじさまの両者に対する期待が感じ取れる。語り手としても、豆太の成長の証をどこかで見たいと思っていたのであろう。読者にしてみれば、「待ってました」と言わんばかりの一文である。

これ以前の語り手は、豆太の傍にはいながらも、その気持ちはどちらかと言えば、じさまの側の立ち位置にいた。それは豆太に対する言葉の端々から感じ取ることができる。語り手は、夜中に一人でせっちんに行けない豆太をあきれた感じで眺めていたであろう。

しかし、それにも限界が来た。そろそろ豆太にも一つの壁を越えてもらい、少しでもいいから何かの部分で変わってもらい、成長した姿を見せてもらわないといけない。そこで語り手は、先の一文でじさまの背中を後押しし、物語を急展開へと導いていく。

この場面までにも、語り手の思惑は、さまざまな場面で感じ取ることができた。しかしながら、モチモチの木にひがともることを取り上げたこの言葉こそ、物語におけるキーワードであり、大きな転換点であろう。

この、モチモチの木にひがともることを語り手が語った場面にこそ、語り手の存在意義を感じずにはいられない。存在意義のない語り手などは存在しない。ただ、語り手の言葉が主人公の視点で語られた場合、主人公の勇気を称賛することはできないであろう。そうなってしまったら、『モチモチの木』という作品も魅力のないものになりかねない。それを解決したのが語り手の立場であり、役割である。

じさまを助けるために夜道を一人走り続ける豆太。それは誰も見ていない場所での豆太の活躍、豆太の勇気を感じる一歩である。目に見えないところでの変化は誰にも認められないかもしれない。しかし、語り手がそこにいることで、豆太の行動の一部始終を実況し、読者に伝えているのである。

語り手の責任。それは、誰の目にも触れることがなかった豆太の変化、行動のすべてを明らかにすることである。

3　なぜ語り手で物語を終えたか

物語の最後では、じさまが豆太の勇気を称え、それがいかにすごいことなのかを豆太に説明している。

「それを見て他人がびっくらするわけよ。ハハハ。」

ここで言う他人とは、医者さまか、それともモチモチの木か。いずれにせよ、勇気というものの価値を伝えるのに適した言葉であることに変わりはないであろう。

これはじさまの本意であるばかりでなく、語り手の思いでもあったのではないか。そう考えると、この台詞の意味が、第三者的な視点にいた読者をもはっとさせることにあると理解することもできる。あたりまえのことに気付かせられる読者を意識した、語り手の技巧が冴えるのである。

——それでも、豆太は、じさまが元気になると、そのばんから、

「じさまあ。」

と、しょんべんにじさまを起こしたとさ。

物語の最後の言葉であり、語り手の最後の言葉でもある。この物語の主人公は豆太であり、その他にもじ

さまと医者さまがいるにもかかわらず、なぜ語り手の台詞で物語を終えることも、それはそれで物語としての価値があるのかもしれない。しかしながら、語り手で始まった物語である以上、終わりも語り手の方が、読者が物語全体を素直に受け入れられるものになるのである。

また、この一言によって、登場人物だけでなく、読者も救われるということもある。最終的に語り手が豆太をどう捉え、どう評価したのかが示されているのである。あい変わらずの豆太の様子も全く違和感なく受け入れる読者の心の準備が語り手によってなされる。また、じさまの愛を再確認したかのような豆太の台詞を語ることで、二人にとっての平和がまだ続くことをも表す。それがこの物語の終わりを価値づけている。

この言葉には、もちろんあきれた感じはあるかもしれないが、語り手のその表情は穏やかで柔らかい表情をしているように感じるし、ひと安心した雰囲気さえ漂っている。豆太の心の中にも勇気というものは確かに存在し、今回のような経験を通して人間は成長していくものだと読者に思わせるしかけを提示して、物語は幕を閉じるのである。心地よい終わり方である。

五　絵本としての『モチモチの木』

作品の本質に迫るという意味では、あくまでも物語の本文それ自体にのみ注目し、そこにあるものを掘り下げて考えていくべきであろうが、この『モチモチの木』という作品に関して言えば、そのようなことをしてしまうと、ある意味それは作者に対する裏切りのようなものになりかねないと考える。もちろん斎藤隆介なくしてはこの作品がありえないことは事実であるが、滝平二郎の切り絵があってこそ、作品としての価値は幾分にも増したことを誰も否定できないであろう。切り絵がこの物語の雰囲気を価値づけていると言っても過言ではない。絵本の最後、「『モチモチの木』に添えて」にも、斎藤隆介のこんな言葉が書かれている。

> そして、もう一つは、滝平さんがこの作品をひどく愛していてくれたからだ。十年ほどまえ日教組の教育新聞にさし絵をかいてのせた時も、四年まえに短篇集「ベロ出しチョンマ」に収めた時も、「これはおれがツバをつけたからな斎藤さん」滝平さんはそう言った。だから私も数人の画家から申し込みがあったが謝辞していた。
>
> しかし滝平さんはなかなか絵本には仕上げなかった。それほど大切にしてくれているのだと思っていた。[2]

どれだけ斎藤隆介が滝平二郎という人間に惚《ほ》れ、どれだけ滝平二郎が『モチモチの木』という作品に惚れていたかがよく伝わってくる。二人の共同作業であったからこそ、文章には言葉の温かみが生まれ、切り絵や絵には人間の温かみを感じることができるようになったのであろう。

斎藤隆介はさらにできあがった絵本を見て、以下のように述べている。

> ガシーンと、太い柱を惜しげもなく使った昔の家のようだ。柱々は代々の暮しに磨きぬかれて黒光りしている。
>
> その家に天から雪が降る。雪にはみなかげがあって、ボウとふしぎな光ににじんでいる。
>
> この『モチモチの木』は、そういう絵本だ。[3]

この作品は、斎藤隆介と滝平二郎の協力によって、その価値がより高いものになった。だからこそ、教科書に採録された時も、この挿絵が使われているのであろう。そして今でも読み継がれているのである。

注

（1）橋本博孝「豆太の自立に向き合う」（田中実・須貝千里編『文学の力×教材の力　小学校編三年』教育出版　二〇〇一）

（2）斎藤隆介作・滝平二郎絵『モチモチの木』（岩崎書店　一九七一）

（3）（2）に同じ。

実践への視点

1　語り手を読む

①子どもと語り手を同一化する

本文を語り手、豆太、じさま、医者さまの四役に分け、役割読みさせることで、語り手を認識する読者としての視点が確かなものとなる。視点が確かなものになると、作品の中での語り手の機能が確かなものとなり、解釈の広がりが期待される。

②語り手の思いを考える

語り手の印象的な言葉に線を引き、取り出し、その言葉の裏に隠された思いを考えていく活動も考えられる。その言葉にどんな意味があるのか、その言葉があることで、語り手の豆太やじさまに対するどんな思いを感じ取ることができるのか考えることで、読みの楽しさを味わうことができる。

2　豆太を読む

①いくつかの場面を教師が取り上げ、児童が読者として豆太にどんな言葉をかけるかを考える

豆太に寄り添うことだけでなく、いずれは語り手の視点の理解にもつながることが期待される。

②最後の場面での豆太の台詞「じさまあ。」の意味について考える

最初の場面の「じさまあ。」とどんな違いがあるのか考えることで、豆太が手に入れたもの、変わっていないものを共通理解することができる。

③豆太とモチモチの木がどのような関係にあるかを考える

豆太にとってモチモチの木はどんな存在なのか、豆太はモチモチの木から何をもらっているのかを考

えることで、両者の関係性が明らかになってくるであろう。

3 じさまを読む

じさまはなぜモチモチの木のことを豆太に話したのか、じさまの言う「やさしさ」とは、この作品の場合、どんなことをさしているのか、豆太とじさまがどのような関係にあるのか、作品の中でどのように変化しているのかを考える。じさまという人間の魅力は、むしろ豆太よりも読者をひきつけるかもしれない。

授業の展開　――そのポイント

一次　ストーリーの把握と初発の感想

・印象に残った言葉や文を確認し、感想を書いて交流する。
・登場人物、語り手の行動や台詞を確認し、物語の展開をまとめる。

二次　豆太や語り手の思いを読み取る

・印象に残る豆太の行動や台詞から、思いやその意味について読み取る。
・語り手が豆太のことをどう思っているのか、その変化を読み取る。

三次　まとめ読み――変化したことと変化しなかったこと

・物語の最後、語り手やじさまは、豆太のことをどう思っているのかについて話し合う。
・最初と最後の場面での「じさまぁ。」という台詞に込められた豆太の思いを話し合う。

『白いぼうし』あまんきみこ　学校図書4年　三省堂4年　光村図書4年

小さなチョウの命の物語

伊藤あゆみ

この物語は、タクシーの運転手である松井さんが出会った、小さなチョウの命の物語である。

教室では、松井さんの人柄や気持ちを読み取りつつ、松井さんが体験した不思議な出来事はファンタジーの世界（非現実の世界）の出来事として扱われるのが一般的なのではないだろうか。教科書に掲載され四十年が過ぎた今も変わらず愛され続ける松井さんとは、どんな人物なのか。また、松井さんの体験した不思議な出来事を通して語られる、小さなチョウたちの小さな小さな生きる喜びの声と、それによって描かれた真実を読んでいきたい。

あまんきみこ

一九三一（昭和六）年に中国（旧満州）で生まれた。本名は阿萬紀美子。短編童話集『車のいろは空のいろ』（一九六八）で第一回日本児童文学者協会新人賞を受賞し、短編のファンタジー作家として知られるようになる。『名前を見てちょうだい』『ちいちゃんのかげおくり』『おはじきの木』など多数。

一　松井さんが体験する不思議な出来事

1　『白いぼうし』のストーリー

この物語は、六月の初め、「夏がいきなりはじまったようなあつい日」に、タクシーの運転手である松井さんが体験した、ほんの数時間、もしくは数十分の出来事を描いた作品である。

堀端で乗せたお客の紳士を、細い裏通りで降ろした松井さんは、ふと車道のそばに落ちている白いぼうしを見つける。気のいい松井さんは、「風がもうひとふきすれば、車がひいてしまうわい。」と、白いぼうしを車道から遠ざけようとする。しかし、それは、幼稚園の男の子が、チョウを捕まえ、逃がさないように置いておいたぼうしだった。ぼうしをつまみあげたとたん、チョウは逃げてしまう。松井さんは、慌てて捕まえようとするが、そう簡単に捕まえられるものではない。困った松井さんは、その償いに、ぼうしの中に、母から送られてきた夏みかんを残す。

車に戻ると、後部座席にかわいい女の子が座っている。母親の手を引きながらやってくる男の子の声を遠くに聞きながら、女の子に促され車を走らせる松井さんは、男の子の驚いた顔を想像し、一人笑いをする。しかし、ふと気がつくと乗っていたはずの女の子がいない。不思議に思い車を止めると、そこはたくさんの白いチョウが飛び交う、小さな団地の小さな野原の前だった。そして、ぼんやりする松井さんに「よかったね。」「よかったよ。」というシャボン玉のはじけるような、小さな小さな声が聞こえてくる。

第一場面は、これから起こる出来事を期待させるプロローグである。物語は、第二場面から動き出す。

2　場面の構成と物語の展開

物語は四つの場面からなる。
①夏みかんの紹介（紳士との会話。）
②白いぼうしとの接触（チョウを逃がし、夏みかんを入れる。）
③女の子との遭遇
④異世界の体験（野原を飛ぶチョウを前に、小さな小さな声を聞く。）

これらは、大きく捉えると、白いぼうしに触れ、チョウを逃がし、おふくろが送ってくれた夏みかんを入れる①②を前半、女の子と遭遇し、不思議な声を聞く③④を後半として考えることができる。

①の場面は、場面設定と夏みかんの紹介である。読者は、松井さんがタクシーの運転手であること、堀端、柳などのある大きな町で働いていること、田舎に母親がいて、今は離れて暮らしていることなどを知る。お客の紳士が登場するが、話題は田舎のおふくろから送られてきた夏みかんに終始し、紳士自身のパーソナリティに触れることはない。

②の場面は、松井さんが白いぼうしと接触する場面である。細い裏通りでお客を降ろした松井さんは、車道のすぐそばに落ちている白いぼうしを見つける。気のいい松井さんは、風でぼうしが飛ばされ車にひかれないように、ぼうしを安全な場所へ動かそうとする。しかし、それは、幼稚園の男の子が、チョウを捕まえ、逃がさないように置いておいたぼうしだった。そんなこととは知らずに、松井さんは、ぼうしをつまみあげ、中に閉じ込められていたチョウを逃がしてしまう。困った松井さんは、その償いに、ぼうしの中に夏みかんを入れておくことを思いつき実行する。男の子の名前は「たけのたけお」。「たけ」という音は、「竹」「武」

などの漢字を連想させ、力強い男の子を想像させる。そして、白いチョウや女の子との対比から、捕獲者対非捕獲者、強者対弱者の構図がはっきりと意識づけられる。しかし、同時に、白いぼうしの赤い縫い取りからは、まだ幼く、母に守られている男の子の姿が想像される。

③の場面は、松井さんが女の子と遭遇する場面である。車に戻ると、後部座席にかわいい女の子が座っている。母親の手を引きながらやってくる男の子の声を遠くに聞きながら、女の子に促され、松井さんは「なの花よこ町」に向かう。③の場面は、近づいてきた男の子に動揺する女の子の様子も描かれている場面である。

④の場面は、松井さんが異世界を体験する場面である。松井さんは、車を走らせながら、チョウが夏みかんに置き換わっていることに驚いている男の子の顔を想像し、一人でいたずらな笑みを浮かべる。自分のした行為に満足し、「まほうのみかんとおもうかな。」と思う。しかし、ふと気がつくと乗っていたはずの女の子がいない。不思議に思い車を止めると、そこは小さな団地の小さな野原の前であり、たくさんの白いチョウが飛び交っている。そして、ぼんやりする松井さんは「よかったね。」「よかったよ。」というシャボン玉のはじけるような、小さな小さな声を聞く。読者は誰もが、この小さな声の主が飛び交うチョウであることに気づく。そして、チョウは突然現れ突然消えた女の子ではないかと思いを巡らすのである。

中村龍一氏は、この作品を「『白いぼうし』でみんなが出会っているのに、誰も出会えていない。誰もがすれ違う」物語である[1]と述べている。中村氏の言うとおり、『白いぼうし』では、誰もが出会えず、誰もがすれ違っている。しかし、本当は出会えないはずの人たちが、白いぼうしを通して出会うことができた物語とも言えるのではないだろうか。

この物語の登場人物は、松井さんにとって、日々の生活を共にする親子や仲間ではない。それぞれが、それぞれの時間の流れの中を生きている他人である。しかし、そのすれ違いのような関わりの中で、松井さんは、紳士にさわやかなひとときを与え、男の子には驚きを与え、逆に、女の子からは、きつねにつままれたような驚きを与えられる。男の子とは、直接顔を合わせることも会話を交わすこともないが、夏みかんを通して、確かに思いを伝えている。『白いぼうし』の登場人物は、それぞれの人生を大きく変えるような関わりを持たない。通りすがりの出会いである。その個々の独立した時間をつなぎ、結びつけているのが、タクシーであり、白いぼうしなのである。

二　松井さんを読む

松井さんは、タクシーの運転手である。夏みかんの採れる地方に田舎があり、田舎には、自分を気遣ってくれる母親がいる。そんな母親の愛情を、素直にありがたいと感じることのできる、心の温かい人である。接客も上手で、愛想が良く、穏やかな人柄と言えるだろう。車道に落ちている小さなぼうしに気づき、ひかれないように動かしてあげようと考える心のゆとりも持っている。親切心が裏目に出て、小さな男の子が捕まえたチョウを逃がしてしまった時も、こんなところに置いておくのが悪いのだと男の子を非難することもなく、なんとか男の子を悲しませずにすむ方法はないかと考える。そして、自分が大切に車に持ち込んだ夏みかん、田舎の母親が送ってくれた一番大きな夏みかんを置いていく。誰も見ていないのにぼうしを動かし、誰も見ていないのに代償を置いていく。それが、松井さんの優しさである。小さな女の子にも丁寧に接し、決して子どもだからと見下しなどはしない。しかし、チョウを捕まえたと喜んでいる男の子にとっては、獲物はチョウであり、夏みかんではない。何を補填しても、その落胆ぶりは容易に想像できる。それなのに、代わりに夏みかんを置いたことで、すっかり安心してしまう。そして、男の子の驚く姿を想像し、一人笑いをするのである。いずれにしろ風で飛ばされてしまったかもしれないぼうしだが、松井さんは、小さな失敗にいつまでもくよくよせず、気持ちを切り替えることのできる、ポジティブな考えの持ち主であると考えられる。

三　魔法のみかん（夏みかんの魔法）

1　象徴としての夏みかん

「これは、レモンのにおいですか？」「いいえ、夏みかんですよ。」という会話で始まるこの物語は、「車のなかには、まだかすかに、夏みかんのにおいがのこっています。」という言葉で閉じられている。夏みかんという言葉は、その甘酸っぱい、さわやかなにおいだけでなく、ふっくらとまるい大きな形や鮮やかな黄色い色、そして、口の中いっぱいに広がる酸っぱい味までをも想像させる。

①の場面は、そんな熟した「夏みかん」の存在を印象づけるために描かれた場面と言えるだろう。レモンと間違えるような芳潤なにおいを放つその夏みかんは、「もぎたて」を「速達」で送り、「においまで」届けたいという「いなかのおふくろ」の愛情が凝縮されたものである。夏みかんは、母親の愛の象徴である。そして、「まるであたたかい日のひかりをそのままそめつけたような、みごとないろ」が表しているように、

大自然の恵みの象徴なのである。夏みかんには、レモンのような都会っぽさはない。素朴でおおらかで、のびやかな田舎の風景がよく似合う。夏みかんには、誰よりも温かい母の愛と温もりがいっぱい詰まっているのである。

松井さんは、夏みかんの採れる南寄りの地域で、太陽の光をいっぱいに浴び、温かい母親の愛情に包まれながら、のびのびと成長したのだろう。今は田舎を離れ、一人都会で暮らしているが、都会と田舎に離れて暮らしていても、松井さんが母親に愛され、愛していることが十分に感じ取れる。松井さんにとって、夏みかんは、懐かしい故郷の象徴であり、母親の愛の象徴であるのと同時に、松井さんその人の象徴にもなっている。

2 夏みかんの魔法

松井さんは、白いぼうしの中に捕まっていたチョウを逃がしてやった。しかし、たけお君にしてみれば、せっかくの獲物に逃げられたことになる。松井さんは、「せっかくのえものがいなくなっていたら、この子は、どんなにがっかりするだろう。」と落胆するが、すぐに車にもどり、運転席から夏みかんを取り出す。それは、「あまりうれしかったので」車に乗せていた、「いなかのおふくろ」が送ってくれた大切な夏みかんである。松井さんは、見ず知らずのたけのたけおという男の子の気持ちを思い、その大事なおふくろの夏みかんを白いぼうしの中に入れる。こうして、たけお君の大切なチョウと松井さんの大切な夏みかんは、白いぼうしの中で、魔法のように入れ替わるのである。

見も知らぬ男の子への松井さんの思いやりが、白いぼうしの中のチョウを夏みかんに化けさせた。男の子にとっては、せっかく捕らえたチョウがいなくなってしまったのだから、がっかりするにちがいない。しかし読者は、大事なおふくろの夏みかんを白いぼうしの下に入れる思いつきとその心の優しさに、松井さんを責める気にはなれない。白いぼうしの中のチョウが夏みかんに変わる魔法のような出来事を、松井さんとともに「まほうのみかんとおもうかな。」と思うのである。

この物語は、強烈な夏みかんのにおいで始まり、かすかに残る夏みかんのにおいで終わる。もちろん松井さんに、夏みかん＝「まほうのみかん」という自覚はないにしたみかんは、魔法のみかんである。松井さんの手ない。しかし、力強い夏みかんの香りは母の祈りとなって魔法の空間を作り出し、白いぼうしは不思議な世界への扉となり、命を救われたチョウは、松井さんを小さな野原に誘う。

四　白いぼうしの役割

1　チョウの命と夏みかんが入れ替わる場所

意気揚々と母親を引っ張ってくるたけのたけお君にとって、チョウを閉じ込めた白いぼうしは、虫かごの代用品であると同時に、母に自慢し、ほめてもらうための「えもの」を閉じ込めた宝箱だったにちがいない。しかし、チョウにとって、白いぼうしは、自分を閉じ込め、自由を奪う檻《おり》以外の何物でもなかった。たけお君の白いぼうしに閉じ込められている限り、そこにはチョウの未来はなかった。しかし、そのぼうしを松井さんがつまみ上げたとき、チョウは幽閉から解き放たれ、自由を得ることができたのだ。松井さんは、逃がしたチョウと引き替えに、おふくろが送ってくれた夏みかんをたけお君に贈る。言い換えると、松井さんは、夏みかんと引き替えにチョウを助け、仲間のところに帰らせてやったのである。白いぼうしは、チョウの命と夏みかんとを取り替える場となった。

松井さんがした、白いぼうしを拾い上げ、チョウを逃がすという行為は、とらわれのチョウを逃がしてやろうと思ってしたことではない。小さなぼうしが風に飛ばされ車にひかれないようにと思ってしたことである。結果、その行為が、とらわれのチョウを解放してやることになった。白いぼうしをつまみ上げるか否か、そのごく日常的な行為に、チョウの命はかかっていた。白いぼうしをとることはチョウを解放することであり、閉ざされていたチョウの未来をひらくことだった。松井さんは、白いぼうしを拾い上げることで、ごく自然にチョウの未来をひらき、チョウの未来に関わっていった。

2　不思議な世界への扉

松井さんが、白いぼうしをつまみ上げた瞬間、チョウは白いぼうしから解き放たれ、不思議な世界への扉が開かれる。白いぼうしから飛び出したチョウは女の子に姿を変え、松井さんを野原へと導く。なぜチョウは、松井さんを野原へと導いたのか。チョウは、都市化の中で消えゆくはかない自然の象徴である。白いぼうしは、今にも消えそうな命をその中に閉じ込めていた。その命を助け、再生の可能性をひらいた人、それが、松井さんだった。松井さんは、無自覚のまま、今にも消えそうな小さな命を救い、無意識のうちに、大自然の象徴とも言える夏みかんを男の子に託す。車道に落ちていた小さなぼうし。それに気づき、ぼうしに触れた松井さん。その気づきと行動力こそが、小さな命、消えそうな命を守るために必要な力なのではないだろうか。チョウは松井さんを野原へ導く。自分たちの姿を見て、と。白いぼうしは、小さな命の尊さに気づく者だけに魔法の鍵となり、不思議な世界はその扉を開いたのだ。

五　チョウたちの声、そして伝えたいこと

たけお君の住む家の近くでは、都市化が進み、「ほんとうのチョウチョ」を見つけ、捕まえることは難しいのだろう。たけお君は「ほんとうのチョウチョ」の捕獲を大事件のごとく母親に知らせている。女の子が指定した「なの花よこ町」は、かつて、菜の花が咲き乱れる大きな野原だったのだろう。しかし、今は、「いってもいっても、四かくいたてものばかり」と女の子が語るように、たくさんの建物に囲まれた小さな野原となり、わずかにチョウたちの生存可能な場所となっている。

チョウは、時の迷路に迷い込み、自分の仲間を捜している途中で、男の子に捕まえられ、その後、偶然、松井さんに助けられた。松井さんが聞いた「よかったね。」「よかったよ。」の声は、仲間と再会したチョウたちの喜びの声にちがいない。松井さんは、チョウを逃がしたが、それが、チョウの命を救うことになった。松井さんが聞いたのは、そんな解放されたチョウの声、すなわち自らの命を生きるチョウの喜びの声だったのだ。しかし、それだけではない。そこには、「まだ、野原はあるよ。」「まだ、私たちはここで生きてい ける。」「よかったね。」「よかったよ。」という、自分たちの生存を確認しあうチョウたちの切ない思いが重なってくる。それは、今にも消えてしまいそうな都会の中の小さな自然を守ることのできない非力を嘆いているかのようでもある。傷つきやすく、壊れやすいチョウは、今にも消えゆく都会のはかない自然の象徴である。

この物語が発表されたのは一九六七（昭和四二）年である。東京オリンピックが終わり、高度経済成長の中、各地で野原や空き地がなくなり、団地が建ち始めた頃に作られた物語である。

六　最後に語り手が語ったこと

白いチョウが、二十も三十も、いえ、もっとたくさんとんでいました。クローバーが青あおとひろがり、わた毛ときいろの花のまざったタンポポが、てんてんのもようになってさいています。その上を、おどるようにとんでいるチョウをぼんやり見ているうち、松井さんには、こんな声がきこえてきました。

チョウの乱舞は、松井さんの見た松井さん自身の心象風景である。松井さんは、チョウを逃がした世界と、逃がしたチョウが解放されたことを喜び合う世界、その二層の世界を生き、それぞれの世界の真実を見ている。

語り手は、一方の世界の反映としてもう一方の世界を語っているのではない。むしろ、もう一つの現実だからこそ、見えたこと、体験できたことを語るのである。松井さんは、チョウを逃がしてしまったが、そのためにとらわれのチョウは解放され、仲間たちのもとへ帰ることができた。生きて帰ることのすばらしさ、その喜びが「よかったね。」「よかったよ。」の声になって、松井さんには聞こえてきたのである。

語り手は、松井さんが何をどう見ているか、そして、何をどう聞いているのかを語る。チョウの生きる喜びの声を聞く松井さんの内側までも語る。チョウたちの生きる喜びの声は、松井さんの心の奥底にある願いの表れである。語り手は、松井さんの目と心を通して、松井さんが求める「チョウたちが自らの命を生きる世界」を語っている。

七　ファンタジーとしての『白いぼうし』

車にもどると、「うしろのシート」に女の子が乗っていた、その女の子は、白いぼうしから解放されたチョウの化身ではないか――多くの読者はそう思うだろう。しかし、それは松井さんの知るところではない。松井さんは、女の子の言う「なの花よこ町」という町名を、「なの花橋のことですね。」と確かめながら、車を走らせる。そして、「ぽかっと口をＯ《オー》の字にあけている男の子の顔」を思い浮かべ、「おどろいただろうな。」と思う。松井さんにとって、それは幻ではない。

松井さんにとって、たけお君のチョウがいなくなった世界と、女の子が乗っていて車を走らせているもう一つの世界とは、一続きの世界で、どこにも切れ目はない。松井さんは両方の世界をごくごく自然に、日常的な感覚で生きている。もう一つの世界で体験する不思議な出来事さえも、ごくごく自然に受け入れてしまう。たくさんのチョウたちの舞う姿を見ながら、松井さんは「シャボン玉のはじけるような、小さな小さな声」を、仲間のところに生きて帰ってきたことを喜び合うチョウたちの声として聞いたのである。

一般的にファンタジーとは、現実と非現実を行ったり来たりする物語として描かれ、ファンタジーの入り口、扉が話題になる。しかし、西郷竹彦氏は、「現実と非現実の『あわい』に成立する世界」[2]、現実と非現実が一つになった世界として定義している。ファンタジーの形はいろいろあるが、『白いぼうし』は、正に「現実と非現実の『あわい』に成立する世界」と表現するとしっくりとくる物語である。

私たちの祖先は、生活の中に起こるたくさんの不思議を、フェアリーテールや妖怪話として言い伝えてきた。私たちは、目に見えるものばかりでなく、目に見えない不思議なものを生活に取り込み、楽しむ力を持っている。私たちには、現実と非現実を同時に楽しむ力がある。河合隼雄氏は「現実というのは思いのほか多層性をもっている。自分が見ている『この世界』がすなわち唯一の現実だと思いこむのは浅はかすぎる。」[3]と述べている。私は、ここにファンタジーを教室で楽しむ価値を見出したい。

私たちは、不思議な出来事がすぐ身近で起こっているのにもかかわらず、それに気づこうとしないために、見過ごしていることが多いのではないか。不思議に気づく力、その不思議を、わくわくしながら自分の現実世界に取り組む力、そんな、見えないものを楽しむ力と強さを、ファンタジーの読みを通して培いたい。

『白いぼうし』が所収されている『車のいろは空のいろ』の世界は、私たちの住んでいるすぐ近くにある、ちょっと角を曲がれば、いつでも誰でもすぐに行けそうな場所が舞台となっている。作家・あまんきみこの作品に惹《ひ》かれるのは、そんな幻想とも言えるような不思議な空間を身近に感じさせてくれるからだ。私は、読者である子どもたちに、この『白いぼうし』を通して、私たちの住んでいる現実の近くに、未知の国がいくらでも存在しているような気分を味わわせたい。

あまん作品の魅力はそれだけではない。あまんきみこの作品には、優しさが満ち満ちている。そして、人間であろうとなかろうと、大切なのは心であることを教えてくれる。更に、あまん作品には、いつでも対峙する二つの世界が描かれ、そこには、私たちにどうだと迫る厳しい瞳がある。『白いぼうし』で言うなら、開発と開発の中に残された野原、チョウを捕る男の子と捕られるチョウ、「よかったね。」「よかったよ。」の言葉に込められた思いだ。私は、あまんきみこの作品を読みながら、見えない物を見、大漁に大喜びする人たちの陰で、涙を流す魚たちを描く、詩人・金子みすゞを思い出す。あまんきみこは、そんなするどい視点を持った作家なのである。『白いぼうし』の中で、あまんは夏みかんのような力強くあたたかい日の光のような母の愛と、小さな野原で懸命に生きている守らなければならない小さな命の叫びを描いている。小さな野原のチョウたちは、消えゆく自然への警鐘を鳴らし、男の子の白いぼうしは、日常の中で見落としてしまいそうな小さな現実に気づく大切さを教えている。

作家・あまんきみこは、作品という「事実」を通して、「真実」を描こうとしている作家である。[4] だからこそ、多くの読者に支持され、私たちを魅了し続けるのだろう。

松井さんは、タクシーの運転手である。不思議な出来事は、いつもそのタクシーの中で起こる。タクシーこそが、非現実と現実をつなぐ特異な空間なのだ。松井さんのタクシーに乗るお客は、松井さんのタクシーの中で、本来の姿に戻る。私たちは松井さんの体験を通して、ないかもしれないけど、あるかもしれない「あわい」の世界を体験して楽しむのである。

注

（1）中村龍一「教室で文学作品を愉しく、面白く読むために――あまんきみこ『白いぼうし』を読む――」（田中実編『「これからの文学教育」のゆくえ』右文書院　二〇〇五）

（2）西郷竹彦「ファンタジーにはどんな教育的価値があるか」（『文芸教室79　あまんきみこを授業する』新読書社　二〇〇〇）

（3）河合隼雄『ファンタジーを読む』（講談社　一九九六）

（4）あまんきみこ「『ほんとう』にこだわりながら」（『日本児童文学』一九九一・六）を参考文献とした。

実践への視点

この物語は、突然現れた女の子が突然車中からいなくなり、聞こえないはずのチョウの声が聞こえる不思議な物語である。そのため、突然消えた女の子とチョウとをすぐには結びつけられず、「よくわからない物語である」と答える児童も少なくない。物語の構造を捉えながら、なぞをひも解くように読んでいきたい。そして、松井さんの物語として読まれることの多いこの作品を、小さな命の物語として読むことを提案する。

1　ストーリーを追いかけ、松井さんを読む。

ストーリーを丁寧に追いかけることで、松井さんの不思議な体験を追体験させたい。松井さんと同化し読み進めることで、児童は、「よかったね。」という小さな声に素直に共感することができるだろう。そして、松井さんの優しい、思いやりのある人柄に触れることで、優しい気持ちになれるだろう。

2　『白いぼうし』の構造を捉える。

松井さんを中心に、登場人物の関係図を作りながらそれぞれのつながりを押さえる。その中で、チョウと女の子の関係に気付かせていく。

3　夏みかんを読む。

この作品にはたくさんの色彩語などが並べられ、五感を刺激する。その中でも「夏みかん」は作品の鍵を握るキーアイテムである。作品の始まりから終わりまでを彩る「夏みかん」が象徴するものを、色や香り、味や手触りなどから児童とともに考えたい。

4　小さな小さな声を読む。

松井さんに聞こえた小さな小さな声。それは、チョウたちの生きる喜びの声であり、命の歓声である。

ストーリーの読みで終わらせないために、なぜ松井さんにはこの声が聞こえたのか、「よかったね。」「よかったよ。」にはどんなチョウたちの思いが込められているのかについて思いを巡らせたい。

5　ファンタジーとして『白いぼうし』を読む。

『白いぼうし』は、現実と非現実の境が非常に曖昧な作品である。その二つの世界の狭間にあるのが「白いぼうし」なのである。不思議な世界は「白いぼうし」が動くことによって開かれる。物語の題名がなぜ『白いぼうし』なのかを考えることは、物語の構造について考えることであり、ファンタジーの形を学ぶことになる。登場人物それぞれにとっての「白いぼうし」とは何かにも触れていきたい。

授業の展開 ――そのポイント

一次　全文を読み、感想を交流する

二次　登場人物とあらすじをつかみ、学習課題をたてる

三次　課題ごとに話し合い、考えたことを学級で交流する

・松井さんの優しさについて考える。

・夏みかんについて考える。

・松井さんに聞こえてきた小さな小さな声について考える。

・題名『白いぼうし』について考える。

四次　『白いぼうし』の学習のまとめをする

・『車のいろは空のいろ』を読んで、読書会を開く。

変わらぬものと変わるもの、そして変わり続けること

『川とノリオ』いぬいとみこ　教育出版6年

神永裕昭

いぬいとみこ

一九二四（大正一三）年、東京に生まれる。

一九五〇（昭和二五）年に岩波書店に入社し、岩波少年文庫の編集に携わる。そのかたわら創作活動に従事し、『ツグミ』で日本文学者協会新人賞を、『ながいながいペンギンの話』で毎日出版文化賞を受賞した。他にも、数多くの作品を残した。

二〇〇二（平成一四）年没。

『川とノリオ』は、戦争で父親も母親も亡くしながらも、その逆境に立ち向かうことで成長し続けるノリオの物語である。美しく豊かな表現で、一読後に戻って読み直したい叙述がたくさん出てくる作品である。

印象に残った語や文、文章のイメージを膨らませ、関連付けていくことで、『川とノリオ』の意味を読み手の中に作り上げることができるであろう。

読み手である私の中で印象に残った「母ちゃんの手」「黒いゴムぐつ」「ノリオの世界はうす青かった」の語に着目して、『川とノリオ』を読み深めていく。

一　はじめに――いぬいとみこが『川とノリオ』を書いた理由

『川とノリオ』は、一九八〇（昭和五五）年度版より、教育出版『国語六上』に掲載されている。他にも、過去に日本書籍や大阪書籍（ともに小学校六年）、学校図書（中学校一年）の教科書に掲載された経緯をもつ。『川とノリオ』は、一九五二（昭和二七）年、いぬいとみこが二十八歳のときに、児童文学者協会新人会の機関誌『児童文学研究』第六号にて発表した作品である。原稿用紙にして十三枚の短い作品である。いぬいの初期の作品であり、数少ない短編の一つである。そして、いぬい自身が、「大切に思っている作品の一つ」[1]と語る作品である。

いぬいは『川とノリオ』を書いた動機を次のように語っている。

私は一九五一年、『原爆の子』という被爆したこどもたちの最初の作文集をとおして、はじめて、私が柳井の保育園の廊下でみた、「広島」の閃光の下で、多くの女・子どもたちが焼き殺されて死んだことを知り、その人びとへの鎮魂の思いをこめて、『川とノリオ』の短編を書いたのだった。（それまでは、アメリカ軍の占領中で、プレス・コードのため、原爆の被害については、報道がゆるされていなかった。）（略）

暗い戦争ちゅうにも、幼児には幼児の喜びと悲しみがあり、その悲しみを目撃してしまった私として、作家生活のはじめの時期に『川とノリオ』を書かずにはいられなかったことになる。[2]

『原爆の子』は、一九五一（昭和二六）年に長田新の編集により刊行された原爆体験記である。いぬいは、この体験記を読んで初めて、あの日に、広島に原爆が落とされ、多くの女性や子どもたちが焼け死んだことを、そして肉親を失った少年少女たちがたくさんいたことを知った。その人々への鎮魂の思いを込めて『川とノリオ』を書いた。

いぬいは、広島に原爆が投下された時に、広島市からわずか七五キロメートルしか離れていない山口県の柳井町の戦時保育園に職を置いていた。暗くつらい戦争中においても、子どもは子どもらしく生きていたことを近くで見てきた。笑ったり、泣いたり、いたずらをしたり、幸せな日常がそこにあったことをよく知っている。そんな日常は八月六日も変わらなかった。柳井町だけにではなく、日本各地に「小さい神様」がいたであろう。広島の町も例外ではなく。しかし、あの日に、ささやかな幸せを奪ったのが原爆である。いぬいは、「反原爆の思い」で『川とノリオ』を書いている。『川とノリオ』の根底に流れているのは、神谷忠孝氏のいう「『戦争の記憶』の継承」[3]であろう。

二　物語の設定

「防空壕」「Ｂ29」「八月六日」「ヒロシマ」、これらのキーワードから、太平洋戦争時代の話と考えられる。そして、「幸せな二歳の神様」、「小学二年のノリオ」をもとに考えると、ノリオが、一歳から七、八歳までの話であり、広島への原爆投下で母親を亡くしたとき、ノリオは四、五歳であると推測できる。

「ノリオ」がカタカナ表記であることも特徴的である。「ノリオ」以外にも「父ちゃん」「母ちゃん」「じいちゃん」「タカオ」「やぎっ子」「川」と、不特定表記である。不特定表記にすることで、不特定多数の「ノリオ」の物語として書かれている。つまり、一人の犠牲者の物語ではないということである。いぬいの「反原爆の思い」を感じ取ることができる。

物語の場所としては、汽車でヒロシマまで行ける場所である。しかし、「町外れ」「朝早く汽車に乗って」「朝のうち、ドド……ンとひびいた何かの音」を考えると、ノリオの家が広島市から離れていることは確かである。

「一　はじめに」にも書き記したが、いぬいは、一九四五（昭和二〇）年に山口県の柳井町の戦時保育園に勤めていた。ここでの経験がもととなって『川とノリオ』は生まれている。この場所が舞台となっていることが想像できる。

プロローグの「母ちゃんの生まれるもっと前、いや、じいちゃんの生まれるもっと前から、川はいっときの絶え間もなく、この音をひびかせてきたのだろう。」という文から、じいちゃんは母親方であり、ノリオの家は母ちゃんの生まれた家と考えられる。つまり、舞台は、ノリオの故郷であるとともに母ちゃんの故郷でもある。

三　語り手の視点と物語構成

『川とノリオ』は三人称で書かれている。いわゆる「外の目」から書かれている。一人称では、幼い（一歳～七、八歳くらいの）ノリオの心情を描くことは難しい。三人称で語られながらも、「ノリオは川のにおいをかいだ。」「父ちゃんは小さな箱だった。」など、随所にノリオの視点を取り入れることで、読み手はノリオの視点で事物を見つめ、感情移入することができる。また、語り手が見つめる、母ちゃんの「手」や「黒いゴムぐつ」、「青いガラスのかけら」など、物語を構成する上で重要な語に注目し、関連付けて読んでいくことで、『川とノリオ』を深く読むことができるであろう。
『川とノリオ』の物語は、プロローグとエピローグの「川」の描写に挟まれている。そして、その間にあるノリオの物語には、章題がついている。章題共通の特徴は、一見して季節がわかる点である。この章題が、物語を時間の順序に沿って読み進めることを手助けしてくれる。それぞれの章題に小見出しをつけ整理してみると、次のようになる。

プロローグ　「流れ続ける川」
Ⅰ　早春　「ノリオを育てていこうとする母ちゃんの日に焼けた細い手」
Ⅱ　また早春　「ノリオを川から引き上げてくれたり、おしおきをしてくれたりする母ちゃんの手」
Ⅲ　夏　「ノリオと母ちゃんの上空を飛ぶＢ29」
Ⅳ　八月六日　「ノリオの黒いゴムぐつとともにもどってこない母ちゃんのあの手」
Ⅴ　おぼんの夜（八月十五日）「母ちゃんの死」
Ⅵ　また秋　「父ちゃんの死」
Ⅶ　冬　「かれ草の中で春を待つノリオ」
Ⅷ　また、八月の六日が来る　「うす青い世界と向き合うノリオ」
エピローグ　「流れ続ける川」

「Ⅷ　また、八月の六日が来る」がいわゆるクライマックスとなる。その中で核となる言葉が「うす青い世界」である。この「うす青い世界」に向けて、母ちゃんの「手」のエピソードやノリオの「黒いゴムぐつ」のエピソード、母ちゃんの死や父ちゃんの死のエピソードがつながっていく。「Ⅱ　また早春」での無邪気なノリオの姿が「Ⅷ　また、八月の六日が来る」での成長したノリオの姿につながっていく。

ノリオの物語は、「川」の描写に挟まれており、場面の中にも唐突に登場してくる。ノリオの物語にとって、「川」は切っても切れない関係にある。プロローグとエピローグの「川」は、変わらぬものの象徴として、流れ続けるものの象徴として描かれている。その間にあるノリオの物語では、ノリオの内なる「川」として、ノリオの心の変化を表す「川」としても描かれている。『川とノリオ』の題名にもつながる「川とともにあるノリオ」という意味としての「川」である。

四　プロローグとしての「川」

町外れを行く、いなかびたひと筋の流れだけれど、その川はすずしい音をたてて、さらさらと休まず流れている。日の光のチロチロゆれる川底に、ちゃわんのかけらなどしずめたまま。

春にも夏にも、冬の日にも、ノリオはこの川の声を聞いた。

母ちゃんの生まれるもっと前、いや、じいちゃんの生まれるもっと前から、川はいっときの絶え間もなく、この音をひびかせてきたのだろう。山の中で聞くせせらぎのような、なつかしい、昔ながらの川の声を――。

「川」の描写から始まる。「さらさら」と穏やかに川は流れている。「チロチロ」ゆれる川底には、ちゃわんのかけらが見え、清流であると同時に、生活用水としての「川」であることがわかる。すずしい音をたてて、さらさらと休まず流れている川が読み手に印象づけられる。語り手が見つめる「川」は、変わらず流れ続けているのである。

そして「ノリオ」が登場する。題名で「川」と対になっている「ノリオ」である。川の「音」が、「声」に変わり、ノリオの視点で、「川」について語られていく。ノリオにとって、どんなときも決して変わらない存在であったのが「川」であった。これは、ノリオにとってだけでなく、母ちゃんにとっても、じいちゃんにとっても、そうであったのであろう。この地にはまず川があった。そして、人々が集まり、集落を作った。静かなままに、「川」の存在を強調するプロローグである。

五　母ちゃんのあの「手」

語り手は幾度となく、母ちゃんのノリオへの優しいまなざしを表現するために「手」に注目する。父ちゃんの出征した直後においても、「日に焼けた細い手が、きつくきつくノリオをだいていた。」と語っている。父ちゃんの「かたいてのひら」とは対照的な「細い手」が、ノリオをしっかり育てていこうという強い意志を、読み手に伝えている。

この「手」が、ある時は、川の中でおびえて泣いているところを「安全な川っぷちの砂の上に……無事に引き上げ」てくれたり、ある時は、悪いことをしたおしおきとして「ぴしゃり、とおしりをぶ」ってくれたりする。「手」は、優しさと厳しさをもって、ノリオの成長を見守っている。

語り手は「なにもかも、よくしてくれる母ちゃんのあの手」と語っている。「おしりをぶつ」手を「あったかいあの手」と語っている。ノリオの視点で語られている。ノリオにとっては記憶のないところであるが、語り手は、二歳のノリオに寄り添いながら語っている。

「Ⅷ　また、八月の六日が来る」で、ノリオが子供と歩く女の人に母ちゃんを重ねて心を奪われる場面がある。この時に「子供の手を引いた女の人」と語っている。子供の手を引いているのは紛れもなく、女の人の「手」である。この時の語り手の視点もノリオである。無意識に「手」に目がいってしまったのであろう。「なにもかも、よくしてくれる母ちゃんのあの手」を重ねたことであろう。

六　もどってこない「黒いゴムぐつ」

「Ⅱ　また早春」において、いぬいが語る「暗い戦争ちゅうにも、幼児には幼児の喜びと悲しみがあり」というさまを垣間見ることができる。

「川の声を聞いた」とあるように、確かにノリオは「川の声」を聞いていたのである。（　）を使い、ノリオの心の内を描いていることになっているが、二歳のノリオには確かに「川の声」が聞こえていた。これは子どもの特権である。二歳のノリオにとって「川」は友達であった。

川下で洗い物をしている母ちゃんにとっては、川は自然物である。川のありがたさとともに、怖さも知っている。川下に流れてきた二つのくりの木げたを見てノリオに気付く。「川」の怖さを知っているから、母ちゃんは本気でノリオを叱る。しかし、ノリオはまだ二歳だから楽しくて同じことを繰り返してしまう。そのことも、母ちゃんは知っている。だから、いつもノリオを近くで見ている。配給に行ってもすぐにノリオの元に戻ってくる。「不意にまた現れた母ちゃんの手で」とあるが、それは、まだ二歳のノリオの視点であり、母ちゃんは、いつもノリオの近くにいた。心配だったのであろう。しかし、その中でも、川と遊ぶノリオの成長が愛おしくて仕方なかったのであろう。母ちゃんから見て、ノリオは「金色の光に包まれた、幸せな二歳の神様」だった。

成長したノリオに、母ちゃんは、お米一升と引き換えに「黒いゴムぐつ」を買ってくる。この「黒いゴムぐつ」は、母ちゃんのノリオへの「思い」そのものである。もし、危険だから川で遊ばせたくないという思いを母ちゃんがもっていたならば、「黒いゴムぐつ」をノリオに買ってこない。ノリオが川で遊ぶことが大好きなことをよく知っており、川で遊ぶノリオの姿を見ることが大好きだったからこそ、母ちゃんはノリオに「黒いゴムぐつ」を買ってきたのであろう。母ちゃんはノリオのことを考えて、「黒いゴムぐつ」を選んで買ってきたことが想像できる。

その「黒いゴムぐつ」をいつものように川に流しても、「黒いゴムぐつ」はノリオの元に戻ってこなかった。それは、母ちゃんが帰ってこなかった日である。その日は、川に流した「黒いゴムぐつ」も「麦わら帽子」も「黒いパンツ」も、戻ってこなかった。そして「ノリオのおしりにおしおきする母ちゃん」も戻ってこなかった。広島に原爆が落とされた八月六日の日のことである。母ちゃんは、「この日の朝早く汽車に乗って、ヒロシマへ出かけて」被爆したのである。ノリオは何も知らずに、「ただ、母ちゃんを待って」いた。

「黒いゴムぐつ」が意味するものは、母ちゃんとノリオの幸せである。それが「川」に流されていく。「川」は無常にも流れ続ける。現実の時の流れと同様に、遡行することは不可能である。

七　ノリオの中で揺れる「うす青い世界」

ノリオは、「川の底から拾ったびんのかけらを、じいっと目の上に当て」ることで、自分の中の「うす青い世界」と向き合うことになる。母ちゃんの死を理解できる年齢になった証拠である。

「青」にはさまざまな意味があるが、ここでは寂しさや孤独を表す色として、ノリオの心の内を表している。

ノリオは、小学二年生でありながらも、この「うす青い世界」を乗り越えようとする。「青いガラスのかけら」を「川」に「投げてやった」のである。「投げた」ではなく「投げてやった」というところに、ノリオの強い意志を感じる。そっと、ポケットにしまい込んでもよかったのに、ノリオは一歩踏み出そうとした。その強さの裏には、両親を亡くしてじいちゃんと二人で生きているたくましさがある。じいちゃんは毎日弁当を持って工場に通っている。その間、ノリオは一人である。そしてノリオには、「工場のやぎっ子の干し草かり」という仕事がある。このような生活がノリオにたくましさを形成しているのであろう。何も知らなかった「二歳の神様」であったノリオが、両親を亡くしたことを理解し、その悲しみさえも乗り越えようとするまでにたくましく成長している。ノリオは自分が置かれた逆境を乗り越えようとしたからこそ成長することができた。

「青いガラスのかけら」を「投げてやった」ことで、すべてを乗り越えたわけではない。その後もノリオの寂しさや孤独を「青」の色に見ることができる。

ノリオは「うす青い世界」を振り切るように、「青々しげった岸辺の草」に、サクッ、サクッとまたかまを入れだすのである。しかし、母ちゃんやぎを呼ぶような、やぎっ子の声にひかれて、ノリオはやぎっ子と取っ組み合う中で、やぎの目玉の中に再び「青」を見てしまう。
ノリオが、自分の「うす青い世界」を乗り越えようと、青いガラスのかけらを投げてやったり、青々しげった岸辺の草に、サクッ、サクッとまたかまを入れたりしても、「青」に象徴される母ちゃんを失った寂しさや孤独は見えてきてしまうのである。

八　ノリオが強い意志でまた使いだす「かま」

「子供の手を引いた女の人」の姿に、母ちゃんを重ね合わせる。ノリオは再び、自分の「うす青い世界」に入り込む。その世界の側から、ノリオはずっと「子供の手を引いた女の人」を見つめている。そこに、自分と母ちゃんを映し重ねながら。その女の人が遠ざかり小さくなっても見つめている。しかし、母ちゃんへの思いを振り切ろうとする。ノリオの内なる「川」の音の響きが増していく。その強い意志で再びかまを持ち、仕事である干し草かりを始める。

ノリオは、かまをまた使いだす。
サクッ、サクッ、サクッ、母ちゃん帰れ。
サクッ、サクッ、サクッ、母ちゃん帰れよう。

ノリオは黙々と干し草を刈る。母ちゃんを失った悲しみさえも刈り取ってやろうとするノリオの姿がたくましい。

「干し草かりが、ノリオの仕事だ。」と語り手が言い切るように、ノリオは干し草かりに誇りと責任をもっている。「あったかい母ちゃんのはんてんの中」にいたノリオがここまで成長した。

サクッ（かあ）、サクッ（ちゃん）、サクッ（帰れ）
サクッ（かあ）、サクッ（ちゃん）、サクッ（帰れよう）

かまをひと入れしながら、ノリオは、心の中で叫んだのであろう。また、最後の「帰れよう」には乗り越えようにも乗り越えることができないノリオの姿を見ることができる。懸命にかまを振ることで、「青いガラスのかけら」を投げ切ろうとしている。

力強く生きていこうとするノリオがここにいる。心には傷をかかえているが、懸命に生きようとするノリオの声のない叫びを、読み手としては、しっかりと受け止めたい。

九　エピローグとしての「川」、そして、またプロローグへ

川は日の光を照り返しながら、いっときも休まず流れ続ける。

エピローグにおける「川」は、「ノリオ」そのものを表現している。エピローグの「川」を「ノリオ」に

置き換えて読んでみる。「ノリオは、日の光を照り返しながら、いっときも休まず流れ続ける。」のである。母ちゃんに会いたい思いを胸に秘めながらも、ノリオは生きていくのである。父親のいるタカオの姿や、母ちゃんやぎを呼ぶようなやぎっ子の声や、子供の手を引いた女の人に母親を照らし合わせながらも、それを乗り越え、力強く生きていくのである。ノリオは、川と同じように、苦境を跳ね返しながら、力強く生きていけるだろう。

また、エピローグの「川」はプロローグの「川」と同じである。変わらぬものの象徴として、流れ続けるものの象徴として描かれている。再度、プロローグを読むと、「青いガラス」を投げてやった「川」は、今日もすずしい音をたてて、さらさらと休まず流れている。「青いガラスのかけら」は見えないが、かわりに「ちゃわんのかけら」が見える。

プロローグとエピローグに「川」を描き、「かけら」という語に着目することで、物語がループしているように読むことができる。ここにも、いぬいの「反原爆」の思いを感じ取ることができる。「川」のように時代が流れても、時代が変わり続けても、変わらずにノリオの物語が読み継がれていくようにという思いを感じ取ることができる。

注

（1）日本児童文学者協会編『日本児童文学別冊　作家117人が語る　私の児童文学』（偕成社　一九八三）
（2）（1）に同じ。
（3）神谷忠孝「川は第二の母であった」（田中実・須貝千里編『文学の力×教材の力　小学校編六年』教育出版　二〇〇一）

実践への視点

1　児童の実態に応じた授業の組み立て

一読しただけでは、ストーリーをとらえ切れない（父ちゃんが戦争で死んだことでさえ読み取れない）児童もいるであろう。朝の学習時間なども活用しながら、何度も音読を繰り返し、どんな話なのか説明し合ったり確認し合ったりさせながら進めることが有効である。そうしていると、説明や確認の中に感想が入り始める。ストーリーの説明の中に児童自らがコメントを入れ始めるのである。それから初発の感想を書いてもよいであろう。児童の実態に応じた授業の組み立てが重要である。

2　児童と共に読み合う教師

初発の感想や印象に残った叙述を教師が一枚のプリントにまとめ、学級で共有をする。そのプリントをもとに、理由や根拠を尋ね合うことで、みんなで読み合いたいことや叙述を決めていく。この時に、読み手の一人として、教師自身も自分の「読み」をもっていなければいけない。どの叙述を読み合えば、『川とノリオ』を児童の中に深く描くことができるのか。どのような問いかけをすれば、児童の中に課題意識を目覚めさせることができるのかを、児童の様子を見ながら考えていく。

3　読み合う叙述

読み合う叙述としてあげるならば、次のようなところである。

○母ちゃんの日に焼けた細い手が、きつくきつくノリオをだいていた。（Ⅰ　早春）
○ノリオは小さい神様だった。金色の光に包まれた、幸せな二歳の神様だった。（Ⅱ　また早春）
○母ちゃんが、お米一升とかえてきたノリオの黒いゴムぐつ（Ⅳ　八月六日）

○黒いゴムぐつは帰ってこない。（Ⅳ　八月六日）
○川の底から拾ったびんのかけらを、じいっと目の上に当てていると、ノリオの世界はうす青かった。（Ⅷ　また、八月の六日が来る）
○ノリオは、青いガラスのかけらを、ぽんと川の水に投げてやった。（Ⅷ　また、八月の六日が来る）
○白い日がさがチカチカゆれて、子供の手を引いた女の人が、葉桜の間を遠くなった。ザアザアと音を増す川のひびき。（Ⅷ　また、八月の六日が来る）
○ノリオは、かまをまたつかいだす。サクッ、サクッ、サクッ、母ちゃん帰れ。サクッ、サクッ、サクッ、母ちゃん帰れよう。（Ⅷ　また、八月の六日が来る）

4

読み合う学習課題

読み合う学習課題としては、次のような課題が考えられる。
○「黒いゴムぐつ」が意味することは何か。
○「サクッ、サクッ、サクッ」が意味することは何か。
○ノリオにとって、川とは何か。
○題名がどうして『川とノリオ』なのか。
これらの学習課題に対し、叙述を根拠に自分の考えをもち、交流をすることで、読みが深まっていく。

最後に、自分にとって『川とノリオ』はどのような物語であったのか、印象に残った語や文、文章をもとに「紹介カード」、「本のポップ」、「解説書」などにまとめる。それを廊下や教室などに掲示することで他学級の友達とも交流ができ、『川とノリオ』をさらに読み広げることができるであろう。

授業の展開――そのポイント

一次　ストーリーの把握と初発の感想

・音読と友達との気軽な交流を通してストーリーを把握する。（朝の時間や家庭学習を活用。）
・ストーリーを押さえた上で、印象に残った言葉や文を中心に初発の感想を書く。自分で書いた感想を読み、その中で特に友達に伝えたいと思う文や言葉に赤鉛筆でサイドラインを引く。
・サイドラインを中心にまとめられた学級全員の感想が書かれたプリントをもとに、感想を交流し、読みのめあてをもつ。

二次　場面の読み

・「ノリオは小さい神様だった。金色の光に包まれた、幸せな二歳の神様だった。」をどう読むかを考え、交流をする。
・「黒いゴムぐつ」が意味することについて考え、交流をする。
・「サクッ、サクッ、サクッ」が意味することについて考え、交流をする。

三次　まとめ読み

・「ノリオにとって、川とは何か」について考え、交流をする。
・題名がどうして『川とノリオ』なのかについて考え、交流をする。
・感想を書き、交流をする。

二　教師の〈読み〉から授業へ

——教師は、子どもとともに読む

『きつねのおきゃくさま』あまんきみこ　三省堂2年　教育出版2年

《美しき虚勢》の物語

廣川加代子

『桃太郎』のような昔話と比べてみると、『きつねのおきゃくさま』は、民衆の間で口伝えされてきた厚みとは別のところに価値があることがわかる。

『きつねのおきゃくさま』の語り手は、ひよこたちとの関係で生きて死んでいったきつねについて、平易な言葉で楽しげに語りながらも批評を加えている。物語全体には「……とさ。」の語り口が響いているが、よく耳をすますと人物と語り手の声がいくつか層になって聞こえる。

きつねが恥ずかしそうに笑って死ぬことの意味を探り、語り手のありようと重ね合わせて論じてみたい。

あまんきみこ

一九三一（昭和六）年に中国（旧満州）で生まれた。本名は阿萬紀美子。短編童話集『車のいろは空のいろ』（一九六八）で第一回日本児童文学者協会新人賞を受賞し、短編のファンタジー作家として知られるようになる。『名前を見てちょうだい』『ちいちゃんのかげおくり』『おはじきの木』など多数。

一　はじめに　昔話のふりの世界

この物語は、空腹のきつねが獲物を手中に入れながらも食うことができずに自らが命を落とす話である。「むかしむかし、あったとさ。」に始まり、「とっぴんぱらりのぷう。」で終わる。

「むかしむかし、あったとさ。」と語りかけられ、私たちはむかし何かが起こったという前提を受け入れる。語り手に誘われお話の世界を共有する。昔話の語り手に安心して身をまかす。だが、何度か読んでいるうちに、どうもこの『きつねのおきゃくさま』は昔話のふりをしているように思われてくる。なんだかひっかかる。

疑惑の一つは、本文中に四回あらわれる「ひよこは、まるまる太ってきたぜ。」「じつに、じつに、いさましかったぜ。」という言い回しだ。全体を読み終えれば「……とさ。」の語り口が印象に残り、最後に「とっぴんぱらりのぷう。」と言い放たれ、ああおもしろかったと終わるのだが、昔話の語り手が「……ぜ。」と言うのはあまり聞いたことがない。近代的、いや現代的な感じだ。もう一つは、「そのばん。きつねは、はずかしそうにわらってしんだ。」という部分だ。「とっぴんぱらりのぷう。」で読者の中で物語は終わると言ったが、しかしきつねが恥ずかしそうに笑って死ぬとはどういうことか。笑う理由がどこかにあったのか。読み直さなければならないではないか。昔話としては複雑な心理ではないか。

この物語に魅かれる一方で、昔話のふりに釈然としないものを感じながら、まず物語の展開を丁寧に見ていく。

二　策略家の消滅――叙述を追ってプロットを読んでいく

1　考えるきつね

おそらく森の中だろう。きつねが歩いているところから物語は始まる。きつねは「はらぺこきつね」だ。たまたま空腹なのか、恒常的に空腹なのかはわからないが、この時きつねは空腹だった。「はらぺこ」には同情するし、いじわるぎつねとか、いたずらぎつねというわけではなさそうだが、何か事が起きそうだ。

やってきたのは「やせたひよこ」。きつねは「がぶりとやろうと思ったが、」「太らせてから食べようと」する。きつねはここで「考えた」。この小さなひよこをがぶりなんて瞬時に食べずに、太らせおいしくしてから食べようとする。このきつねは考えるきつねだ。やせたひよこに道で会い、きつねがこう考えたことが物語の発端だ。

太らせてから食べようとするのを「そうとも。よくある、よくあることさ。」と語り手は言う。この出来事を知っている語り手が「よくあること」と言うのだから説得力がある。しかし「むかしむかし、あったとさ。」「そうとも。よくある、よくあることさ。」という語り口は軽い。いやしくも今生きているひよこが食われることを予感させるストーリーの割には「……とさ。」「……さ。」と言い放たれ、語る調子はリズミカルで楽しげな雰囲気がある。空腹はやはりかわいそうだ。きつねはいったいどうやってひよこを太らせるのか。いつの間にかこの語りにひき込まれる。

2　動揺するきつね

きつねが「やあ、ひよこ。」と声をかけると、ひよこは迷わず「やあ、きつねお兄ちゃん。」と返事をする。それを聞いたきつねは「お兄ちゃん？　やめてくれよ。」と言い、「ぶるるとみぶるい」する。「お兄ちゃん」という近しい呼ばれ方には慣れてもいないし、言われたくもないのだ。しかしひよこは「目をまるくして」きつねを見つめ、「ねえ、お兄ちゃん。どこかにいいすみか、ないかなあ。こまってるんだ。」と相談する。

ひよこは自分より格段に強くて大きいきつねを、自分を襲う存在ではなく、困っていることを解決してくれる存在と受け止め、会ったこともないのに「お兄ちゃん」と呼ぶ。きつねからすれば、太らせようとする相手にすみかを相談されるとは願ってもないことだ。「心の中でにやりとわら」い、「よしよし、おれのうちにきなよ。」と誘う。

だが、次の言葉にきつねは動揺する。「きつねお兄ちゃんって、やさしいねえ。」きつねを信頼しきった飾りのない呼び方、自分には無縁だと思っていた「やさしい」という言い方。きつねは「少しぼうっとな」り、帰り道には「切りかぶにつまずいて、ころびそうにな」る。食べてしまうつもりの小さなひよこのひとことで自分が動揺するということは、考えるきつねであっても予想外のことだった。策略家のきつねはここから少しずつ変わっていく。

「きつねは、ひよこに、それはやさしく食べさせ」る。やさしく食べさせるとはどういうことか。いそいそと給仕をし、会話をしたりするのだろうか。その行動は、やさしい自分を見せたいという自覚のもとに行われているのだろうか。あるいは「やさしい」と発したひよこを前にするとやさしくなってしまうのだろうか。これらはよくわからないまま、きつねはひよこに「やさしいお兄ちゃん」と言われればまた、「ぼうっとなっ」ている。

さて、ひよこときつねとの間に「やさしい」なんていう言葉が発せられて緊張が緩んでいるところに、突然地の文に、改行されて「ひよこは、まるまる太ってきたぜ。」があらわれる。少しどきっとする。会話を示すかぎかっこはついていないから、きつねの発話ではない。語り手の独白だ。ここまでとんとんと出来事を聞かせてきてくれた語り手が急に別人になったようだ。試しに文末の「……ぜ。」を取ってみれば「ひよこは、まるまる太ってきた。」となり、これならひよこの様子を説明する地の文で違和感はない。むかしむかしの物語の語り手に「……ぜ。」はどうも似合わない。

ひよこは太る。まるまる太る。食べさせてもらっては、きっとお礼を言うだろう。お兄ちゃん、ありがとうと。

3　麻痺《まひ》するきつね

ある日「さんぽに行きたいと言い出」すひよこを「にげる気かな。」と疑ってきつねは後をつける。「ひよこが春の歌なんか歌いながら」とあるので季節は春だろう。

ひよこはやせたあひるに会う。「やあ、ひよこ。どこかにいいすみかはないかなあ。こまってるんだ。」と、あひるはかつてのひよこと同じことを言う。ここで「やあ、ひよこ。」と呼び捨てにされるのは、あひるの方が強くて大きいからで、ひよこが一番弱くて小さい存在であることがだんだん明らかになる。いいすみかとして「きつねお兄ちゃんち」を紹介すると、ひよこより知識があるだろうあひるは、「きつね？　とうんでもない。がぶりとやられるよ。」と即座に答える。しかし、現に「やさしく」食べさせてもらっているひよこは「首をふ」り、きつねは「とっても親切」だと告げる。このやりとりを陰で聞いていたきつねは、ひよこの説明に「うっとり」し、「『親切なきつね』という言葉を、五かいもつぶや」く。「そこでいそいでうちにかえ」ったきつねは二人を待ち、毎日親切にし、「二人が『親切なお兄ちゃん』の話をしているのを聞くと、ぼうっとな」る。

三番めのうさぎも、あひると同じいきさつで共同生活に参加する。やせたうさぎにすみかを相談されてきつねの家を紹介するが、「あたしたちといっしょに行きましょ。」とさらりとひよこは言う。うさぎは「きつねだって？　とうんでもない。がぶりとやられるぜ。」と「……ぜ。」をつけて言い返す。肉食動物の餌食になりがちなうさぎも前の二人に比べるとけものの風格がある。しかしたたみかけるように「ううん。きつねお兄ちゃんは、かみさまみたいなんだよ。」と今度はおそらくあひるが答える。うさぎは二人に説得される。「かみさまみたい」という言葉に納得する。なにしろ二人はまるまる太っていてきつねを信じきっている。共同生活のすばらしさを体現しているのだ。それを陰で聞いたきつねは「うっとりして、きぜつしそうにな」る。そしてそれ以降、きつねは「三人が『かみさまみたいなお兄ちゃん』の話をしていると、ぼうっとな」り、やがて「うさぎも、まるまる太ってきたぜ。」ということになる。

きつねはひよこが散歩に行く時には止めることもできずに後をつけ、自分のことをあひるに「とっても親切なの。」と告げた時には喜びを感じている。

親切なきつね。親切なきつね。親切なきつね。親切なきつね。五回唱えたことできつねは考えるきつねを忘却した。ぼうっとするばかりの酔っているきつねになった。ここにはもう、「やさしい？やめてくれったら、そんなせりふ。」とやさしさを拒絶していたあのきつねはいない。

夏になる。「かみさまみたいな」は最上級の褒め言葉だから、これを聞いてしまった以上きつねにほかの選択肢はない。三人のことを神様がふるまうように育てるしかない。案の定、三人が自分のことに言及するのを心待ちにする日々に埋没していく。もう三人を食べることはできない。神様は弱い者を食べたりはしない。

　ここまで同じことが三回繰り返されているように見えながら、きつねは変容している。初めは食べさせる行為についてやさしかったきつねが、やがて食事どきに限らず親切になり、ついに三人を育てる姿は神様みたいになったのだ。策略家だったきつねはもういない。三人との共同生活はきつねの野生を麻痺させた。してみると、獲物を食うという点で一貫しているのは、まるまる太ってきたぜと言い放つ語り手だということになってくる。

　ところで、このひよこはにわとりにならないひよこである。きつねを信じて愛くるしい姿と言葉でおきゃくさまを二人連れてくる。この重要人物ひよこは永遠のひなだ。季節が流れてもこのひよこはにわとりにならない。

三　美しき虚勢――プロットの意味するものへ向かう

1　一瞬の神様を生きたきつね

「ある日。」というのは三つほどの季節がめぐったある日、いかにも怪しい名の「くろくも山」から「おおかみが下りて」くる。招かれざる客だ。においをかぎつけ、「ふんふん、ひよこに、あひるに、うさぎだな。」と言い当て近づくおおかみに、「『いや、まだいるぞ。きつねがいるぞ。』言うなり、きつねはとび出」していく。躊躇《ちゅうちょ》することなく飛び出しきつねは戦う。からだには「ゆうきがりんりんとわ」き、語り手も「おお、たたかったとも、たたかったとも。じつに、じつに、いさましかったぜ。」と語る。果たしておおかみは逃げていく。

　三人を守るために飛び出したきつねはこの瞬間、神様であった。自分より強くて大きいおおかみに、名乗りを上げて立ち向かったが、きつねには飛び出す以外に選択肢はない。おおかみに自分の獲物が横取りされるから戦うのではない。策略家であったきつねはとうに忘却されている。何かを考えて勇気を出したのではない。勇気は湧いてきたのだ。自分のためではなく、三人を守りたいという神様みたいな心がきつねの中から湧いてきたのだ。「じつに、じつに、いさましかったぜ。」は、語り手によるこの物語中ただ一度きりのきつねへの称賛だ。

　ひよこたちの目から見てみる。「こりゃ、うまそうなにおいだねえ。」とやってくるおおかみに立ち向かってきつねが戦うことは、自分たちを守ってくれるためにほかならない。今まで同様これから四人が一緒に生きていくために戦っているのだ。きつねが我を忘れて三人のために戦っていることはひよこたちにはわからない。うまそうなにおいがするのはそのように育てられ始めたからだということは夢にも思わない。

2　笑って死ぬことを生きたきつね

「そのばん。きつねは、はずかしそうにわらって」死ぬ。自分より強くて大きいおおかみとの戦いで力を出し切ったのだろう。追い払ったことは上出来だった。さて、きつねは何が恥ずかしかったのか。死にぎわに恥ずかしそうに笑ったのはなぜなのか。その理由は、せっせと三人を育てた自分の姿、敵から小さな三人を守って戦った自分の姿を思い起こした時にきつねに生まれた戸惑いの中にある。

横たわるきつねは過去の自分を思い出す。ひよこを食べるはずだった自分を思い出す。お兄ちゃんと呼ばれた時には「やめてくれよ。」と身震いし、すみかを相談された時には「心の中でにやりとわらった」はずだ。あの時の考えるきつねはどこへ行ってしまったか。三人から「親切」と言われることで親切になり、「かみさまみたい」と言われることで神様みたいになった自分。そんな自分に酔っていたことも、きつねは今よくよく理解する。食べるはずだった三人をまるまる太らせ、食べないままにいたところに強者が現れ、その三人を守って自分が死ぬ。これは明らかに失態だ。

名乗りを上げておおかみと戦った自分を思い出す時、きつねはもう一つ、まるまる太り今なお自分を信じて生きる三人にとって、自分が感謝される存在であることに気づく。三人によって見られる自分、他人のまなざしの中の自分の姿に初めて気づく。三人を食べるのが本来の自分だが、しかしひょっとすると、夢中で戦った自分こそ真実の姿だったのだろうか。真実といえば、三人が助かって本当によかったと今思っている。

自身の生きざまが胸を去来しきつねは死んでいく。自分だけが知る失態を思い、しかし自分と自分を見る者に対して恥ずかしそうに笑ってみせながら死ぬその姿は《美しき虚勢》であった。自分に起こった出来事を見据え、泣くのでなく怒るのでなく、恥ずかしそうに笑うことできつねは死ぬことを生きたのである。ここに笑いの意味がある。ひよことの出会いに始まる短いようで長い物語は、きつねの《美しき虚勢》によって幕を閉じる。

三人はきつねのためにお墓を作る。場所は「にじの森」だ。「せかい一やさしい、親切な、かみさまみたいな、そのうえゆうかんなきつねのために、なみだをながし」す。語り手はここに「せかい一」とまで付け加え、「とっぴんぱらりのぷう。」と告げるとどこかへ消えていく。

四　語りの批評性

1　言葉の呪縛《じゅばく》にかかったきつね

この物語は、空腹なきつねが獲物を手中に入れながらも食うことができずに自らが命を落とす話である。きつねが死ぬことは必然であった。なぜか。それは、きつねと三人の関係が歪《ゆが》んでいるからだ。一見、守り守られる関係が成立したように見えるが、残念ながら四人の幸せな時間が続く理由は一つもない。

きつねと三人との関係はいびつである。本来食う者と食われる者の関係でありながら、きつねの初めてのうっとり感による麻痺が、四人に束の間の幸せをもたらしているだけだ。きつねの麻痺が永遠に続いたとしたら、そんな四人の関係の成立自体がいびつである。きつねの麻痺に終わりがきたとしたら、その時は三人は食われて物語は終わる。

幸せそうな関係が両者の思い込みだけで成立していることもいびつだ。きつねは三人が自分を語る言葉を聞いてうっとりし、一方的に三人の育成に励んでいるのであり、きつねと三人の間に互いの理解はない。三人は三人の中で閉じていて、何の疑問も抱くことなくおいしい状況に甘んじている。三人は、きつねを信頼しているというよりは無批判なだけだ。策略の発端も麻痺の進行も、きつねの心中を何も知らない。元来あひるとうさぎは、きつねが自分をがぶりとやることを知っていた。しかしこの二人もまた、相手によって発せられる「とっても親切なの。」「かみさまみたいなんだよ。」の言葉にやられている。用意された甘ったるい状況で、自分を食う者への用心を忘却している。

呪文だ。「やさしいお兄ちゃん」「親切なお兄ちゃん」「かみさまみたいなお兄ちゃん」の言葉は呪文だ。きつねはこれらを聞くことでじわりと麻痺が進行し、あひるとうさぎはこれらを発することで用心を忘却する。決定的だったことには、きつねは五回も「親切なきつね」とつぶやき自ら呪文をかけてしまった。

この物語に響くのは呪文の言葉だけではない。「きつねお兄ちゃん」という最初のひよこの呼びかけ、三人の尽きることのないきつねお兄ちゃんをめぐる話、自ら上げた名乗り、さらには歌まである。春の歌はひよこ一人だが、ひよことあひるは夏の歌を二人で歌っている。ひよこに誘われるように三人はきつねのそばで秋の歌なんか口ずさみ、愛らしい歌声を響かせるだろう。きつねを変容させたのは三人の実体というより言葉だったのだ。そして皆が先行する言葉に引きずられる中、一人ひよこだけが自分のペースで生きている。

三人はちっとも逃げ出さない。きつねはいつまでも獲物を食わない。この四人には終止符を打つ力が全くない。とすれば、より強者が現れ暴力的に終わりがもたらされるのは一つの必然である。暴力的と言ったが、食ったり食われたりして生きることこそこの者たちの本性である。それに従いひよこを食おうとしたことが物語の発端だったことを思い起こせば、三人を食わなかったきつねは、より強者の存在によって自分の命を落とすしか道はなかったのである。

実は、おおかみの出現によってきつねは呪縛を解いている。それは「いや、まだいるぞ。きつねがいるぞ。」という名乗りだ。声を張り上げ飛び出した時、すべての呪縛の根源であるひよこの無自覚な無垢《むく》と対《たい》峙《じ》し、きつねは無自覚な神様となった。そしてそのことと引き換えに命を落とす。

2 語り手の告発と諒解《りょうかい》

何度も問題にしてきた四か所には「……ぜ」と言い切らずにいられない語り手の思いがある。ひよこたちの呪文の言葉が強度を増すごとに、語り手の叫びも増幅する。ひよこ、あひる、うさぎは太り、きつねは勇ましかったのだ。

語り手は、獲物には太ってもらいたいし、初志貫徹、きつねは獲物を食うべきだと思っている。また、獲物を食わずにいるために死ぬことになるが、おおかみとの戦いぶりはあっぱれとする。昔話のように語ってあからさまな批評は言わないけれど、語るべきは語っているのだ。初めてのうっとり感でぼうっとしているきつねを尻目に、獲物が太ってきたことを告発している。三回の告発とただ一度の称賛の後、語り手はきつねの死を語る。

「そのばん。きつねは、はずかしそうにわらってしんだ。」の部分に饒舌《じょうぜつ》さはなく、地の文で、前後を一行ずつ空けられて、ここはモノローグの響きを帯びる。死にぎわの笑いを「はずかしそうに」と見たのは語り手だが、きつねの死が自分を見据えることのないままの死だったら、語り手はこの物語を語らない。絶命までの半日の猶予に自身の生きざまを思って恥じらい、笑う行為自体にも恥じらうきつねであったから、語り手はこの物語を語るのだ。死んでいくきつねには恥ずかしそうに笑う以外に選択肢はない。そして語り手はこのきつねを諒解している。獲物を食わないきつねを見つめて、一方で告発を繰り返し、一方でその生きざまを諒解する。出会ってしゃべって食べて太るひよこたちのざわめきの空間を、きつねは生きて、語り手は語って、物語は結末に至る。

ひよこたちは最大の感謝をもって墓前で涙を流すが、語り手は「なみだをながしたとさ。」と「……とさ。」をつけて三人を批評する。「せかい一」とまでつけ加えた語り手だが、この「せかい」とは「小さな」墓を作るしかない「小さな」三人の「小さな」世界だ。与えられた状況でのみ充足し、なぜと問うことをせず、まるまる太って泣くしかない純粋さ、いや鈍感さ。三人は食われるべきものとして登場しているのだから、やはり獲物でなくてはならなかった。

昔話の語り方を借りてさめた目で四人を語り、ひそかに批評を加えて結末まで案内し、「とっぴんぱらりのぷう。」と消えることは語り手にとってもまた必然であった。続きはないからだ。がぶり、ぶるる、ぼうっとと、濁音の響きでイメージを喚起してきた語り手は、最後は軽やかにPの音を響かせてはらぺこきつねの語りを終える。しまい言葉で鮮やかに語りを終えることを知っているからこそ語り手は、古くから伝わる「むかしむかし、あったとさ。」というおおらかで包容力のある言葉で語り始め、さまざまな声や出来事や告発や諒解を存分に語り切る。

ひよこたちの目から見たこの出来事は、なるほど昔話のようだ。三人を守る勇敢なきつねの物語。語り継がれるきつねの英雄。しかし人物が典型となって語り継がれる昔話にはこの物語はなれない。とても個別的なきつねの物語だ。恥ずかしそうに笑って《美しき虚勢》を張って死ぬ、個別的なきつねの物語。昔話のふりはしているけれど、語り手はきつねと三人を軽快に批評し続けている。

五　まとめ

実践の場に長く身を置いた立場から、実直に本文と向かい合い〈私の読み〉を述べてきた。本稿は、この物語が昔話の形式を借りていることに大きく価値を認める立場をとっている。

「ぜ」は『日本国語大辞典』に「自分の発言内容を聞き手に押しつける気持ちを表す。親しみがあると同時に、ぞんざいな感じがある」とあり、その語源の「ぞえ」「ぞよ」が「親しみを込めて念を押す」言い方であることから考えると、語り手は親しみを込めて、計画はきちんと実行されていることを読者に念を押して伝えているのだろう。それでも、この文字テクストはかぎかっこがないのに、きつねの発話だと読みやすい。ここまで表記上のルールに則ってかぎかっこが使われ、主語と述語が整っているにもかかわらずだ。

　第一に確認しなくてはならないのは、もしこれがきつねに見えること（＝知覚）を語っているとしたなら、「じつに、じつに、いさましかったぜ。」との整合性が図れないことである。「じつに、じつに、いさましかったぜ。」は語り手の認識なのに、「ひよこは、まるまる太ってきたぜ。」はきつねの知覚だとするのは都合のよい解釈だ。この物語では地の文はあくまでも地の文だ。なぜならこの物語は昔話の形式を借りているからで、ここに昔話のふりの意味がある。

　第二に読者の裁量として、自由直接話法だから、鉤括弧はないけれども、ここだけ地の文でもきつねの発話だと想定することができるだろうか。自由間接話法できつねという人物の声と語り手の声がここでは重なっているから、読者によって、きつねの発話と感じる比重が大きくなったり、語り手の語りに近いととらえたり、その度合いは任されるということにすれば解決するだろうか。この点について私は、昔話の形式を借りている以上、そのような複雑な語りではないという立場をとった。語り手は三人が太ってくるのをしかと見届け、共同生活に埋没したきつねを内側から語る一方で、忘れてはならないとても大事なことを外側から告げてみせているのだ。きつねが三人を食うことを忘れてやがて死ぬのを知っている語り手には、この三人がまるまる太ってきたことを自分が告発する以外に選択肢はない。獲物を太らせる話なのに、太らせる主がそのことを忘れているからだ。

　つまりこういうことだ。「ひよこは、まるまる太ってきたぜ。」がきつねの発話だとしたら、きつねは、ぼうっとしながらもときどき策略家の自分に戻ることができ、獲物を狙う冷静な自分を忘れてはいない存在となる。とすると、その二重性を抱えて生きることになる。たかがひよこを食べたかっただけのきつねにとって、そのような困難な生き方は重荷であり長続きはしないだろう。だからこの場合も、おおかみという強者と戦う必要がそれなりにあるかもしれない。が、それには二つの点から反論する。一つは、二重性を抱えて生きるという複雑なきつねをなぜ昔話の形式で語らなければならないかという語りの必然性の問題。もう一つは《美しき虚勢》の輝きの問題だ。

策略家の自分を抱えたままの戦いは、獲物を食うための、あるいは抱えている二重性を解決するための戦いだ。自分の欲望のための戦いであれば、語り手は昔話の形式を借りてまで何度もきつねを語る必要がない。我を忘れておおかみの前に飛び出して三人を守り、自分の過去の失態も重ね合わせて少しだけの自尊心を感じ、恥ずかしそうに笑って死ぬ、そんなきつねの《美しき虚勢》の輝くところに、この物語の価値はあるのだ。

地の文の発話を誰のものととらえるかによって、読者の描くきつねの人物像は変わる。語り手の批評性のとらえ方も変わる。すると、きつねが恥ずかしそうに笑って死ぬことの意味も変わってくる。このとらえ方の違いを教師が把握している時、ストーリーを追うばかりの読みや、部分的な心情の読みを超えていくことができるだろう。

補説　本文修正の経緯

教科書（教育出版『ひろがることば　小学国語　二上』）では、二〇〇五（平成一七）年度版で次の一か所が修正され、現在に至っている。

修正前「いや、まだいるぞ。きつねがいるぞ。」
きつねは、とび出した。
修正後「いや、まだいるぞ。きつねがいるぞ。」
言うなり、きつねはとび出した。

教師用指導書の【出典との異同】に、「作者と相談のうえ、傍線部の箇所を加筆した。」とある。管見ながら、この会話文はきつねとおおかみとどちらの発話かという迷いが現場に起こり、作者にも編集部にも問い合わせが寄せられるということがあったようである。言うなりの主体は、言うなりとび出した人物であるのでそれはきつねであり、きつねが自分で名乗り出たことを確認したい。

なお、二〇一一（平成二三）年度から掲載している三省堂『小学生の国語　二年』にも言うなりが入っており、絵本『きつねのおきゃくさま』（サンリード）も後から同様の修正がなされて現在に至っている。

実践への視点

1　物語の設定を読む

いわゆる昔話とは違うものの、この物語は昔に起こった出来事を語り手がせっせと語っている。とっぴんぱらりのぷう、というしまい言葉で閉じられるお話の世界を楽しんで読みたい。

2　登場人物を読む

最初は考えるきつねだったが次第にきつねは変わっていく。まず、ひよこ、あひる、うさぎの言葉と行動によってどのように変容していく（させられていく）のかをおさえる。次に、おおかみの出現の際にはきつねが自分からどのような言葉を発し、行動したかを確かめ、きつねがどのような人物であるのかを子どもたちにつかませる。そのうえで、はずかしそうに笑って死んでいくきつねを読んでいく。

3　クライマックスを読む

ここに至る過程で教師は子どもの反応をしっかりつかんでおく。おおかみと戦い恥ずかしそうに笑って死んでいく場面の読み深めは、いわば子どもとの勝負である。こんなに勇ましいきつねについてどう思うか、自分だけ逃げたっていいではないか、だいたいなぜ早く食べてしまわないのか、恥ずかしそうに笑って死ぬとはどういうことか、などと補助発問を加えながらきつねにせまる。

4　読者のもつ枠組み

予定調和的に、ずる賢いきつねによい心が生まれ小さな者を守って戦い、死んで三人に感謝される話という読み方もできる。丁寧に本文の言葉を取り上げ、話し合いによってさまざまな見方が交流されるとよい。

授業の展開 ―― そのポイント

一次　初めの感想の交流と読みの土台作り
　　　――素朴な感想を伝え合い、問題意識を大きく共有する一、二時間
・きつねはどのようなきつねだろう。
・このお話のどこがおもしろいだろう。

二次　場面のつながりと変化への気づき
　　　――音読や書き込みや動作化などで場面ごとに読み深める四、五時間
・くり返されていることは何か。
・変わってきていることは何か。

三次　クライマックスでの人物の行動の意味づけ
　　　――ここまでの学習を踏まえて、人物にせまる一、二時間
・おおかみが下りてきたとき、とび出していったきつねについてどう思うか。
・はずかしそうにわらってしぬきつねについてどう思うか。

四次　まとめ――振り返りながら音読をし、全体を読み味わう一時間
・きつねに手紙を書こう。
・このお話のどこがおもしろかっただろう。

『ごんぎつね』新美南吉　東京書籍４年　学校図書４年　三省堂４年　光村図書４年　教育出版４年

幻像と現実の谷間

佐藤久美子

　ごんにとってのいたずらってなんだろう。「ひきあわないなあ。」ってどういうことかな。そう言ったごんは、なぜそこで償いをやめようとしなかったんだろう。なぜ「その明くる日」ではなく、「その明くる日も」って書いてあるんだろう。語り手が、物語の最後に青いけむりのことを語った意味は何かな。

　初発感想に表れる印象点や物語上の結節点を中心に、子供と共に言葉にこだわり、言葉の意味を掘り起こそうとした実践を通じて、『ごんぎつね』の新しい価値を探っていきたい。

新美南吉

　一九一三（大正二）～一九四三（昭和一八）。

　童話作家。愛知県半田市生まれ。小学校代用教員時代から『赤い鳥』へ投稿を始める。一九四二（昭和一七）年には生前唯一の短編集『おぢいさんのランプ』を刊行するが、結核のため翌年死去。

　死後、『花の木村と盗人たち』『牛をつないだ椿の木』の二冊の短編集が刊行された。

一　はじめに――実践から新たな〈読み〉の可能性を探る

『ごんぎつね』は一九三二（昭和七）年、南吉が十九歳のとき、鈴木三重吉主宰の雑誌『赤い鳥』に『ごん狐』として発表された。その際、南吉が書いた草稿は、三重吉によってかなり添削・改変されている。私たちが普通目にする『ごんぎつね』は、この『赤い鳥』所収版の『ごん狐』ということになる。教科書には、一九五六（昭和三一）年に初めて大日本図書が掲載し、一九八九（平成元）年からは全ての国語教科書が掲載する共通教材となった。（以下、引用は、教育出版「ひろがる言葉　小学国語　四下」による。）

語りはごんの心情変化を中心に展開されており、子供たちはごんを共感的に理解しながら、その不条理と悲劇に心を揺り動かされていく。場面は六つに分かれ、劇的に展開する。色彩語や擬音語・擬態語が多用され、「空はからっと晴れていて、もずの声がきんきんひびいていました。」「黄色くにごった水に横だおしになって、もまれています。」「ひがん花が、赤いきれのようにさき続いていました。」など美しい情景描写で、イメージ豊かに読み進めていくことができる。そして一般的には、①ドラマティックなストーリーの展開、②償いと理解し合えぬ悲しさというテーマ、③表現の描写、という三点の読み取りに一般的な学習価値が見出されている。

ところで、兵十のために償いの行為をつくしたごんの話であるこの『ごんぎつね』は、単なる「償いの物語」なのだろうか。不条理を読むことだけがこの物語の核なのだろうか。小学校四年生が出会う教材としてどのような意味があり、どのような価値があるのか。改めて『ごんぎつね』の読みの可能性を探るために、授業に表れた子供の読みを手がかりに、教材としての意味と価値を探っていきたい。

二　ごんの孤独 ――「ちょいと、いたずらがしたくなったのです。」

冒頭、語り手はこの話が「茂平というおじいさんから聞いた」話であることを読み手に告げ、次にごんの人物紹介がなされる。「中山から、少しはなれた山の中」にいる「ひとりぼっちの小ぎつね」で、「しだのいっぱいしげった森の中に、あなをほって住んでい」て、「夜でも昼でも、辺りの村へ出てきて、いたずらばかり」するきつねである。ここだけでも、周囲から迷惑がられている・疎んじられている・誰にも相手にされない・見つからないようにしている・さびしそう・つまらなさそうなど、ごんが周りからどう見られているかや、ごんの心情までをも思い浮かべることができる。最終第六場面で、兵十がごんの姿を見かけた途端銃を手にしていることを考えれば、村人からは間違いなく性悪ぎつね、害獣と見なされている。

果たして、ごんは性悪なのだろうか。

第一場面の後半部分は、ごんが悲劇的な最期を迎えるきっかけとなった、兵十へのいたずらの様子が描かれている。増水した川の中で一心不乱にうなぎとりをする兵十を見つけ、その様子に「二、三日雨がふり続い」て、「外へも出られな」かったので、「ちょいと」いたずらがしたくなったごんは、兵十がそこを離れた隙にびくの中の魚を川に投げ込んでしまう。「ぬすとぎつねめ。」と兵十にどなり立てられるごんだが、よく考えれば「ぬすと」ではない。確かに魚を川に投げ入れたけれども、横どりして自分のものにしたわけではない。ごんの首に巻きついたうなぎだって、兵十から逃げおおすため仕方なくそのままにして逃げたが、結局最後まで食べることはしなかった。「うなぎの頭をかみくだき、やっと外して、あなの外の、草の葉の上にのせてお」いたのだ。ごんが性悪ぎつねなら、もっと悪質ないたずらを考えるだろう。

ごんのしたことは、「ちょいと」という軽い思いつきでやってしまうようないたずらなのである。ごんのいたずらは兵十の釣果を台なしにはしたが、兵十その人には危害の加わりようのないものだった。また、「草の葉の上にのせてお」いたのも、ごんの狼狽ぶりを表している。やっと首から外したうなぎを兵十に返すわけにもいかず、自分の手に余って、結局は自分の領分（ねぐら）でない「あなの外の、草の葉の上」に、「のせてお」くことしかできないのだ。

　このように読むと、ごんは性悪とは考えにくい。たとえ大人のきつねだとしても、思慮分別の浅い、善悪よりも目先のことにとらわれる、前後の判断が未熟な人物像をイメージしてしまう。

　とすると、第一場面の前半部分で紹介される、村人の命の糧あるいは命まで犠牲になりかねないいたずら、「畑へ入っていもをほり散らしたり、菜種がらのほしてあるのへ火をつけたり、ひゃくしょう家の裏手につるしてあるとんがらしをむしり取っていったり、いろんなことをしました」も、村人への損害・被害を意図したものとは考えにくい。むしろごんの「ひとりぼっち」から生じる心理（さびしい・つまらない・話し相手がほしい・誰かと関わりたい）が、いたずらの誘因と考えるのが妥当だろう。

　ごんのいたずらは、善悪を知った上での行動ではない。ただ、それが村人にとってひどいものであればあるほど、大勢の人が騒ぎ立てるし、村中の人間が自分（ごん）を追いかけ回す。その分、自らの存在を村に誇示できるし、人を困らせるその痛快さに、アイデンティティーを強く自己確認できる。「いたずらばかりする」その結果、ごんが村人にとってどれほど憎むべき存在になったとしても、自身の存在をてっとり早く確実に認識できる唯一の方法――いたずら――は、自分と自分以外とのただ一つの接点となっていた。そして、ごんの独りぼっちという境遇は、その後の悲劇のストーリーを展開する動因として機能していくのである。

三　孤独の解消
――「兵十のおっかあは、とこについていて、うなぎが食べたいと言ったにちがいない。」

初発感想で圧倒的に多いのが、悲劇的な結末に「ごんがかわいそう」と同情するものである。中には、この悲劇のきっかけがごんの「かんちがい」であると書いたり、もっと批判的に「かんちがいするごんが悪い。」と読む子供もいる。子供たちの指摘する「かんちがい」とは、兵十のおっかあの葬式を見たごんが、その晩、「兵十のおっかあは、とこについていて、うなぎが食べたいと言ったにちがいない」と思い込んでしまうことである。ごんの側に立って物語を読み進めている子供は、不条理なごんの死に納得できない。ごんを死なせたくない思いが、「かんちがいさえしなければ、ごんは死ななくてすんだ。」と言わせるのだろう。兵十へ「ちょいと」してしまったいたずらに、「あんないたずらをしなけりゃよかった」とおそらく生まれて初めての後悔をするごんだが、ごんの行動が兵十のおっかあの死に直接つながる箇所は、確かに作品中に見当たらない。

しかし、臨終の床で兵十のおっかあが何を言ったかを知るはずのないごんが、自分が逃がしてしまったうなぎとおっかあの死を関連づけてしまう。おっかあの死に自責の念を抱いてしまったのである。自分一人のために麦をといでいる兵十に、「おれと同じ、ひとりぼっちの兵十か。」と、自分（ごん）の姿を重ねてしまう。その様子にいてもたってもいられなくなったごんは、たまたまそこを通りかかったいわし売りの声に誘われるように、思わずいわしをつかみだし、兵十のうちの中へ投げ込む。「つぐないに、まず一つ、いいことをし」たはずが、かえって兵十がいわし屋に殴られたのを知り、ますます自責の念を強めていくのである。

自分と自分以外との接点を求めていた「ひとりぼっち」のごんにとって、いたずらは思わずしてしまう無意識的行為に近い。そんなごんは、兵十の「ひとりぼっち」の姿に自分自身を重ね合わせ、激しく同情心を寄せる。その上、その寂しく気の毒な状況に追い込んだのが自分のいたずらのせいであると自らを責める。

このように、「兵十を苦しめたのは自分である」という自責感を抱き、「兵十と自分は同じ境遇なのだ」と自分の姿を兵十に投影させたごんには、意識的に特定の個人（兵十）に関わることのできる理由が生まれた。「ひとりぼっち」の孤独感・空虚感・寂寥感は、不特定多数との交わりでは埋まらない。特定の関係「あなたとわたし」は、自らの存在証明を担保する。兵十への贖罪《しょくざい》行為に邁進《まいしん》することで、ごんは初めて「ひとりぼっち」から抜け出せた。「ひとりぼっち」でなくなったごんには、もはやいたずらは必要なかった。

四　ごんの祈り――「かためて置く」

理解されない孤独を、ごんは抱えていた。その孤独を解消する縁《よすが》として、兵十という存在は、自らの存在価値や存在意義を保証した。そんなごんの最期は、まさに孤独からの逃避が生んだ悲劇だった。

ごんの「兵十のうちの裏口から、うちの中へいわしを投げ込ん」だ初めの償いの仕方と、「そっと物置の方へ回って、その入り口に、くりを置いて帰」る、そして最後の「(兵十の) うちの裏口から、こっそり中へ入り……土間にくり」を「かためて置いて」を比べても、明らかに物語が進むにつれて兵十への配慮が細やかになり、距離も接近していったことがわかる。第四場面で加助と兵十が連れ立って歩いてくるのに出くわした時の、「二人のあとをつけていきました。」「お念仏がすむまでいどのそばにしゃがんでいました。」

「兵十のかげぼうしをふみふみ」という様子から、危険を冒しても、兵十が自分の償いの行為をどう考えているのか知りたくてたまらないごんの心情が読み取れる。

ごんの「償い」は、兵十の役に立てることであり、自分と同じ「ひとりぼっち」になった兵十に寄り添うことであり、同時に自分も「ひとりぼっち」でなくなることでもあり、それによって自分の心に充足感や満足感が生まれることである。ごんの償いは、ごん自身の生きる張り合い、生きがいであった。

だから、加助に「神様にお礼を言うがいいよ。」と言われ、兵十の「うん。」という返事を聞いたごんが、「へぇ、こいつはつまらないな。」と思ったのも無理はないし、同時に兵十の本心を探りたい気持ちを無性にかき立てられたことだろう。「自分が届けていることを知ってほしい」と思いながら、「姿を見せたら殺される」という二律背反の心理状況を抱えて、ごんがとった行動は「(兵十の)うちの裏口から、こっそり中へ入り」、「土間にくり」を「かためて置」くことだった。「こっそり」と「中へ入る」は、ごんの矛盾をそのまま反映している。しかし、「かためて置いて」からは、自分が送り主であることをなんとかして知らせたいという思いを、掌上の栗に託して祈るように置くごんの様子を思い浮かべることができる。

実際の授業で、子供たちの多くが強い印象をもつのが、「ひきあわないなあ。」以降の第六場面である。

「こっそり」と「中へ入り」は、ごんが二律背反の状況に置かれていることを如実に表している。兵十に栗や松茸を持っていっているのは自分であることを知ってほしい。だが、それは兵十の前に自分の身をさらすことであり、命の危険を冒すことでもある。子供はなかなかその矛盾に気づかない。

T　「こっそり」っていう言葉から、どんなことを想像する?

C　兵十に見つからないようにしたい。

C　以前に兵十にいたずらをしたから、仕返しをされるかもしれない。
C　兵十に見つかったら殺される。
C　またいたずらをしに来たと思われる。
C　うなぎのつぐないもあるから、存在を知られないほうがいいから。
T　「中へ入り」からはどんなことがわかる?
C　見つかってもいいと思っていた。
C　わざと見つかるようにした。

「こっそり」という言葉に、ごんの身の安全を図ろうとする意図があることを読んでいる。「中へ入り」からは、兵十に見つかることをある程度覚悟し、あるいは見つかることを期待していると、子供は考えた。この二つの言葉の矛盾に初めて気づいた子供が授業参観中にもかかわらず、「思っていることと、やっていることがばらばらなんだ。」と、すっとんきょうな声でつぶやいた光景を今も鮮明に記憶している。

五　唯一の支え
——「その明くる日も、ごんはくりを持って、兵十のうちへ出かけました。」

第六場面の冒頭、「その明くる日も」の「も」は、語り手の意識を反映する陳述性の高い「陳述の副助詞」といわれる。事実として語るなら、「その明くる日、ごんは、くりを持って、兵十のうちへ出かけました。」となるが、この物語を語る語り手が「その事実をどう語っているか」を示しているのが、「も」である。ごんの行動に意味を与えているのが、「も」ということになる。

語り手は、「も」にどのような意味を与えているのだろうか。

兵十にとってごんは性悪ぎつねである。ごんを見つけたらただではおかない。ごんもそれをわかっているから、「そっと物置の方へ回って、その入り口に、くりを置いて帰」るようにしていた。お礼がこなくて当然だと本人（ごん）もわかっている。だから、栗や松茸をいくら届けても、「ひきあう」なんてことはありえない。語り手は、「それでも、ごんは兵十のところへ行った」という評価を下している。それが「も」に表れている。

ではそんな状況で、なぜごんは兵十のところへ行ったのか。

前述したように、ごんは兵十のおっかあの死によって、兵十との間に特別で特定の関係を意識的に築くことのできる「拠り所」を手にした。それによって、償いは毎日続いた。栗や松茸を毎日届けるということは、その栗を毎日拾い集めに行かなければならないし、松茸が生えている場所まで行って採らなければならない。痛い思いをしながら、栗のいがを取らなければならない。毎日同じ場所に行けば手に入るわけではないから、その場所を毎日探し続けなければならない。その日、栗や松茸を届けるまでは届けることだけを考え、届け終われば明日はどこへ探しに行こうかと、それればかりがごんの頭を占めていただろう。兵十に栗や松茸を届けることを中心に、ごんの一日の生活は成り立っていたにちがいない。それだけの行為の動機を、「償い」だけで説明することは十分ではない。

「つぐないをしているはずなのに、お礼を期待しているごんはおかしくないか。」という友達の初発感想を読んだKさんは、「兵十のことが好きだったんじゃないの。」と二次感想を書いた。「Kさんは、どこからそう感じたんだろう。」と子供たちに尋ねると、あっけないほどあちらこちらから返答があった。「『いつもは赤い、さつまいもみたいな元気のいい顔』ってことは、ごんはいつも兵十を見てた。」「兵十にあんなことをしなけりゃよかったって、反省してる。後悔してる。」「おれと同じひとりぼっちの兵十かって言ってるから、自分と同じ仲間だと思って、（兵十の）気持ちがわかると思ってる。」多くの子供たちが、ごんの栗や松茸を届ける行為は、既に贖罪の意味あいだけではないことを感じ取っていた。

そこで、さらにこんな発問をした。

発問「くりや松たけを毎日毎日兵十に届けていると、ごんの気持ちはどうなるか。」

意見・くせになる。習慣になる。

・あたりまえのことになる。

・楽しくなる。

・（できないと思っていたことができたので）自分自身ができたなって思う。

・（兵十がまた今日もと期待するから）兵十の期待に応えたい。

・（兵十に）自分を知ってもらいたいと思う。

・（兵十のことが）好きだから。

この話し合いの後、「最後までくりをもっていき続けたごんに、語りかけてあげよう。」と題して、子供の感想をとった。「兵十にくりや松たけを持っていっていることを知ってもらうことができて、ごんは満足した。」という意見が多い中、兵十との関係でごんの存在意義に言及する意見が現れるようになった。

・私は、「ごんにとって大切なものは、兵十なんじゃないか。」と思いました。ごんはつぐないをしているはずなのに、その明くる日も兵十のうちへくりや松たけを持っていっていたからです。だんだんつぐないではなくて、同じひとりぼっちどうしとして、くりや松たけを兵十にあげたんじゃないかと思いました。（Y女）

・どうしてつぐないを死まで続けたの？　見つかったら殺されるのに、どうしてその明くる日もつぐないをしたの。私だったら一回きりのつぐないにするよ。ごんは自分を期待してくれる人が今までだれもいなかったから、うれしくて毎日つぐないをしてたんだよね。毎日のつぐないがあたりまえにもなってきてたよね。兵十に喜んでもらいたい。うれしそうにしている顔が見たい。ただそれだけのために毎日つぐないをしたごんは、すごいなぁ。（R女）

自分以外の誰かのために、毎日毎日何かをし続けること。外面的に見れば、してあげるのは自分で、してもらっているのは「誰か」である。しかしその行為が継続的・日常的・習慣的なものになっていくと、それを心の支えにして毎日を送っている自分に気づくことがある。「誰か」がいなければ、その行為を毎日することができない自分がいる。「自分以外の誰か」がいてはじめて、自分の意味ある行為・意味ある日常を重ねていくことができる。外面とは裏腹に、内面的・精神的には、「してもらっているのは自分」になっている。

ごんが栗や松茸を届ける行為は、確かに初めは贖罪としての行為であった。が、同時に相手を幸せにしようとする行為そのものが、行為主体である自分自身に、喜びや幸福感をもたらした。つまり、栗や松茸を届ける行為は、いつの間にかごんがごん自身の存在を、肯定的に受け入れることのできる唯一の行為となっていた。誰もが自分を、「この世に生まれてよかった存在」「生まれた価値のある存在」と思いたい。自分を必要としてくれる「誰か」、いてくれてよかったと言ってくれる「誰か」がほしい。一方的な思いこみの関係ではあったが、ごんにとって兵十は、自分に生きる喜びを与えてくれる唯一の支えになっていた。

六　幻像の兵十から現実の兵十へ ——「ひきあわないなあ。」

「ひきあわないなあ。」という言葉は、子供の生活の中にはない言葉なので、それがどんな意味なのか、何を表すのかに引っかかり、知りたがる。もちろん、ごんのどんな心情を表しているのかである。

「ひきあわないなあ。」と言ったごんの胸中に、兵十の口から自分の名前が出るのではという期待があったことを、子供は十分理解している。しかし、この時点で兵十の前に姿を現すことは、ごんに致命的な災いをもたらすことと同義だと想像できる子供は少ない。「ずっとくりや松たけを持っていき続ける努力さえしていれば、きっと兵十はわかってくれるはずだ。」「兵十に、自分がくりや松たけをあげていたことをはっきり言えばいい。」といったような、独りよがりの期待やうぬぼれ・贖罪行為の動機への絶対視がある。その自己中心的な楽観主義は、ごんに同化して読んでいる子供ほどその傾向が強い。

「おっかあが死んでからは、だれだか知らんが、おれに、くりや松たけなんかを、毎日毎日、くれるんだよ。」と言う兵十の会話を聞いたごんは、跳び上がるほどうれしかったにちがいない。少なくとも栗や松茸を兵十はありがたく思ってくれていることや、誰とわからないままであっても自分は兵十に感謝されていることがわかったからだ。お念仏の帰り道、いぶかしがる加助に対し、「ほんとだとも。うそと思うなら、あした見に来いよ。そのくりを見せてやるよ。」と言い張る兵十の様子から、ごんは自分に期待や信頼を寄せられることの充実感と、その期待に応える意欲と責任感を感じたことだろう。そして、どれほどの幸福感に包まれたことだろう。「兵十のかげぼうしをふみふみ行きました。」の文からは、兵十の身体が生じさせる影を愛おしむように、自分の足で触れていくごんの姿が思い浮かぶ。

ところが、加助の「毎日、神様にお礼を言うがいいよ。」の勧めに対して、即座に「うん。」と同意する兵十に、ごんはひどく落胆したはずだ。生身の、現実の兵十は、ごんの思い描いていた兵十ではなかったのだ。同一感・一体感を求めていた兵十はそこにはいなかった。いたのは、自分の思いとは無関係に存在する「他者」としての兵十だった。ごんは、自分の願望を投影した幻像の兵十に、せっせと栗を運んでいたにすぎなかったのだ。いくら栗や松茸を届けても、ごん自身の存在は兵十にとってなきものに等しいこと、ごん自身のことは誰も理解しようとしてくれないことをはっきりと思い知らされた。しかし、ごん自身、兵十を理解しえぬ「他者」として対象化したのではない。自己の償いの行為を対自的に認識することができなかったごんには、兵十を「他者」として、対他的に捉えることはできなかったのだ。

ごんは、「幻像の兵十」と「現実の兵十」との間に深い断絶のあることを知った。しかし、兵十との関係によって、価値あるものとして自らの存在意義や存在価値を感じることができたごんには、既に生きがいとなった栗や松茸を届ける行為を手放すことはできなかった。たとえ自分の思い描いていた兵十でなかったとしても、自己の存在意義を見出せる償いの行為を無意味と切り捨てれば、自分自身を否定することになる。兵十との出会いによって、自分を受け入れて生きるようになったごんは、栗や松茸を届ける行為をやめることはできなかった。それどころか、兵十への思いこみ・期待を一層強め、これまでになかった栗や松茸の届け方をする。「(兵十の)うちの裏口から、こっそり中に入り……土間にくり」を「かためて置」くのである。

七　語り手の鎮魂――「青いけむり」

第六場面は、視点人物がごんから兵十に替わる。（「兵十はかけよってきました。」の一文だけがごんの視点で語られている。）「うちの中を見ると、（中略）兵十は、びっくりして、ごんに目を落としました。」は、ごんを撃ち、駆け寄ってきた兵十が初めに見たのはごんではなく、うちの中であることがわかる。つまり、うちの中が荒らされていないか、取られたものはないかを確認することだった。兵十にとってごんは、あくまで性悪ぎつねなのだ。「土間にくりがかためて置いてある」のを見つけてはじめて栗とごんの関係に思い当たり、「びっくりして、ごんに目を落と」す。兵十は、「ごん、おまえだったのか。いつも、くりをくれたのは。」とごんに尋ねる。目を開ける力さえなくなったごんは、「ぐったりと目をつぶったまま、うなず」く。この「うなずきました」は、目の前の事実を受け入れがたい兵十が、ごんに栗の届け主かどうかを半信半疑で質《ただ》したことを意味する。その後、ごんがどうなったかははっきりしない。ただ、うなずきにより栗や松茸をくれたのがごんであったことを理解した兵十の、呆然《ぼうぜん》と立ちつくしている様子が「火なわじゅうをばたりと、とり落としました。」に表れている。

このうなずきがなければ、兵十はいまいましい性悪ぎつねを成敗したヒーローとして、村中に歓迎されたことだろう。ところが、うなずきがあったことにより、ごんはやっかい払いの対象ではなくなる。兵十はよりによって、自身へ思いを寄せてくれていたものを、自ら撃ち殺してしまったことになった。知らなかったとはいえ、自分に「いろんなものをめぐんでくださ」った「神様」の命を、この手で奪ってしまったのである。その後悔が「青いけむり」であり、「まだ、つつ口から細く出ていました。」は、この出来事が兵十の生涯にわたる癒やしきれない傷となったことを暗示している。
もともと住む世界の違う、異類どうし。いくら思いを寄せても、わかり合えるはずのないごんと兵十だった。その上、村人にとって（兵十にとっても）、ごんは性悪ぎつね・害獣であって、駆除対象にすぎない。ごんはその姿を見られた時点で、命の危険にさらされる。命を狙われる者と狙う者。互いがあいまみえるのは、死を前提とした場面以外ありえない。栗や松茸を持ってきたのが自分であることを兵十に伝える術は、初めからごんにはなかったのだ。

語り手は、悲劇的な結末を迎えざるをえない不条理さといたましさに、語り手自身の心情を吐露する。「青いけむりが、まだ、つつ口から細く出ていました。」は、兵十の癒やしきれない傷を象徴していると同時に、語り手の、誰も救うことのできないやるせなさと無力感を表している。

死と引き替えに願いがかなえられたごんに共感しながら読み進めている子供たちは、ごんと同じように、求めつつもわかり合えぬ「他者」を知った。子供が心を強く揺さぶられるのは、わかり合えない・ひきあわないとわかっていても、なおひたすらに「他者」との関わりを求めようとするごんの姿である。「ひきあわないなあ。」と言ったごんは、そこで償いをやめてもよかったはずなのだ。だが、「その明くる日も」栗を届け続けたごんが選んだのは、それまで一方的につくり上げた兵十との関係を断ち切ることではなく、「他者がいて自己を生きる」道だったと言えるだろう。子供たちが「ごんにくいはない」と言うのは、自分を生きた結果としてごんの死を受け入れたい、意味あるものにしたいと考えているからではないだろうか。

八　死者の慰霊
――「これは、わたしが小さい時に、村の茂平というおじいさんから聞いたお話です。」

物語の冒頭、「これは、わたしが小さい時に、村の茂平というおじいさんから聞いたお話です。」と語り手が語るとき、これは、兵十の悔やみきれない後悔とごんへの鎮魂をもとに、村人の心情が紡いだ「物語」であることを、語り手は読み手に提示している。ごんの死を認めたくない子供たちが、ごんは死なかったとして続き話を創作するという授業展開がある。しかし、『ごんぎつね』が兵十ではなくごんの話として、村人の間に語り継がれているということ、それこそが、ごんの死を雄弁に語っていると考えるべきだろう。

作品研究としては語り手にふれなければならないが、小学校四年生の子供に語り手を読ませると、ごんの物語が他人事になってしまう。物語を語る人間を語るより、ごん（と兵十）の物語として読むことを実際の授業では推し進めるべきである。なぜなら、この物語の結末はごんの死、それも自分を幸せに導いてくれた兵十によって撃たれるという悲劇によって終わるからだ。ごんは皮肉にも、最愛の人から与えられる死によってはじめて自らが受け入れられる。この不条理を通して、「ぬすとぎつね」が「ごん」というかけがえのない永遠の存在となって、兵十だけでなく読み手の心に生き続けるのである。

実践への視点

1　登場人物を読む

①人間の性格とシチュエーションを読む

ごんがどのような人物として造形されているかを、すみかやいたずらから捉えることが大事である。「ちょいと」という言葉からごんの性格や心理状況をおさえることが、読みを深める入り口になる。

②人物の言動を読む

人物の言葉（会話文と心内語）や行動描写、例えば「ひきあわないなあ。」や「こっそり」「中へ入り」などは、読者の印象に強く残る。そこから、人物の気持ち、言ったことやしたことのわけ、言ったことやしたことの意味を考える。また、それについてどう思うか（批評）を問う。

2　作品の構造を読む

①クライマックス（あるいは物語の屈折点）を読む

第五場面の最後「ひきあわないなあ。」から第六場面に移った最初の行に、「その明くる日も」の「も」があることに気づかせ、そこにどのような意味があるかを考える。

②発端と結末との間の関係を読む

兵十にとってのごんが、「ごん、おまえだったのか。いつも、くりをくれたのは。」の問いかけに対するごんのうなずきの前と後では、どのように違うかを考える。「火なわじゅうをばたりと、とり落としました。」を考えることで、物語の冒頭部「これは、わたしが小さい時に、村の茂平というおじいさんから聞いたお話です。」につなげることができる。

授業の展開 ―― そのポイント

一次　ストーリーの把握と初発の感想
・範読を聞いたあと、自分で読んで（一人で、グループで、宿題で）、あらすじをつかむ。
・初めの感想「いちばん心に残ったことを書こう」
↓自分の印象点をもつ。登場人物やストーリーをつかんだうえで書かせる。

二次　場面の読み ―― 学習の焦点化をしたうえで、話し合いにより読みをつくる
・初めの感想を交流する
↓友達どうしで印象点を知る。意見交換する（共感・違和感・疑問）ことで問題意識を明確にさせる。
・「みんなで話し合いたいこと」（学習課題）を決める（焦点化する）。
↓感想の交流の段階で、子供の意見や疑問が集中している箇所を中心に決める。作品中の「言葉」にこだわらせる（焦点化）ことを考えたい。
・学習課題についてそれぞれが自分の考えを書き、それをもとに話し合う。
↓サイドライン、書き込み（コメント）や、対話（隣の人と話す、次々に相手を替えるフォークダンス方式など）や、朗読（いろいろな読み方をさせて、どんな感じがするか）など。
・課題に対する一人一人の考えを読んで、意見交換をする。
・意見交換後、課題についての自分の考えを訂正したり書き加えたりする。

三次　まとめ読み ―― 自分の読みをまとめる
・作品に対する自分の感想・意見（批評・評論）を書き、全員の感想・意見を交流する。（配布・掲示）

『一つの花』今西祐行　東京書籍４年　三省堂４年　光村図書４年　教育出版４年

小さな静寂はそのままにつながりを結ぶ物語

坂本喜代子

今西祐行の文学が、読み手の中においてはじめて完成する省略の手法による文学であるという立場に立ち、省略されているものの意味について考察をする。まず、「一つ」と「花」というメタファを手がかりにして、『一つの花』の、ストーリーの中に埋め込まれたものについて考える。次に、「一つだけ」は両親からゆみ子へとうけわたす言葉ととらえ、うけわたすものとは何かという問いを立てたい。さらに、語り手に焦点を当て、十年後のゆみ子をどのように語っているのかを読むことで、この作品を貫く平和への願いを明らかにしたい。

今西祐行
一九二三（大正一二）―二〇〇四（平成一六）。大阪府生まれ。早大童話会で創作活動を行う。処女出版『そらのひつじかい』（春光社　一九五六）所収の『一つの花』『ゆみこのりす』で児童文学者協会新人賞ほかを受賞。初期には『ヒロシマの歌』『太郎コオロギ』などの短編が多い。

一　はじめに

現在多くの国語教科書に採録されている『一つの花』は、一九五三（昭和二十八）年に発表された。今西祐行にとって、最初の反戦平和文学である。教科書に採録される前から現場の教師たちが進んで教材化し、実践を積み重ねた。その理由は、多様な読みが成立するからである。関口安義氏によると、今西祐行は、「作曲家が五線紙に記入して創造した音楽が、すぐれた演奏家によって演じられたときはじめて完成するように、文学作品も、すぐれた読み手の中においてはじめて完成する」と言ったという。(1) 学習者が、文学作品と向き合いテクストと対話する時、作品ははじめて完成すると考えている今西祐行の作品は、多くを語らず無駄がない。多くを語らず「一つ」や「花」という言葉がメタファとして読者の前に広がっていく。

ここでは、ストーリーの中に埋め込まれた「一つだけ」という言葉から広がる世界について考えてみたい。そして、そこから浮き上がってくる「うけわたすもの」とは何かという問いを立てたい。さらに、「コスモスの庭」を最後に語る語り手の願いとは何か考えていきたい。

二　ストーリーの中に埋め込まれた「一つだけ」

題名の「一つ」という言葉がまずはじめに読者の前にあらわれ、言葉を覚えたばかりのゆみ子が、たどたどしく「一つだけちょうだい。」と話す声が想起される。続いて「まだ戦争のはげしかったころのことです。」とあり、読者は「一つだけ」の「だけ」という言葉の意味するものに思いを巡らすことになる。なぜゆみ子のはっきり覚えた最初の言葉が「一つだけちょうだい。」なのか、という読者の疑問は、続いて語られる苦しい食糧事情の様子から明らかになる。「そのころは、おまんじゅうだの、キャラメルだの、チョコレートだの、そんな物は、どこへ行ってもありませんでした。おやつどころではありませんでした。食べる物といえば、お米の代わりに配給される、おいもや、豆や、かぼちゃしかありませんでした。」「ゆみ子は、いつもおなかをすかしていたのでしょうか。ご飯の時でも、おやつの時でも、『もっと、もっと。』と言って、いくらでもほしがるのでした。すると、ゆみ子のお母さんは、『じゃあね、一つだけよ。』と言って、自分の分から一つ、ゆみ子に分けてくれるのでした。」ゆみ子が覚えたのは、母親の日々の口ぐせだったのである。ここで読者は冒頭部分に立ち返る。読者は幼いゆみ子と母親とのやりとりの積み重ねを思う。口ぐせになるほど繰り返される「一つだけ」という言葉のやりとりだ。そして、「これがゆみ子のはっきり覚えた、最初の言葉でした。」という一文の重みを受け止める。

次の場面では、両親がいだいている、ゆみ子の将来の不安や哀しみが描かれる。いつも「一つだけ」しか要求しないゆみ子を切なく思う両親の短い会話である。母親は「なんてかわいそうな子でしょうね。」、父親は「いったい、大きくなって、どんな子に育つだろう。」と、互いにモノローグのようにつぶやく。まるで自分自身に語っているかのようで、会話の形をとりながら、会話ではない。そして、父親は「この子は一生、みんなちょうだい、山ほどちょうだいと言って、両手を出すことを知らずにすごすかもしれないね。」と深いため息をつき、めちゃくちゃに高い高いする。ここでも、それを喜ぶゆみ子の様子や、かたわらで見守る母親の様子は描かれない。高い高いをしないではいられない父親の行動が語られるだけだ。読者は「一つだけ」について語る両親の、それぞれのモノローグから、個の中に閉じ込められた「一つだけ」という言葉の意味を考えることになる。

それから間もなく、ゆみ子の父親が出征する日が訪れ、家族に別れを告げる父親の姿が描かれる。見送りに行ったゆみ子が、いつものように「一つだけ」とねだるので、父親のための大切なおにぎりを、母親はゆみ子に全部あげてしまう。出征する汽車を待つプラットホームで、父親は「まるで、戦争になんか行く人ではないかのように」ゆみ子を抱いて、小さくばんざいをしたり、歌を歌っていたりしている。駅にはほかにもたくさんの人がいて、勇ましい軍歌も聞こえてくる。にぎやかな喧噪《けんそう》の中にいるからこそ、ゆみ子の家族が他とは交じることなく、三人だけでたたずむ様子が際立つ。そんな時、またゆみ子の「一つだけちょうだい。」が始まる。すると父親は、ホームのはしっぽのごみ捨て場のようなところに、忘れられたように咲いていたコスモスの花を見つけ、一輪だけつんでくる。そしてゆみ子にわたすと「一つだけのお花、大事にするんだよう……。」と告げるのだ。ゆみ子のほしいものは「一つだけのおにぎり」であったのだが、「一つだけのお花」をもらったゆみ子は足をばたつかせて喜ぶ。なぜなら、ゆみ子が「一つだけ」と言って求めた願いはかなえられたからだ。ゆみ子がほしかったものは、空腹を満たす小さな喜びだけでなく、心を満たす小さな安らぎでもあったのだ。笑ったゆみ子を見て、父親も笑顔になる。そして、ゆみ子が握っている一つの花を見つめながら、何も言わずに汽車に乗って行く。父親が最後にゆみ子に贈った言葉「一つだけのお花、大事にするんだよう……。」から、読者は、前段落の父親のモノローグ「喜びなんて、一つだってもらえないかもしれないんだね。」を振り返る。「一つだけの花」は「一つだけの喜び」として、目に見える形になり、父親の目に焼き付けられたのだ。

そして十年の年月がすぎた後のゆみ子が語られる。父親の顔を覚えていないというゆみ子の様子から、父親は戦死したことがわかる。かたことの単語しか話せなかったゆみ子は、すでに十代の女の子に成長している。買い物かごをさげたゆみ子の「母さん、お肉とお魚と、どっちがいいの。」という高い声から、いもやかぼちゃしかなかった戦争時代が終わったことがわかる。そしてゆみ子の小さな家は、コスモスの花でいっぱいに包まれているのだ。そして、スキップをしながらコスモスのトンネルを出て行く。読者は、「一つだけのお花、大事にするんだよう……。」という父親の最後の言葉が、「いっぱいのコスモスの花」につながっていることを知るのだ。

三　うけわたすものとしての「一つだけ」

1　母から子へうけわたす〈安心の時間〉

この物語に登場する母親の描写はきわめて少ない。会話文では以下の四つである。

「じゃあね、一つだけよ。」

「一つだけ……。一つだけ……。」

「なんてかわいそうな子でしょうね。一つだけちょうだいと言えば、なんでももらえると思っているのね。」

「ええ、もう食べちゃったんですの……。ゆみちゃんいいわねえ、お父ちゃん、兵隊ちゃんになるんだって、ばんざあいって……。」

十年後の場面ではミシンの音を奏でる働く母親として描かれる。「母さん」と呼びかける言葉で、母とゆみ子が会話をしていることがわかる。けれども、母親については何も語られない。
村上呂里氏は、この作品には女性の視点からの声が聞こえてこないと批判している。

このように最後まで語り手はゆみ子を、〈コスモスの花〉＝父親の願い、愛情に包まれ、その「トンネル」＝蔽いに囲われた存在としたまま物語を結びます。そこに父親の視点を超えて生きるゆみ子の、あるいはお母さんの姿が描かれることはありません。父が登場しない後段＝〈戦後〉においても、父親と重なる語り手の視点は転換されることなく、ゆみ子＝子どもやお母さん＝女性の視点からの〝声〟は聞こえてくることはないといえるでしょう。『一つの花』は多声的な作品としてあることなく、全編を通して父親に重なる語り手の視点＝願いに蔽われた単声的な作品としてあることが、結びからも読みとれます。そのような意味で、まさに「父親の物語」としてあるのです。[2]

確かに父親の視点の物語といえるだろう。また、一人の人間としてというよりも、母親という役割の名前で生きている女性の姿として語られている物語である。そうだとしても、こういうことは言えるのではないか。それは、抑制された母親の描写ではあるが、そこに母親から子へとうけわたすものが確かにあるということだ。うけわたすもの、それは、〈そのまま変わらない穏やかな安心の時間〉だ。
ゆみ子に「一つだけ」といって自分の分を分けてやる母親は、自分よりも他者の思いを優先して生きているることがわかる。自分の食べる分を子どもにあげる時間は、母親にとって子を思う時間であり、子どもにとっても、一緒に笑顔になれる安心の時間だ。しかしそれは、問題を直視することを先送りすることで生まれる、つかのまの安心の時間でしかないのだが。そんな安心の時間を作ることとうらはらにあるものは、今を見ることを避けて、厳しい現実に向き合うことを先送りしている母親の姿だ。

また、夫が戦地に行く日に、大事なお米で作ったおにぎりを、母親はゆみ子に請われるまま全部あげてしまう。語り手はただ「お母さんは、戦争に行くお父さんに、ゆみ子の泣き顔を見せたくなかったのでしょうか。」と、まるで傍観者のように語る。母親の気持ちによりそうことなく、疑問を投げかけたままだ。母親の思いも願いも語ってはいない。語り手は、読者に投げかける。「泣き顔を見せたくなかったのでしょうか。」と。しかし、そこに、語り手には語り得ない、母親の願いがあるのではないか。語り手が語らないのではなく、語ることができない母親の思いだ。

戦地に赴く夫を見送る母親自身の、不安や哀しみが語られないからこそ浮き彫りになるものがある。自分のことよりも、夫とゆみ子が悲しい思いをすることの方がつらく、自分の哀しみになっている母親にとって、唯一、自分の分をあげる時間は、母親自身にも安心の時間をつくるのだ。現実に対峙する唯一の方法として、母親は安心の時間を作るのだ。「一つだけ」といってゆみ子に手わたすことは、実は小さな喜びを分けているのである。分けるのは小さな笑顔のもとである。それはゆみ子にとっても母親にとっても、飢えを超えて笑顔をもたらす安心の時間になるのだ。

2　父から子へうけわたす〈沈黙の中の願い〉

この作品を父親の願いと沈黙の文学だというのは、三井喜美子氏である。

作者には、我が子の幸せを願う心が作品を書く当時強くあった。また、父親の立場としてだけでなく、人間にとってかけがえのないたった一つの大切なものを求めようとする普遍的希求心も同時に強かった。（中略）

一つのおにぎりしか持たないゆみ子にどのような満腹感を与えるか。コスモスの庭は「無為の怒り」に悩む父親が思い描いた奇蹟と読めるのではなかろうか。（中略）

作者は一輪のコスモスを母の背中で手渡された記憶があった。その記憶に、「人間は本当に思いつめたときには、その思いつめた気持ちを言葉になど出せないのかもしれません。そんな自分のギリギリの想いが、一輪のコスモスをちぎって、何も知らない母の背中の私に握らせる動作になったのではないかしら」という意味を与え、『一つの花』の山場にそれを持ってきた。(3)

深いため息をつき、「喜びなんて、一つだってもらえないかもしれない」と言い、ゆみ子を高い高いする父親は、言葉でその不安を打ち消すことはない。子どもを高い高いすることで、不安そのものを身体に刻みつけているようにも見える。出征するとき、父親はコスモスの花を見つめながら何も言わずに行ってしまう。ここにも言葉はない。「思いつめた気持ちを言葉などに出せない」という言葉通りだ。気持ちは、言葉としてではなく、行動として記憶される。

そしてゆみ子を見つめるのではなく、花を見つめながら行ってしまうのだ。そこには、コスモスの花を手わたす時の身体の記憶を刻みこもうとする父親の願いが見える。このあとどこかで花を見るときの父親の身体に、花を握って笑う子どもの姿の映像がよみがえることだろう。沈黙の中にある願いは、ゆみ子へとうけわたされ、読者へも静かにうけわたされる。読者はゆみ子になって、うけわたされたものについて考えるのだ。音のない世界で、ゆれる小さなコスモスを見ることで広がる身体に刻まれた記憶について。

四　音がつなぐ平和 ── 語り手は何を語るのか

コスモスの庭にあふれているのは、平和だ。父がつみ取った一輪のコスモスの花から、種を実らせることはできないから、今、庭に咲いているコスモスの花は、父親が残していった花ではない。けれども、庭いっぱいに広がるコスモスの花は、題名の『一つの花』と対比するようにして父親の残した思いに満ちている。花を平和のメタファとすることについて、鈴木敏子氏は、甘美な抒情だと批判している。

花は魔物である。一輪のコスモスで飢えを忘れさせ、別れを美化し、コスモスの花群に包まれることによって、戦争の悲惨や傷痕は甘美な抒情に液化する。だがそういう魔力に誑《たぶら》かされるのは、戦中派としてはごめんである。(4)

美化することで悲惨や傷跡が抒情に変化するという鈴木氏の論は痛烈である。「花は魔物」という言葉からも、この時代を生き抜いた世代の強い意志が響いてくる。目を背けたくなる厳しい現実にきちんと向き合わないまま、甘美な世界に逃げてはならないという主張はうなずくことができる。しかし、花が描かれているから美化されているという単純な図式で読むのではなく、言葉からたちあらわれる世界を見ることが必要なのではないだろうか。

それは、語り手はなぜエピローグに花を語らなければならなかったのかを問うことだ。

コスモスの花が風に揺れ、庭全体に咲いている。現代であれば、迷わず美しさを感じることができるだろう。しかし、一つのコスモスの花を見つめながら戦争へと旅立った十年前を語ったすぐあとにあらわれる庭いっぱいのコスモスには、限りない哀しみや喪失感がうめこまれている。

コスモスの庭を思い描いてみる。音もなくゆれるコスモスの細い茎と葉は、今にも折れそうに見える。空を向き太陽を見上げて咲くのではなく、静かに頭をかしげるように、思案するようにして咲いている。この世界にある平和は、いつでもかんたんになくなってしまうかもしれない平和にすぎないということを、伝えようとしているようにも思える。同時に、したたかな繁殖力で、雑草のように生え広がる力を持つコスモスのたくましさも、確かにこの庭にあるのだ。

このコスモスの庭に、ゆみ子とお母さんの「戦争」という歴史的事実があると田近洵一氏はいう。

「一つだけちょうだい」という子どものことばは、あるいは父が残した一輪のコスモスの花は、当時の歴史的状況を示すとともに、そこに生きた人間の存在証明となっている。すなわち、今西文学においては、もの・ことを、歴史の中の事実として見る歴史意識が、ディテールのリアリティーを生み出していると思われるのである。

コスモスに包まれて暮らす十年後のゆみ子と母も、また、悲しい過去を持つ歴史的存在である。明るい今の姿には、「一つだけちょうだい」という言葉をくり返した過去を語るものは何もない。しかし、その明るさのむこうに、作者は戦争を見ている。つまり、母子の姿を、歴史的事実としてとらえているのである。[5]

エピローグともいえるこの場面は、私たちに、安心できる時間を見つめさせる。しかし同時に、壁一枚向こう側にすけてみえる悲しい現実を思わせるのだ。私たちが生きている「今、ここ」でも、安心できる時間と隣り合わせにある不安を見ているように。戦争だけでなく、あらゆる災害が、自分の身のまわりに起こってもおかしくはないという交換可能な世界にいる私たちに、「歴史的事実」として提示されているのだ。

また語り手は、花について多くは語らない。ただ、ゆみ子がコスモスの中にいる様子を語るのだ。「今、ゆみ子のとんとんぶきの小さな家は、コスモスの花でいっぱいに包まれています。」「ゆみ子の高い声が、コスモスの中から聞こえてきました。」「買い物かごをさげたゆみ子が、スキップをしながら、コスモスのトンネルをくぐって出てきました。」ここには、ゆみ子の成長や明るい未来へ向かう希望が感じられる。たとえ、コスモスの庭という哀しみや喪失感に満ちた、ほんのささやかな平和の中でさえ、スキップをするゆみ子が今ここにいるのだ。語り手はその庭から、スキップして出てきたゆみ子を最後に語ることで、この物語に希望を描いているのだ。それは、戦争という歴史的事実の中に生きている母子の姿だ。

音のない沈黙の中の願いをうけわたした父親との別れの場面から十年が過ぎ、コスモスの花の咲く家から、ミシンの音が聞こえる。語り手は家の外からその音を語る。「たえず、速くなったりおそくなったり、まるで何かお話をしているかのように聞こえてきます。」「すると、ミシンの音がしばらくやみました。やがて、ミシンの音がまたいそがしく始まった時、買い物かごをさげたゆみ子が、スキップをしながら、コスモスのトンネルをくぐって出てきました。」語られる音は、無機質な雑音ではない。そこには言葉と言葉がキャッチボールをする対話のような間や緩急やリズムがある。語り手はその音にじっと耳を傾ける。「それはあのお母さんでしょうか。」と、音を出しているのが誰であるのかよりも、この確かな働く音そのものを語るのだ。その語りによって、読者の中に活力に満ちた音のイメージが広がっていく。

物語の最後の場面にも言葉はほとんどない。「母さん、お肉とお魚と、どっちがいいの。」というゆみ子の母親への短い問いかけだけだ。しかし、言葉はなくても、はたらくミシンの歌うような音の中に幸せが感じられる。ミシンの音が会話をしているように、あるいは一人語りで語りかけているように、読者にも聞こえてくる。それは、母と娘がたがいに自分よりも相手を思い合う姿である。家に人がいる、安心できる時間は、そこにあるのだ。コスモスの美しい庭にあるのではないのだ。働く音が聞こえる時間は、安心の時間だ。そこに笑顔があらわれ、言葉はいらない。音だけでよい。働く音を語ることで、語り手は平和への願いを伝えているのだ。

小さな沈黙はそのままに、音が平和へとつながりを結び、ゆみ子から読者へとうけわたされていくのだ。

五　教室の中の『一つの花』

1　教材にしていく問題点

この作品は、年々授業をしにくい教材になっているという声を聞く。第一に幼い子どもを思う親の気持ちを想像することが、現代の小学校四年生には難しいというのだ。第二に戦争文学に対してのステレオタイプな反応に引きずられやすく、学習が深まりにくいという声も多い。「ゆみ子はわがままだ。」「自分はこの時代に生まれなくてよかった。」というような表面的な感想で終始してしまう授業になりがちだともいう。また、若い教員には、作品世界と自分との距離があまりに大きく、理解することも教えることも難しく感じられるという。時代背景を知るために「配給」「防空ずきん」などについて調べたり、戦争について情報を集めたりして、総合的な学習の時間の学習と置き換えているような実践も見られる。しかし、それでは国語科の「読むこと」の学習は成立しない。

2　教材にしていく価値

「ゆみ子はわがままだ。」というような読みを否定することはできない。しかし、「一つだけちょうだい。」と言わざるをえない状況、現在の自分には想像できない世界を読みによって実感することができる。

例えば、「なぜ書き出しが『一つだけちょうだい』という言葉なのだろう。」という疑問から、題名にある「一つ」と「一つだけ」は、どのような違いがあるのだろうかと考えてみる。叙述の中で「一つ」が登場するのは、お父さんが汽車に乗って行ってしまう場面の「ゆみ子のにぎっている一つの花を見つめながら」にあるのみだ。それ以外は、ずっと「一つだけ」がくり返される。「一つだけ」という言葉は、物語の中でどのように使われているのだろうか。両親の思いを「一つだけ」という言葉を手がかりに考え、話し合うことができるだろう。

また、「お父さんはどうして何も言わずに、ゆみ子のにぎっている一つの花を見つめながら言ってしまったのだろう。」という子どもたちの感想から、「花」の意味に迫ることができる。「ゆみ子を見つめないで、どうして花を見つめていたのだろう。」という疑問について十分話し合う。そして題名とつなげて考えることで、「花」を何かほかの言葉に言いかえて説明する子どももでてくる。意味を問うことは、象徴としてあらわしているものを自分の言葉で言いかえることだ。ここで、この物語全体の意味について考えることもできるようになる。

さらに、十年後があることで、子どもたちはほっとする。「お父さんが行ってしまう場面で終わってしまったら、おちつかない、だから十年後があった方がいい。」という意見が多く出される。そこで、十年後の語られ方にも目を向けることになる。それは、「自分にお父さんがあったことも、あるいは知らないのかもしれません。」というあいまいな表現でしか語られないお父さん、そして音でしか登場しないお母さん、その姿を遠くから傍観者のように語る語り手の姿だ。

小さな静寂の中に、歌うように聞こえるミシンの音。コスモスの花が咲き誇る庭につながる「一つだけ」の記憶。今西文学の「読者が物語作りに参与することができる」という特性を、教室のなかでこそ発揮させることができるのだ。

注

(1)　関口安義『一つの花　評伝　今西祐行』（教育出版　二〇〇四）
(2)　村上呂里「娘が読む『父親の物語』――今西祐行『一つの花』」（田中実・須貝千里編『文学の力×教材の力　小学校編四年』教育出版　二〇〇一）
(3)　三井喜美子「奇跡の花――願いの文学『一つの花』」（『今西祐行全集別巻　今西祐行研究』偕成社　一九九八）
(4)　鈴木敏子「『一つの花』と『一つのおにぎり』は等価か――『一つの花』抒情批判――」（『日本文学』一九八〇・二）
(5)　田近洵一「今西文学における二重の歴史意識」（『今西祐行全集第6巻　月報』偕成社　一九八八）

実践への視点

1　読んだ後の思いを自分の言葉で表現する。

学習者が祖父母さえ戦争体験をしていない世代になってきた。だからこそ戦争の時代を描く物語を読むことで、その時代背景を学ぶ学習も有意義である。しかし、ここではストーリーの中にはっきりとは述べられていない部分を読むことで、その時代への理解にもつながっていくと考える。

初めは情緒的な「かわいそう」「かなしい」という思いを抱くことだろう。読んだ後にわきおこる素朴な感情は大切にしたい。その感じを、ありきたりな言葉にせず、感じることだ。「ぽつんとした感じ」「遠くをいつも見ている感じ」「ひとつだけどひとつじゃないみたいな感じ」……そんなふうに自分の言葉で表現させたい。

2　学習課題づくりのポイント――「なぜ」と「どんな」を結びつける。

感想を述べ合う中で、「なぜ……なのか。」「この時の○○はどんな気持ちだったんだろう。」という意見が必ず出てくる。「なぜおじぎりなのか。」という単純な疑問から、「なぜ、お父さんは何も言わずに行ってしまったのか。」という疑問も出されることだろう。同じように「何も言わずに行ってしまった時のお父さんは、どんな気持ちだったんだろう。」というように、登場人物の気持ちを自分の気持ちと重ね合わせて考えるような感想も出てくるだろう。「なぜ」を問うことと、「どんな」を問うことは異なる問いであるが、両者に共通する「ひっかかり」こそが、学習課題づくりのポイントである。つまり、どの叙述にひっかかり、立ち止まったかに注目することだ。また、「なぜ」という問いは、具体的な語句や背景知識を調べることでわかるものと、「どんな」を考えなければ解決できないものとに整理していくことで、なぜかを問いつつ、どんなふうだったのかも同時に問う学習課題が生まれる。

感想の多くは、一つの花をゆみ子に手渡す場面に集中するだろう。そこからどのような課題を作るかは、子どもたちに身に付けさせたい力と、子どもたちの学習経験などの実態にそって決定する。

『一つの花』のストーリーの中にうめこまれている「思い」や「願い」について考える学習を実践していきたい。

実践への視点

授業の展開 ——そのポイント

一次　感想の交流から学習計画を立てる

・作品を読んで感じたことや、学級のみんなで考えたいことから、学習の課題を決めよう。

二次　ストーリーの中の登場人物の思いを読む

・両親のゆみ子への思いや願いは、どのようにえがかれているのだろう。

三次　「一つの花」の意味を考える

・「一つ」と「一つだけ」ではどのように違うのだろう。

・「花」はどのような意味をもっているのだろう。

・十年後の文章があることでどのような効果があるのだろう。

四次　まとめ

・今西祐行の他の作品と読み比べてみよう。

小さな窓から見えるもの

『きつねの窓』安房直子　学校図書6年　教育出版6年

橋本則子

青いききょうの花畑に主人公が迷い込む『きつねの窓』は、やさしいファンタジーとして、教科書に長年採録されてきた作品である。数ある安房直子の作品の中でも、代表作の一つとしてあげられるものであろう。

ここでは、『きつねの窓』をただ分析するだけではなく、授業実践の視点で、子どもたちが登場人物をどうとらえ、この作品をどのように理解するのかということを念頭に置き論じた。ファンタジーの中に垣間見えるほろ苦さを、子どもたちと共有したい。

安房直子

一九四三（昭和十八）年東京に生まれる。叔母の養女となり、養父の仕事により、各地を転々とする。日本女子大学在学中に『目白児童文学』創刊号に原稿を寄せる。山室静氏に師事し、一九六六年に同人誌『海賊』を創刊。一九七〇年『さんしょっこ』で第三回日本児童文学者協会新人賞を受賞。一九九三（平成五）年逝去。

一　はじめに　――やさしいファンタジー

この作品は、あまり抵抗なく、さわやかにしかもさらりと読めてしまうのではないだろうか。私も初めて出会った時、ごく自然にすんなりと読めてしまった。おそらく子どもたちも、「ぼく」に寄り添って何の疑問もなくさらりと読み、「ああ、おもしろかった。」で読み終わってしまうように思われる。つまり、子どもたちはファンタジーの世界にいざなわれ、主人公と同じように不思議な体験をし、また、ごく自然に現実に戻ってくるのである。そこが、この作品のよさであり、魅力であろう。しかし、子どもの中でいったん気持ちよく読み終えたものを、教室ではどう学習したらよいのだろうか。改めて読み直してみたい。

二　二つの視点から

1　「ぼく」に即して

この話は語り手である「ぼく」が道に迷い、不思議な世界に迷い込むことから始まる。山道を歩き慣れているところや、山小屋に住んでいるところを見ると、「ぼく」は猟師、もしくは猟を趣味にしているようだ。しかも昔大好きだった女の子のことを思い浮かべたり、全速力できつねを追ったりする姿からは、まだ青年であるように思われる。この「ぼく」は、「ダンと一発やってしまえば、それでいいのですが、できれば」

「親ぎつねをしとめたい」と子ぎつねを追う。花畑でくつろいでいても、獲物を見つけたとたんに猟師の知恵を働かせ、冷静に判断を下す。

また、突然現れた染め物屋の「子供の店員」を見て、何の疑念もなく「ははあ、さっきの子ぎつねが化けたんだ。」と判断し、だまされたふりをしてきつねを捕まえようと考える。指を染めようというきつねの提案には「指なんか染められてたまるかい。」とむっとし、きつねの指で作られた小さな窓に映し出された白いみごとな母ぎつねが、鉄砲で撃たれて死んだことを聞いても、自分がその母ぎつねを狙っていたことも忘れ、「なんだか悲しい話になってきた」と他人事のように考える。

しかし、指を染めると死んだお母さんの姿を見ることができると知ると、すっかり感激して、指を染めてもらう。そして、きつねの要求に「困るな」と思いつつも、鉄砲を手放すのである。

今では、「ぼく」は、昔大好きだった少女にも決して会うことができず、思い出の家も庭も火事で焼けて今はない。妹も母も亡くなっている。理不尽な形での愛するものたちとの別れ。「ぼく」の孤独。「ぼく」の冷静さ。冷徹ともいうべき行動・態度。それらはそう生きざるをえなかったせいかもしれない。だからこそ、その孤独を癒やしてくれる窓の代償として、大切な鉄砲を手放してしまう。

ところが、「ぼく」は大切にしたいと思った指を無意識に洗ってしまうことで、窓を失ってしまう。次の日もう一度きつねに指を染め直してもらおうと出かけるが、二度ときつねに会うことはできなかった。その後も、何か見えやしないかと思って指で窓を作る。しかし、もう窓はもどってこない。

2　きつねに即して

「きつね」はぼくの目の前に突然現れる。青いききょうの中の真っ白い子ぎつねは美しく、「ぼく」を誘い出すかのようである。そして、「染め物　ききょう屋」の店員に化け「ぼく」を接待するきつねは、まだ子どもなのに「おかげさまで。」と受け答えしたり、「お茶をうやうやしく運ん」だり、すきのない接待ぶりである。「ぼく」が、「ハンカチでも染めさせようかと、ポケットに手をつっこんだ時」きつねは、あらかじめ考えていたのであろうか、突拍子もなくかん高い声をあげ、「そうそう、お指をお染めいたしましょう。」と勧める。思わず出た「突拍子もなくかん高い声」にきつねの思いが感じられる。きつねは「ぼく」の指を染めたかったのである。だからこそ、自分の指の窓に母ぎつねの姿を映し出し、自分がきつねであることがばれてしまってもかまわず、自分の母親が鉄砲で撃たれて死んだことを告げる。（ばれていることなどもう計算済みなのだろう。）感激した「ぼく」の指を染め、その代償として母親の命を奪った鉄砲を取り上げる。ひょっとすると「きつね」は始めから鉄砲を取り上げることをねらっていたのかもしれない。鉄砲で殺された母ぎつねの復讐《ふくしゅう》として……。

鉄砲を取り上げた後は、あどけないきつねに戻り、おみやげになめこをあげるのである。（このなめこが残っていることが現実と非現実をつないでいる。）しかし、二度と「ぼく」の前には姿を現さない。「ぼく」は、二度と窓を手に入れることはできないのだ。

3　「きつねの窓」とは何か

ここまで読んできて考えたいことは、「きつねの意図」とそれによってもたらされた「きつねの窓の持つ意味」さらに「きつねの窓を得、失ったことは『ぼく』にとってどんな意味があったのか」、逆に言えば「『ぼく』はなぜきつねの窓を失わなくてはいけなかったのか」ということである。

「きつねの意図」として一つ考えられるのは、母ぎつねを殺された復讐である。『ぼく』から鉄砲を取り上げることや、一度手にした「きつねの窓」を失わせることを想定して、きつねが仕組んだわなであったということである。窓を見ても、「ぼく」は自分の思い出に浸ることしかできなかった。自分が殺してきた動物の命や、命を失うことによってもたらされる家族の痛み、苦しみに目を向けていない。だからぼくは窓を持ち続けることを許されなかったのではないだろうか。その証拠に「ぼく」は、一番会いたかったはずの母親の姿は一度も見ることができないまま、窓を失っているのである。

「きつねの意図」としてもう一つ考えられることは、きつねは何かのメッセージを伝えたくて現れたのではないかということである。孤独に生きてきたきつねが、「ぼく」に思い出してほしいこと、気づいてほしいことがあったのではないだろうか。きつねの窓は、決して現実の世界では見えないもの、人間の心の奥にある大切なものを映し出す鏡。人に愛された記憶、人を愛した記憶、失った悲しみ、命のはかなさ……。それを、見ることで人は大切なものを思い出し、人間らしい優しい気持ちを思い起こす。思い起こした「ぼく」には、もう窓は必要がない。だからなくなってしまったのだろうか。

三　ファンタジーとしての『きつねの窓』

1　異次元への通路

『きつねの窓』は「ぼく」の一人称で語られ、読者は「ぼく」の目や感情、行動を通して物語を読んでいくことになる。現実→不思議な世界→現実、であるが、「ふと」「まるで」「すると」などの表現や、巧みな比喩表現、一人称による表現などにより、違和感は感じられない。また、倒置法が効果的に使われることで、「ぼく」の心情がより現実感をもって読者にせまってくる。冒頭から読者は自然に不思議な世界に誘い込まれ、主人公とともに不思議な体験をする。

この冒頭部分については、上田渡氏によって、「ぼく」には「緻密に物語世界を構築していこうという語り手の意志はほとんど感じられない[1]」という指摘がなされている。また、西本鶏介氏は「現実から空想への通路がなくても、なんの異和感も感じさせません。青いまぶしい光が広がり、主人公とともに読者もまた息をのむことになります。[2]」と述べ、関口安義氏も「主人公のぼくは山小屋にもどろうと山道を歩いていて、まったく自然にファンタジーの世界へと入っていく。何らの通路も必要としないで、ぼくは異次元の世界へと迷い込むのである。[3]」と指摘する。安房直子は、異次元への扉をさりげなく開けているというのである。

しかし、私は異次元への通路は確かにあったと考えたい。昔大好きだった女の子への郷愁と、人けのない山道がすでに異次元の通路であり、曲がった所が異次元の扉を開ける鍵なのだ。

2　青の世界

関口安義氏は主人公が自然に異次元の世界に誘われていくのに、色彩が大きな役割を果たしているという。

主人公が異次元の世界に迷い込む際に用いられる色彩が青であることに注意したい。空を「みがきあげられた青いガラス」とたとえ、空（天）に対応する地を「なんだかうっすらと青い」と表現し、その彼方に「一面、青いききょうの花畑」が広がりを示す[4]。

確かに安房直子の作品では色彩が効果的に取り上げられることが多い。特に、青については『青い花』『北風のわすれたハンカチ』『鳥』など他の作品でも多く見られる。(5)

「吸い込まれそうな青い空」とか「引き込まれそうな青い海」など、「青」には人をひきつけ異次元に誘い込むようなイメージがある。そして青は、幻想的な色彩であるとともに、悲しみを思わせる色でもある。『きつねの窓』には「青い字の看板」「青いききょうの花畑」「青く染められた四本の指」など青い色が多く使われ、その中に、「ちらりと白いもの」「白い生き物」「白ぎつね」「小さい白い両手」と印象的に白い色がちりばめられている。特に白い生き物は神の使いとして民話や昔話などによく現れることを思い出させる。

「青」は空の色であり、海の色である。現在の科学の進歩で、空にも海にも人間が足を踏み入れられるようになってきたが、まだまだ未知の不思議さはある。人間の力の及ばぬ場所、見果てぬ夢の置き場所という感がある。だからこそ、われわれ読者は、安房直子が描く「青」の世界に吸い込まれ、ひとときの異次元の世界に生きてしまうのではないだろうか。そして、その「青」は失ってしまった幸せを映しだす窓を、よりいっそう美しく、悲しく彩っているのである。

また、「青と白」は、葬儀の時の幕を思い出させ「死」を連想させる。安房直子の作品には『きつねの窓』『天の鹿』など死者と主人公が関わる作品がある。そして、どれもが死を忌むべきものとしてより、生の隣にあるべきものとして自然に描いている。

3　死のモチーフ

小西正保氏は、「安房直子の作品は、どれを読んでもどこかに死の影が漂」い、「その多くが『死者との対話』である」という。文学作品であれば、当然扱われるべき人間の生と死、愛と死という主題を、なぜか日本の児童文学（とくに戦後の児童文学）が、一種の禁忌《タブー》のようにして扱おうとしない中、安房直子は、この主題に（あるいは禁忌《タブー》に）あえて挑戦している数少ない現代作家の一人であると述べている。(6)

小西氏の指摘通り安房直子の作品には「死者」との対話がある。「死者」に対する畏敬とやさしさのある作品がある。『きつねの窓』でも「今はもう、決して会うことのできない少女」、火事で焼けてしまった家、「死んだ妹の声」など、愛する者の死と愛する人と過ごした時間や風景が描かれている。しかし、『きつねの窓』は「死」を主題として描いているのではなく、「死」は常に「生」の隣にあるあたりまえのものとして描き、むしろ「死」によってもたらされた孤独をどう生きるか、愛するものの死をどう乗り越え、どう力強く生きていくかを描いているように思われる。

4　母恋のモチーフ

『きつねの窓』にはもう一つ、母恋というモチーフがある。今は会えない母親を恋い慕い追い求める話は、古今東西、物語の主題として描かれてきた。それゆえに、読者にとって共感を得やすいモチーフであろう。

上田渡氏は、「きつねはいつも〈きつねの窓〉を覗いてはさみしさを紛らわせていた」が、「母のもとにいこうと決意」し、猟師の前に姿を現した。しかし、「ぼく」が「一向に撃ち殺してくれない」ので鉄砲を取り上げ、「その銃を使ってみずから命を絶ち、母のもとへいった」というメタ物語を提示している。(7)

しかし、このメタ物語のように、もしもきつねが「ぼく」から取り上げた鉄砲で死を選んだとしても、「ぼく」は窓の呪縛から逃れ生きているのである。安房直子がこの作品で描きたいのが「母恋」の絶対化であるなら、「ぼく」もきつねと同じように死を選ぶか、死ぬべきなのはむしろ「ぼく」であろう。しかし、きつねが窓に支配され、母恋の思いに押しつぶされたとしても、「ぼく」は、窓の呪縛からのがれ母恋の思いを胸に抱えながら、それでもなお生きていく道を選んでいる。さらに、「ぼく」は母に対してと同様に昔大好きだった少女にも思いをよせている。「母恋」は物語の重要な要素であってもすべてではない。

きつねはやはり計算ずくで現れ、「鉄砲」と「窓」を奪い去ることで生へのメッセージを残していったのではないだろうか。どんなことがあっても生きていかなくてはいけないという厳しさがそこにはある。

四　物語のむこうに「喪失」と「再生」

1　語られた三行

ただ、「それでも、ときどき、ぼくは、指で窓を作ってみるのです。ひょっとして、何か見えやしないかと思って。きみは変なくせがあるんだなと、よく人に笑われます。」というこの作品の最後の三行が気になる。『注文の多い料理店』では、同じように異次元の世界に迷い込んだ紳士たちは、異次元から無事に戻れたものの顔がもとには戻らなかった。紳士たちに残ったくしゃくしゃな顔は、見ばえや表面的なことしか気にしていなかった紳士たちの愚かな内面を映しだした。それに対して、『きつねの窓』の「ぼく」には、両手で窓をつくる癖が残った。この癖の示すものは何なのだろうか。また、「きみは変なくせがあるんだなと、よく人に笑われます。」という最後の一文はさりげなく書かれているが、「何か見えやしないかと思って。」で終わっても、なんら不自然ではない。果たして最後の一文は必要なのだろうか。

さりげなく語られた三行には、指で窓を作ることが日常化していることと、人と自然に関わることができるようになった「ぼく」の変化が描かれている。しかも、人と開放的に関わることができるようになったことをうかがわせる。ぼくに残ったこの癖は、愛する人に囲まれていた幸せな過去やそれと決別して生きていかなければならない現実をも受け入れ、彼が人間らしく生きる道しるべになったのではないのだろうか。

2　「喪失」と「再生」

『きつねの窓』で描かれているのは「喪失」と「再生」ではないだろうか。

「ぼく」は、二度の喪失を味わっている。

かつて「ぼく」は、縁側のある家で家族に囲まれ、温かな愛情に包まれた生活を送っていた。幼い頃に出会った火事という悲惨な出来事やそれ以外の自分の力の及ばぬことで、家族や懐かしい家、大好きだった少女などの愛する人々を失った。これが一度目の喪失。

独りぼっちになり、孤独の中で成長した「ぼく」。その「ぼく」に「きつねの窓」は与えられる。窓はかつての温かな暮らしや、会えなくなった愛する人たちを映し出す。「ぼく」が見ていることがつらくなり思わず手を下ろしてしまうほど、せつなく温かく懐かしく哀しい過去を映し出す窓。ぼくは窓で人間らしい気持ちを思い出すことができた。しかし、心ならずもその窓をもう一度ぼくは「喪失」するのである。二度目の喪失である。一度目の喪失は、「ぼく」の力の及ばぬところで起こったものであったが、二度目の喪失は自らの過失が原因であった。どんなに悔いても、もう、もどることはない窓。

しかし、二度目の喪失は、残酷なようで、ぼくを「再生」へと導く。窓が与えられた時、一見、あの幸せだった頃に戻れたように思うが、窓は、開けない限り、見ることができない。また、見ることはできても交流はできない。殊に「きつねの窓」は過去を映しだす窓である。そこに映しだされるのは関われない過去だけである。「ぼく」がどんなに望んでも窓の中の世界に入ることはできない。「ぼく」の生きる場所ではないのだ。懐かしくせつない、思わず立ち止まり浸ってしまう窓の喪失が、ぼくの新しいスタート、「再生」を生み出したのではないだろうか。彼が生きるべき場所はもはや未来しかないのだから。

前出の最後の三行は、「ぼく」が、二度の「喪失」から立ち直り自分の人生へと歩み出し「再生」できたことを示しているのだ。

この作品には、「死者との交流」、「母恋の情」が、確かに流れている。しかしながら、「きみは変なくせがあるんだなと、よく人に笑われます。」というたった一文に、力強く生きていこうとする「ぼく」の変化が見られる。人と関わり新しい人間関係を築いたことがうかがえるのだ。そこには悲しみを乗り越え、いや、胸に抱えつつ生きていこうとする、人間の強さと哀愁がある。

「再生」、愛するべき者の死、亡き母への思い（母恋）、孤独に逃げる閉鎖的な生き方からの脱却こそが、ここに描かれている。

五　実際の子どもの読み

ある子どもは、初発の感想で次のように書いた。

私はこれを読んできつねがかわいそうだと思った。人は動物を殺して食料や道具にする。殺された方はたとえ動物でもつらいのだとわかった。でも、このきつねはつらくても指を染めて作った窓を見るようになってからは笑顔で生きている。えらいなあと思った。指を染めたお礼に鉄砲をもらったのはなぜかと疑問を抱いたがなんとなくわかった。もう、きつねを殺してほしくなかったのだと思う。自分が追われている時にさっと、子どもに化け、鉄砲をもらって動物を殺させないようにして、自分もほかの動物にもつらい思いをさせたくなかったのだと思う。そのかわり、「ぼく」の指を染めてあげて、ちょっとした幸せを分けてあげたのだと思う。「ぼく」ははじめはきつねをからかってだまされたふりをしていたが、こんなにすてきな指をもらったのだからとてもいい気分だと思う。私もやってみたいなと思った。でも、やってもらえるのは一回だけだった。もう一度指を染めようとききょうの花畑に行こうとしたが、もうそんな場所はなかった。きつねも花畑も幻だったのだ。では、なぜ（きつねは）現れたのか。あまりにぼんやりしていたからか。きつねが出てきたのには何かわけがあるのだと思う。そして、きつねは何が言いたかったのかみんなで話し合ってみたい。（A）

意外にも「ぼく」に寄り添って読むよりも、「きつね」に目を向けて読んでいることがわかる。そして、「ぼく」の前にきつねがどうして現れ、なぜ、再び現れないかということに関心を寄せている。

このような初発の感想から学習課題を決め、毎時間全文を読みながら学習を進めていった。「きつねの窓」とは何かについても考えた。授業の最後に書いた子どもの手紙を載せておく。

主人公「ぼく」からきつねくんへ

きつね、君にいいたいことがあるんだ。聞いてくれ。まず、一つはごめん。君は気がついていたかどうかはわからないけど、本当は、君のお母さんやお父さんをしとめようと思って、だまされたふりをしていただけなんだ。だから、「なかなかいい店じゃないか。」とか、「染め物屋だなんて、いったい何を染めるんだい。」っていったとき、本当はぼくは、君のことをばかにしていたんだ。本当にごめん。でも聞いてくれ。ぼくは、きみのお母さんの話や君のお母さんに対する気持ちを聞いて、思い出したんだ。本当は、ぼくも独りぼっちだったんだ。それで、君が指で作った窓で、死んでしまったお母さんに会うことができたということを聞いて、もしかしたらぼくもその窓で独りぼっちじゃなくなるかもしれないと思ったんだ。それで、君に染めてもらった窓で、今はもう決して会うことができないはずの、あの少女に会うことができたんだ。あれは、本当にうれしかったよ。ありがとう。だって君もわかるだろう。もう決して会うことができないと思っていた人が自分の目の前にいるんだから。でもぼく、君にもらった窓で、帰りに昔の家を見たんだ。とても懐かしかったんだ。その家からは、少し明かりがついていたんだ。そして、声が聞こえた。死んでしまった妹の声だ。ぼくは、この窓は、いい思い出以外のものも映すのかなあと思った。もちろん、ぼくのお母さんたちとの思い出はいい思い出だった。だけど、今はあの明かりも妹の笑い声もない。きつね、ぼくは、やっぱりもう一度はっきりいいたい。ありがとう。ぼくは、君のおかげで、お母さんたちとの温かい思い出を思い出すことができた。たしかにぼくは、温かい思い出を思い出したことで同時にそれを失った。つらく冷たい思いを思い出させられてしまった。だけど、そのつらさを君もぼくもしっている。僕は、きみのおかげで、大切なことを思い出した。ぼくはとても悲しくせつない経験をした。だけどそのことは、ずっと向き合い続けなければいけないことなんだ。君も元気に暮らしてくれ。ぼくもこれからもがんばるから。（S）

人は失った時にはじめて、その大切さを知る。きつねは「ぼく」に大切な人を思い起こさせ、残酷にも奪い去ることでその大切さに気づかせたのだ。そして、喪失の痛みと共に（だからこそ痛烈に）大切なものを心の中に刻みつけたのだ。

他の子どももきつねに対して「窓は幸せな気持ちにしてくれるけど、さびしさなんか絶対なくならないと思う。君（きつね）だって心の奥はさびしい気持ちでいっぱいだと思う。」と書き、最後に「ぼくは君が一生信じて生きていけるものに出会えるという気持ちでいっぱいです。」と結んでいる。生きるということは、決して楽しく温かいだけではない、悲しみやせつなさを抱えて生きてこそ、本当の意味で生きるということなのではないだろうか。そのことに、子どもたちは気づいたのだ。

注

（1）上田渡「語りの現前性と『人情』の絶対化」（田中実・須貝千里編『文学の力×教材の力　小学校編六年』教育出版　二〇〇一）

（2）西本鶏介『児童文学の書き方』（偕成社　一九八三）

（3）関口安義『国語教育と読者論』（明治図書　一九八六）

（4）（3）に同じ。

（5）安房直子「惹かれる色」（『ひろがる言葉　小学国語　六上　教師用指導書』教育出版　二〇一一）の中で作者が語っている。

（6）小西正保『わたしの出会った作家と作品』（創風社　一九九七）

（7）（1）に同じ。

実践への視点

1 登場人物を読む

「ぼく」ときつねが、出会うまでどのように生きてきたかが、物語に意味を与えるので、二人の人物像をしっかりと読む必要がある。「ぼく」ときつねの、それぞれの孤独をおさえたい。

2 作品の構造を読む

①きつねの意図

きつねは、母親を失うことになった鉄砲を「ぼく」から取り上げるかわりに、「きつねの窓」を与えた。しかし、一夜にして「ぼく」は、その窓を失う。

そして、「ぼく」の前に二度と姿を現さないきつねにはどのような意図があるのかを考えさせたい。

②「きつねの窓」とは何か

「きつねの窓」が映し出したものは、いったい何だったのだろうか。「ぼく」は、「きつねの窓」を得て、また失い、どう変わっていったのだろうか。

「きつねの窓」の意味を考えさせたい。

3 語りを読む

語り手は、最後の三行「それでも、ときどき、ぼくは、指で窓を作ってみるのです。ひょっとして、何か見えやしないかと思って。きみは変なくせがあるんだなと、よく人に笑われます。」で、「ぼく」の変容を語っている。ぜひ立ち止まって考えさせたい。

授業の展開——そのポイント

一次　ストーリーの把握と初発の感想
・心に残ったことをもとに感想を書き交流する。
・感想の交流をもとに、学習課題を立てる。
二次　全文を登場人物の心情に沿って読む
・「ぼく」ときつねの人物像をとらえる。
・きつねの意図と、「ぼく」の心情の変化を読み取る。
三次　作者の意図を考え、自分から見た作品の世界を考える
・「きつねの窓」とは何かを話し合う。
・最後の三行の意味について考える。
・学習を振り返り、自分の考えを手紙の形でまとめる。

三　作品論から教材論へ

――究極の〈読み〉を求めて

『のらねこ』三木卓　教育出版3年

愛に目覚めたのらねこの物語

――童話『のらねこ』のおもしろさを引き出す

中村龍一

『のらねこ』は、母も憶《おぼ》えていない孤独な野良猫がはじめて愛に触れた物語である。

ところで『のらねこ』は出来事と主題を捉えるこれまでの読みの方法では読めないようである。作者は何が言いたいのか、よくわからないという先生方の声が多く聞かれる。

『のらねこ』をおもしろく読むためには、これまでのように人物に感情移入してハラハラドキドキして読むだけでなく、語り手がなぜそう語ったのか、その深層をいきいきと現象させて読むことが必要である。ここでは、語り論で読んだとき、『のらねこ』はどう読めるのか論じてみたい。

三木卓
詩集『東京午前三時』（思潮社　一九六六）でH賞（現・H氏賞）を受賞し、小説「鶸《ひわ》」（一九七七）で芥川賞を受賞した。児童文学では『星のカンタータ』（理論社　一九六九）、『元気のさかだち』（筑摩書房　一九八六）等があり、翻訳でもA＝ローベル『二人はともだち』（文化出版局　一九七二）等がある。

一　はじめに ―― 教材研究の再生

語られた作品世界とは、読み手のことばが生み出した語り手、その語り手が語る世界である。しかし、その読み手に現象した〈本文〉（＝〈文脈〉）は己のフィルターを通した思い込み、虚偽である。その己の〈本文〉のことばの関係にこだわり、語り手がなぜそのように語るのかを問う。その時、作品に内在することばの仕掛けが読み手の内なる価値の制度を瓦解させていく。表記された文章に、〈本文〉と、《ことばの向こう》の想定を客体として〈読み〉は掘り起こされる。物語と語り手の格闘には「《ホントウ》は見えない」がはたらいているのである。その時、己の意味とイメージが窯変し始める。

教材研究のポイントは、ことばの制度が壊されていく作中の仕掛けを引き出すことである。

『のらねこ』は三木卓の連作短編集『ぽたぽた』（筑摩書房　一九八三）に収録されている。[1] 教科書の掲載は、教育出版『ひろがる言葉　小学国語　三下』一社である。『ぽたぽた』での表記は、漢数字以外はすべてがひらがな書きである。教科書版では、学年配当の漢字表記や、会話文の句点の挿入のほか、書き換え一箇所（作者承認）[2]などの改稿がされている。ここには看過できない本文批評の問題はあるが、本論は教材としての『のらねこ』を論ずるため、教科書版をテキストとする。

ところで、小学校三年生の文学教材として、『のらねこ』の教師の評価はあまり高くないという。確かに、授業実践の記録は少ない。教育出版の指導書でも、アニマシオンの読書教材という位置づけとなっている。「結末に物足りなさが残る」という声も聞く。[3] そこで、『のらねこ』の教材価値を再検討してみたい。「語り」を読むことで、『のらねこ』のおもしろさ、その魅力をできる限り引き出すのが本稿の意図である。

指導書には作者三木卓が「愛の勇気」という短い文章を寄せており、ここで三木は「主題は、愛です。」ときっぱり言い切っている。授業がこの作者の主題に振り回される危惧も感じるが、私はむしろ「アニミズム的な要素[4]」というこの短編集を貫くキーワードに惹《ひ》かれた。

二　ストーリーを読む

〈リョウ〉のうちの庭に真っ黒で大きな〈のらねこ〉がやってきた。〈リョウ〉がかわいがってやろうと近づくと、〈のらねこ〉はすばやくとび起きて身がまえる。

「後ろに、ほうき、かくしているだろう。」と〈のらねこ〉が言う。「かくしてなんか、いないよ。ほら」、〈リョウ〉は両手を上にあげて二、三度回ってみせる。それでも「問題はポケットだ。男の子のポケットの中には、よく、ゴムのパチンコが入っているからな。」と警戒心を解かない。実は、〈リョウ〉のポケットにはねこの餌の缶詰が入っていた。「それ、一口くれたら、かわいがらせてやってもいいよ。」と〈のらねこ〉はかけひきにでる。

しかたなく〈リョウ〉は缶詰を開けることにする。しかし、〈のらねこ〉は餌を〈リョウ〉の手の上でなく、草の上に置けと言う。その通りにしてやると、〈のらねこ〉はのっそり歩いてきてゆっくり食べ終わると、「さあ、よし。おいしかった。リョウはいい子だということがわかった。それではいよいよ、かわいがられてやるとするか。」と言うのだ。〈リョウ〉はよろこんで近づく。すると、「それ以上、近づくな。」と今度は威嚇する。〈のらねこ〉は人間にかわいがられた経験がなかった。

そこで〈リョウ〉は、やさしくことばをかけながら、ゆっくりと五十センチほどのところまで近づき腹ばいになる。そして一人と一ぴきは互いにねたまま前足をのばし合う。〈リョウ〉はそっと〈のらねこ〉の前足の先をなでた。〈のらねこ〉もじっとなされるままにしている。風がそよそよふいている。ところが、〈のらねこ〉は突然、姿を消してしまう。〈リョウ〉の〈家ねこ〉が、やってきたのである。「やあ、リョウ。今晩のおかずは、かれいのにつけだって。」と、〈家ねこ〉は〈リョウ〉と家族の会話をする。〈のらねこ〉を見失った〈リョウ〉は、夕ごはんまでからすと二人で遊ぶことにして〈家ねこ〉といっしょに走って行ってしまう。屋根の上から、そのすがたを〈のらねこ〉はじっと見ている。

三　語られたプロットの意味を読む

1　のらねこは、なぜやってきたのか？

冒頭の「のらねこがやってきました。」は、〈リョウ〉の視角から〈のらねこ〉との関係が語られている。やってきたのは名前もない〈のらねこ〉であった。日課の見回りの途中であろうか、〈のらねこ〉は庭のまん中でこれ見よがしに「ごろんと横になったまま、動」かない。大胆な態度である。しかし、なぜ、のらねこがリョウのうちの庭のまん中で横になったかはひっかかって考えてみる価値がある。〈のらねこ〉は、真っ黒で毛並みもつやつやしている大きくて立派なねこである。たくましさがある。どうやら腹をすかせ餌がもらいたくて横になっているわけではなさそうである。では、なぜ？　それがこの物語の始まりである。

先走って言うならば、一見いつもの見回りに見えるこの〈のらねこ〉の行動が、その深層ではひとりぼっちの寂しさに起因していたことが明らかになっていく。愛に飢えた〈のらねこ〉だったのである。そのことを〈のらねこ〉自身よく自覚していなかったのかもしれない。〈のらねこ〉は、近隣のボスとして野良の王国を支配していたにしても、充たされない何かを感じていたのである。その欠如を〈リョウ〉が埋めてくれるような気がしたのではなかろうか。

一方、〈リョウ〉には、「リョウの仲間のねこよりも」と語られるように、ねこの仲間がいるらしい。普段、私たちの常識ではねこを仲間と呼ばない。終末に「からすと三人で遊ぼうか。」と語られているように、からすもねこも人間も、同等に心通わす世界に〈リョウ〉は生きている。〈リョウ〉の世界は、私たちの常識世界を超えている。「人間は、生まれ落ちたときには、石器時代の人間や縄文時代の人間とほとんど違いのない心の世界を生きているはずです。」と三木卓が「愛の勇気」で述べたような、「アニミズム的」世界の住人である。幼児のアニミズム世界に遊ぶ無為の〈リョウ〉と、心の飢えを満たしたい〈のらねこ〉の出会いに生まれた奇跡がユーモラスな会話で語られていく。

2 〈リョウ〉と〈のらねこ〉のかけひきの意味？

〈リョウ〉は、この大きな黒ねこと友だちになりたいと思い、ねこの缶詰をポケットに忍ばせて？ 庭に出る。〈のらねこ〉は逃げない。でも警戒心は解こうとしない。〈リョウ〉を近づけさせないのだ。「後ろに、ほうき、かくしているだろう。」、「男の子のポケットの中には、よく、ゴムのパチンコが入っているからな。」と、実によく知っているのである。〈のらねこ〉はそうした人間との危険な日々を生き抜いてきたのだ。ところが、〈リョウ〉のポケットに餌の缶詰が入っていることがわかると、〈のらねこ〉はかけひきに出る。

「それ、一口くれたら、かわいがらせてやってもいいよ。」（中略）
「そうだなあ。でも――。」
「たった一口でいいんだよ。」（中略）
「まあ、それは――。」

この会話からは、〈のらねこ〉はみごとに狙った餌を手に入れたように見える。しかし、「一口くれたら、かわいがらせてやってもいいよ。」である。やはり〈のらねこ〉は腹をすかせていたわけではなかった。その上、もし〈リョウ〉も、遊び相手を餌で釣ろうとして、あえて缶詰をポケットに入れて庭に出てきたのだとしたらどうだろう。策略は空振りしているが、互いに望み通りの成りゆきに落ち着いたことになる。心の渇いた〈のらねこ〉は、いつもの人間たちとはどこか違う〈リョウ〉に以前から興味を持っていたのではないか。一方、〈リョウ〉は餌の缶詰で手なずけて〈のらねこ〉を新しい遊び仲間にしたかったのだろう。

佐藤久美子氏はここに「愛の駈け引き」を読む(5)。この童話は〈のらねこ〉、〈リョウ〉、〈家ねこ〉の「愛の三角関係」の物語だという。確かにそうした雰囲気の会話ではある。私には「愛の三角関係」は深読みに思えたのだが、語り手は、〈のらねこ〉に「けち。リョウのけち。そんなことで、かわいがってやるもないもんだ。ふん。自分のねこが、そんなにかわいいか。」と言わせ、その後、「それとも、リョウのねこが食べるのをへらしてしまうために自分が食べてしまうのだ、というのかな。」と語っているから、〈のらねこ〉が〈リョウ〉に近づいたのは嫉妬が深層にあったと読めなくはない。とにかく、〈のらねこ〉の目的は餌にあったのではなく〈リョウ〉自身だったのである。

3 「かわいがられる」ってどういうこと?

「じゃあ、どうやってきみをかわいがるの。」

「そのへんでかわいがれ。」

「ここから、どうやってかわいがれるの。ぼくわからない。」

「え。」

「え。」

一人と一ぴきは顔を見合わせます。


「かわいがろう」とする〈リョウ〉と、威厳ある物言いだが、意味を理解できない〈のらねこ〉のすれ違う会話が次々とユーモアを生んでいく。「ねえ、きみ、もしかして、かわいがられるって、どういうことか知らないんじゃない。」と〈リョウ〉が言ったように、〈母さん〉の記憶もないホームレスの〈のらねこ〉にはわからなかったのだ。触ったり、なでたり、抱いたりする、人間の「かわいがる」行為を〈のらねこ〉は今まで体験したことがなかったのである。「知ってるわけないだろ。どこでも売っていないし。」、〈のらねこ〉にとって、人間に「かわいがられ」た体験は遠くから餌をもらうぐらいだったのではなかろうか。「そのへんでかわいがれ。」はそのことを語っている。荒寥とした精神世界を〈のらねこ〉は生きてきたのであろう。もちろん、〈のらねこ〉にその自覚はない。野良猫の世界しか知らないからだ。〈リョウ〉と〈のらねこ〉は言葉が共有されていないことがここで明らかになる。

4 〈のらねこ〉のことばをこえて――奇跡はなぜ起きたか?

一人と一ぴきはそこにねたまま、前足をのばし合います。

のらねこの前足を、上からそっとさわります。ぴくっとします。

「こわくない。こわくない。」

リョウは小さな声で、なだめるように言います。

そっと前足で前足の先をなでてあげます。

のらねこは、じっとしています。

風がそよそよとふいてきます。

幼児のアニミズムであったにしても、〈リョウ〉の無為の好奇心が、〈リョウ〉の「前足だけ」をのばさせ、〈のらねこ〉を優しくなでさせた。こうして奇跡は起きた。〈リョウ〉はいつものように新しい仲間と遊んだだけだ。「猫」とも「からす」とも「かげぼうし」とも「郵便ポスト」とさえ〈リョウ〉は自由に心を通わせ会話する。「一人と一ぴきはそこにねたまま、前足をのばし合います。」、「そっと前足で前足の先をなでてあげます。」、これは暗喩を超えた憑依《ひょうい》のことばである。一人である人間〈リョウ〉の手がねこの足に化身し前足をのばしたのである。〈リョウ〉の手は猫の足になってしまった。〈リョウ〉の手は人間を超え、〈のらねこ〉は野良猫の前足を超えてしまった。互いの通念を超えた〈ただの前足〉そのものになってしまった。童話『のらねこ』に仕組まれている意味の《零度》[6]、物語の深層への入り口がここにある。だから、〈のらねこ〉も応じたのだ。異類である「一人と一ぴき」がヒトとネコを超え、同じ〈イキモノ〉となって確かに触れ合えた一瞬であった。それは〈のらねこ〉にとってこれまで体験したことのなかった感覚だった。〈のらねこ〉は自分が知っていた「かわいがる」ということばの外部を知覚したのである。「風がそよそよとふいてきます。」は、〈のらねこ〉と〈リョウ〉が共有した心地よい感覚の描写である。そこでは野良の世界が消え、愛に包まれた時空が静止している。

しかし、それもつかの間、〈家ねこ〉の登場で、現実の〈リョウ〉と〈のらねこ〉の関係に戻されてしまう。

5 〈のらねこ〉に残った手の感触、温もりの記憶

リョウはよろこんで、ねことといっしょに、走っていってしまいます。屋根の上から、そのすがたを、のらねこが見ています。

終末はこう語られている。〈リョウ〉と〈家ねこ〉は屋根の上で〈のらねこ〉が自分たちを見ていたことを知らない。〈リョウ〉は自分の行為の意味に無頓着である。いなくなった〈のらねこ〉を気遣うこともなく〈からす〉を探しに行ってしまう。語り手は〈のらねこ〉の内なる視点から〈リョウ〉たちを語っているのではない。〈のらねこ〉はその二人の姿を屋根の上からじっと見ており、語り手はさらに、〈のらねこ〉の背後の俯瞰《ふかん》からそれを語っている。人物〈のらねこ〉の外部の位相から語っている。語り手は、〈のらねこ〉、その〈のらねこ〉の視角から見える〈リョウ〉と〈家ねこ〉を重ねて相対化する視点に立っている。

そこでは、人間から排除され、かといって野生に帰れず、人間社会から自立して生きることもできない野良の生活を背負い、〈のらねこ〉は〈リョウ〉から受けとった感触に「かわいがられる」ということばを重

ね、思いを巡らせている。前足にまだ残っている〈リョウ〉の手の感触、温もりに「かわいがられる」ということばを重ね、記憶にしみ込ませている一匹の野良猫がいる。

四　「愛の覚醒」、物語の深層を読む

1　『のらねこ』の物語と格闘する語り手

『のらねこ』の物語世界が抱え込んでいる欠如は、〈のらねこ〉の漠然とした心の充たされなさである。〈のらねこ〉は、なぜかさびしいのである。語り手はこの欠如感をまさぐるように語っていく。ユーモラスな会話を中心に〈のらねこ〉のさびしさの在りどころが次第につまびらかになっていく。これが『のらねこ』を語る語り手の自己表出、語り手の相克のベクトルである。

『のらねこ』の世界は三重奏の語りになっている。〈のらねこ〉に対する私たちの常識世界、〈リョウ〉のアニミズム世界、〈のらねこ〉の野良の世界の三重奏である。〈リョウ〉は、〈からす〉と〈家ねこ〉と自分を「三人」と呼ぶ。語り手は、その〈リョウ〉のアニミズム世界を批評するように、「一人と一ぴき」と三度語っている。「一人と一ぴき」は私たちの常識世界のことばである。そして、なぜか充たされない〈のらねこ〉の心の世界。この〈のらねこ〉の充たされない心をめぐって三つの世界が絡み合い抗《あらが》い合い語られる。三重奏の物語と、それを語る語り手の自己表出との格闘に童話『のらねこ』の意味世界が生まれる。

〈読み〉の構造とは読者が捉えたことばの仕組みであり、現象した〈本文〉(7)は読者が捉えた限りの物語世界である。思い込みの世界と言ってもいい。それは、「人物・もの・コト」の相関に読者それぞれが因果〈文脈〉を結び、読者それぞれに意味が生まれるからである。〈読み〉が思い込みとなることは逃れられない必然である。再読では、読者は自分の思い込みの〈本文〉に、「見えない《ホントウ》」を想定し己の〈文脈〉を掘り起こすのだ。

語りを読むことは「地の文」も「会話」も「心内語」も、語り手が語ったとすることだ。その語り手も読者に現象した語り手である。全ての叙述は、語り／語られた関係の中の「地の文」であり、「会話文」であり、「心内語」である。全ての叙述は語り手が「何を語ったか」と「なぜ、そう語ったか」の相関関係に変換される。つまり、叙述を落語家や講談師が語るように読者が読み換えているのである。

読書行為の世界は、「物語内部の関係様相の葛藤」と「語り手の自己表出」のせめぎ合いに生まれた〈他者〉との格闘を読むことにある。これが語りの〈読み〉のメカニズムである。

『のらねこ』の語り手は、〈リョウ〉との関わりで起こった〈のらねこ〉の「心のドラマ」を愛しみのまなざしでユーモラスに語っていく。

2　「愛の覚醒」、語りの深層を掘り起こす黒衣の語り手

のらねこという「?.」。私たちにとってのらねこは不可解という魅力をいつでも漂わせている。題名が『のらねこ』であることも首肯できる。教科書も連作短編集『ぽたぽた』も杉浦範茂が挿絵を描いているが、『のらねこ』の題名の下にはハテナマークが描かれている。これはよく見ると、上のフックのような形をした部分には耳が二つついており、丸まった猫の後ろ姿のようである。そして、下の点の部分は、逆さになったハートマークである。『のらねこ』って「?.」、「かわいがる（愛）」って「?.」、を思わせる。

終末の一文を読み終えたとき、読者は、「屋根の上で、のらねこは何を考えていたのだろう。」と、その語られなかった心情に思いをめぐらせたくなる。『のらねこ』にはそうしたことばの仕組みが仕掛けられている。小学校三年生での授業報告では次のような子どもたちの感想が綴《つづ》られている。（稿者の要約）(8)

＊リョウは変なやつだな。
＊えさをくれたあいつのことはおぼえておこう。
＊リョウの手はあたたかかったなあ。
＊家ねこはちょっとうらやましいなあ。
＊おれも楽して食べものがほしい。
＊あたたかいところでねたいなあ。
＊さびしいなあ。
＊ひとりぼっちはいやだなあ。
＊おれは自由に生きる方がいい。
＊人間のペットにはなりたくない。
＊おれはのらねこのほこりを持って生きるんだ。

これは、子どもたちが「私だったら」と自分を主人公〈のらねこ〉に重ねて想像した物語《ストーリー》の位相の心情理解である。〈のらねこ〉に自分を反映させた〈読み〉である。一方で、六年生では「かわいがられることの意味を知らなかったのらねこは、今、そのことをどう思っているのだろうか?」と考える子どももいる。(9)

語り手の位相に立つ〈読み〉である。三木卓『のらねこ』はそのことが語られている童話である。この〈のらねこ〉は人間に追い払われ、餌を漁り奪い合って生き残ってきた。「かわいがられる」ということばとは無縁のところで〈のらねこ〉は生きてきたのである。（遠くから餌をくれた人間はいたかもしれないが。）まして母に愛された記憶もない。〈のらねこ〉が人間の「かわいがる」ということばの意味に初めて出会った物語が童話『のらねこ』なのである。

田近洵一氏は「のらねこは、そこで、孤独ながら、個として自立した存在で在り続けるのである」とし、〈家ねこ〉の登場で疎外される〈のらねこ〉の孤独と自立を前景化した。さらに、その外部から〈のらねこ〉を包み込む作者の温かい愛情を読んでいる。[10] 疎外の物語を機能としての作者の愛のまなざしが包み込む物語世界である。

ただ、私は冒頭で「リョウの仲間のねこ」と語り、終末では〈リョウ〉に「からすと三人で遊ぼうか。」と言わせる〈リョウ〉の世界は、決してファミリー共同体だけのものではないと考える。〈からす〉も、〈家ねこ〉以外の〈ねこ〉も仲間なのである。そこには〈のらねこ〉を排除する思想は働いてはいない。〈リョウ〉はファミリーのエロスの愛に生きているのではなく、幼きアニミズム、アガペーの愛を生きている無垢《むく》な子どもである。〈リョウ〉は「のら」と名付ける私たち大人の制度にまだ染まっていない人間である。（ここで幼児であった『ぽたぽた』の主人公を、教科書の挿絵で小学生ふうにしたことの間違いが露見する。）

また、田近が言うように、これからものらねこは、「個として自立した存在で在り続け」なければならない宿命を生きるにしても、屋根の上での〈のらねこ〉の沈黙には、君臨してきた「野良の王国」の牙城が崩れていく兆し、愛への一筋の通路が見えないだろうか。それは〈リョウ〉と触れ合った感触に、「かわいがられる」ということばを重ねることだ。あたかも〈のらねこ〉の弱肉強食の荒涼とした心の世界に一陣の春風が渡っていく光景である。また、そのことはほんとうの孤独や寂しさへの目覚めでもある。世界そのものがもとより孤独であれば寂しいもない。〈のらねこ〉が「かわいがられる」ということを知らなかったということは、孤独も寂しさも知らなかったということである。愛があるからふるえるような孤独もある。愛と孤独はひとつのものであろう。屋根の上で〈リョウ〉たちをじっと見送る〈のらねこ〉に、心を震わせる「♥?」のドラマが巻き起こっている。『のらねこ』は心のドラマである。そして、ここから愛のリンゴを齧《かじ》ってしまった〈のらねこ〉のほんとうのひとりぼっちも始まろうとしている。

ことばが世界をつくっている。私たちの常識である「一人と一ぴき」が「一人と一ぴき」の排除の世界をつくっていき、〈リョウ〉の「三人」ということばが「三人」の世界を現象させる。幼き〈リョウ〉の無垢なことばが、読者を愛ということばの起源に立ち返らせ、そのまなざしが「一人と一ぴき」の制度のことばを削《そ》ぎ落とし、「そっと前足で前足の先をなでてあげます。／のらねこは、じっとしています。」を実現させたのである。

語り手は、「愛の《ホントウ》」を求めて、人間に心を委ねられない〈のらねこ〉の心の渇きを〈リョウ〉の幼きアニミズムで闘わせたのである。そこでは、〈のらねこ〉が人間に対するトラウマを超えて、未見の《愛》に触れた一瞬のドラマが生まれた。野良の世界に囚《とら》われている限り、生存さえ危うい孤独地獄を生きる〈のらねこ〉が愛の世界に出会うことはなかった。童話『のらねこ』は、アニミズムの世界で遊ぶ〈リョウ〉の詩のことばが〈のらねこ〉に愛を覚醒させた奇跡の物語である。「出来事のドラマ」の深層で起きた「心のドラマ」である。

注

（1）三木卓は「あとがき　作者からお母さんへ」でこう述べている。
しつけ好きの方のお母さんがいなくなったときのこどもの世界。こどもが、さまざまな束縛からのがれて、生きものの世界へもどり、ぼうっとぼんやりしたときによみがえってくる世界です。なつかしい、生きていることをしっかりと感じる世界です。

（2）『ひろがる言葉　小学国語　四上　教師用指導書』に、次のような記載がある。
教育的配慮から原作者と相談のうえ、次の傍線箇所を改めた。

「かあさんなんて、みたこともきいたこともない。」→「母さんなんて……。」

（3）千葉県習志野市の国語科研究校二校の雑談で稿者中村が聞いた話の紹介である。その根拠は、ストーリーの結末にあるようだ。屋根の上の〈のらねこ〉に差別の〈文脈〉を読んで主題を捉えるからであろう。文学教材の主題に学校教育の向日性を求めることから評判がよくないのではなかろうか。

（4）アニミズム的思考とは、J・ピアジェが子どもの思考の自己中心性の特徴として指摘した概念である。子どもは精神発達が未熟であるためものにはすべて生命があるとみなしてしまうところからこのような考え方が生起する。（『最新保育用語辞典』〈ミネルヴァ書房〉より）

（5）佐藤久美子「『のらねこ』（三木卓　教育出版　三年）の授業」（二〇一〇年四月「日文協国語教育部会」例会）。江戸川区立本一色小学校六年一組での授業実践の報告による。

（6）詩人の入沢康夫は、『詩の構造についての覚え書――ぼくの「詩作品入門」』（思潮社　一九六八）で詩の構造を「降霊の儀式」や「祭典」にたとえている。
発話された言葉から日常的論理を剝ぎ取り虚無にかぎりなく近づくと発話の文脈《コンテクスト》が破壊される。その《零度の詩句》の地点から再び言葉関係が再構成されていくのが入沢康夫の「詩の構造」である。この《零度の詩句》が深層への入り口となる。入沢は表層の言葉が《聖化》され、詩の言葉に再構成されると考えている。

（7）田中実氏は「読み手は文学作品の文章の字義を拾い、それぞれの体験、感受性、能力などに応じて内なる文脈を生成させるが、この読み手に現象した文脈（コンテクスト）を〈本文〉と呼ぶ。」と定義している。（田中実・須貝千里編『文学の力×教材の力　理論編』教育出版　二〇〇一）

（8）「ことばと教育の会」例会での、佐藤久美子氏と、世田谷区立九品仏小学校の阪田敦子氏の実践報告、および、習志野市立袖ヶ浦東小学校の相原友子氏、門間雅利氏の実践記録（二〇一〇年一一月）から、稿者中村がまとめた。

（9）（5）に同じ。

（10）田近洵一「三木卓『のらねこ』を読む　読みの学習のための覚え書きとして」（二〇一〇年四月「ことばと教育の会」例会）

実践への視点

文学作品の読み手を育てる。〈読み〉の学力はこの一言に尽きると私は考える。田近洵一氏の「教育において、文章を読むという行為の成立こそ、学びのきっかけであり、基礎であり、実は学びの行為そのものだからだ。」（『創造の〈読み〉新論――文学の〈読み〉の再生を求めて』東洋館出版社　二〇一三）が〈読み〉の第一の要諦である。

文学作品の〈読み〉の行為で出会う〈他者〉が、読者主体を己のことばを超えた世界に連れていく。作品に仕掛けられた〈他者〉（読み手の通念を超えた異質なるもの）そのものに〈読み〉の教育力があるからだ。作品に仕掛けられた〈他者〉との出会いが第二の要諦である。

では、どのように読めば、〈他者〉が顕現するのであろうか。「〈読み〉のメカニズム」が第三の要諦である。語られた物語（できごと）と、それを語る語り手の相克（闘い）を読んでいくのである。

童話『のらねこ』では、愛に飢えた〈のらねこ〉と幼きアニミズムを生きる〈リョウ〉の葛藤が語られている。語り手は〈のらねこ〉の心の飢えと闘っているのである。私は〈のらねこ〉と〈リョウ〉が互いに己のことばの制度を捨てなければ出会えなかったことが語られていると読んでいる。物語と語り手の相克のドラマはそこに向かっていると私には読めるのだ。〈読み〉は読み手に委ねられている。しかし、その〈読み〉の公共性は問われるだろう。しかし、「〈読み〉のメカニズム」が読者行為を成立させることが最も肝要である。

授業の展開——そのポイント

一次　ストーリーの読み——「語られた物語」を読む

出来事としての物語を読むことがストーリーの読みである。音読・黙読で読み込む。音読は読み聞かせるように、自分の〈読み〉を声で表現することを心がける。おおむね子どもがストーリーを読めた頃合いを見計らって初めの感想を書き、互いに読み合い追究課題を浮上させる。

二次　イメージ生成・意味形成の〈読み〉——「語り手がなぜそう語るのか」、語り手の格闘を読む

文章（叙述）でひっかかったことばに着目し、語り手はなぜそのように語るのかを考える。

・〈のらねこ〉は、なぜやってきたのか？
・〈リョウ〉と〈のらねこ〉のかけひきの意味？
・「かわいがられる」ってどういうこと？
・奇跡はなぜ起きたか？
・屋根の上で、〈のらねこ〉は何を考えているのだろう？

三次　作品論を書く——まとめ・物語世界をことばの起源から問う

学習のまとめの作品論を書くことは、読者が己のことばの制度を問題とし、ことばの起源に立ち返って物語世界を読み直すということだ。そこでは物語世界に読者の倫理が問われる。ことばの意味の《零度》から例えば読者が「愛とは何だったか」を『のらねこ』の物語世界で問うことである。〈読み〉の共同体である教室では、子どもたちは、まとめの『のらねこ』論を書く。互いの『のらねこ』論を読み合い、相互承認を求めて語り合う。

『おにたのぼうし』あまんきみこ　三省堂3年　教育出版3年

神になった鬼の子――消滅に求めた生の尊厳

牛山　恵

鬼の子ども「おにた」は、雪の降る節分の夜に忽然《こつぜん》と姿を消した。後に残ったのは、麦わらぼうしとまだ温かい黒い豆。「おにた」はなぜ、消えなければならなかったのか。豆まきがしたいと言う女の子の願いをかなえるために、自らを犠牲にして豆になったのか。

『おにたのぼうし』は、自己犠牲の物語であり、女の子への愛の物語である。語り手は、そうとしか生きられなかった「おにた」を語る。しかし、そこに悲壮感はない。消滅することに生の尊厳を求めた「おにた」の生き方は、いっそ潔いものではなかったか。

あまんきみこ

一九三一（昭和六）年に中国（旧満州）で生まれた。本名は阿萬紀美子。短編童話集『車のいろは空のいろ』（一九六八）で第一回日本児童文学者協会新人賞を受賞し、短編のファンタジー作家として知られるようになる。『名前を見てちょうだい』『ちいちゃんのかげおくり』『おはじきの木』など多数。

一　はじめに

あまんきみこ『おにたのぼうし』は、教育出版『ひろがる言葉　小学国語　三下』に収載されている教材である。出典は『おにたのぼうし』（ポプラ社　一九八二）で、一九八六（昭和六一）年度版より教材として収載されている。また、二〇一一（平成二三）年度版からは、三省堂『小学生の国語　三年』でも採録している。『おにたのぼうし』は、「おにた」という名を持つ鬼の子どもが、節分の夜に、豆まきをしたいと願う女の子の願いを聞き入れて黒い豆になって消えるというストーリーの物語である。絵本では一五場面構成となっているが、教材は六場面構成になっている。

『おにたのぼうし』は、これまで、田中実氏や佐藤学氏らによって論じられ、小学校教材であるにもかかわらず高校でも実践されたことがある。教材としては必ずしも教育出版のものが使用されるとは限らず、絵本や童話集収載のものが使用されることもある。教科書教材と原典との相違は、原典の「（にんげんっておかしいな。おにはわるいって、きめているんだから。おににも、いろいろあるのにな。にんげんも、いろいろいるみたいに。）」の傍線部分が、教材では削除されていることである。

二　鬼を追放する夜

『おにたのぼうし』の冒頭は「節分の夜のことです。」とある。物語は節分の夜に起きたことがわかる。節分といえば、今日でも年中行事の一つとして行われている豆まきがあげられるが、物語においても、まこと君による「元気」な豆まきが行われる。それが物語のプロローグである。そして、エピローグは、女の子による「とてもしずかな豆まき」で、静かに物語の幕を閉じる。節分の一夜の物語である。

節分は、季節を分かつということであり、寒さの中に身を潜めていた冬の暮らしを終えて、新しい命の萌《も》え出る春を迎えるということである。立春の前日に、人は豆をまいて、冬とともに邪気を払うため、鬼やらいという行事を行う。「福は内、鬼は外」と言っては豆をまくのだが、鬼にとっては、年に一度の受難の日である。

人は、日常の暮らしの中ではほとんど鬼を意識しないが、この日ばかりはその存在を思い出し、鬼を恐れ、追放するのである。年に一度、人は伝承の鬼を現実の世界に呼び起こし、福を招き入れる一方で、鬼を邪悪なものとして追い払う。

鬼は、もちろん想像上の生き物であるが、古来より伝承や民間信仰の中に生き、人力の及ばない怪力や魔力を持つものとして恐れられてきた。仏教では地獄を支配するものとして、赤鬼や青鬼が地獄絵図などに描かれ、人々を戦慄《せんりつ》させてきた。近年では、戦時中に鬼畜などといって、敵国を鬼にたとえたりもした。人は、恐ろしいもの、憎いもの、得体の知れないものを、形あるものとして造形し鬼と呼んできた。つまり、恐怖や不安や憎悪を鬼という形に可視化して、見てとることで感情の安定をはかってきたのだろう。そういう意味では、鬼は人の暮らしと共にあったのである。伝承の鬼は忌むべきもの、排除すべきものとして暮らしの中に埋もれ、節分の夜に息を吹き返し、追放されるのであった。

物語の設定が節分の夜であるということは、鬼の追放のドラマが展開される夜であるということだ。作品の基調となっているのは伝承されてきた鬼の追放である。

三　「おにた」という存在

おにたは「小さな黒おにの子供」である。人ではない。鬼である。しかし、おにたという固有名詞を持つ。人と同じように、名前を持っている鬼の子どもである。人は、鬼を鬼という普通名詞で総称的に認識するが、おにたは固有名詞を持つことで、個として自立する。しかし、物語の中で、だれもおにたの名前を知らないし、そもそも人は鬼に個別性を認めることはない。そういう意味では、おにたがいくら「おににも、いろいろあるのにな。」と言っても、物置小屋の天井に隠れ住む見えない存在として、ペットの犬や猫に比すべくもなく、人からは認められない。

おにたは、鬼であるから、人にはない魔力を持つ。実際、女の子のために、どこからか赤ごはんと煮豆を用意する力を持っている。しかしながら、住むところは物置小屋の天井である。この物語において、鬼は、伝承の鬼のように、その怪力や魔力のために恐れられる存在ではない。おにたは、ねずみのように天井に身を潜め、人間の住まいに寄生している卑小な存在である。

おにたはまこと君の家の「物置小屋のてんじょうに、去年の春から」住んでいると語られる。このことは、おにたはおそらく前年の節分の後に、まこと君の家に住み着いたのであろうことを意味し、おにたにとって、人に追われる経験は初めてではないことが推察される。子どもながらに節分の夜ごとに住みかを替える経験を持ち、追われるつらさは身にしみているはずである。おにたにとって、年に一度の追放の夜は、おのれの宿命を思い知らされる日であり、その宿命の不条理に、幼いながら疑問を持ち、抗議を感じずにはいられない日だったのではないか。

作者のあまんきみこは、絵本の「おわりに」で、次のように言う。

ところで、文明の発達とともに、オニの魔力威力も、地におちました。どうも、このごろのオニは、帽子をかぶりたがっている気がします。そして、トラの皮をまとった自らの姿をはじて、オニオコゼどころか、雲霧四散したがっているようにさえ思われてきました。

ここにおにたが生まれる所以《ゆえん》がある。あまんの言葉を引くまでもなく、おにたは「このごろの」すなわち、現代の鬼である。魔力威力は持っているものの、もはや伝承の鬼のように強力ではなく、人に寄生し、帽子をかぶり、トラの皮をまとった姿を見られることを恐れる。そして、最後には雲霧四散してしまうのである。おにたの住みかが「物置小屋のてんじょう」と語られたとき、おにたは伝承の鬼の姿を失う。人に知られないように姿を隠し、それでいて人に寄生し、人のために役立つことを願い、固有名詞を持ち、「人間っておかしいな。」と悩む現代の鬼として浮上するのである。

おにたは、「気のいい」「はずかしがり屋」という性質を持ち、そのことの表れとして、ビー玉を拾ったり、干し物を取り込んだり、靴を磨いたりしている。しかし、それがおにたの行為だとはだれも気づかない。それは、おにたが「はずかしがり屋」で「とても用心していたから」と語られるが、もし、「はずかしがり屋」でなければ、「用心してい」なければ、だれかがおにたの行為と認めたであろうか。人がその存在を認め、「おにた」と呼びかけ、暮らしを共にすることがかなったであろうか。おにたの行為は、おにたの性格や感情とは関わりなく、人に認められるはずのものではなかった。隠れ住む宿命のおにたの行為は、人に認められることのない独りよがりに過ぎない。

それでも、「気のいい」おにたは人に関わる行為を続ける。「なくしたビー玉」や「にわか雨」という日常の小さな困りごとに対して、黙って見過ごすことができないからである。言ってみればおにたの献身性から出たもので、「お父さんのくつ」みがきもおにたの好意の表れである。これらの行為を、おにたの孤独ゆえ、人間との関わりを求めるゆえと読むこともできる。田中実氏は「『おにた』はひとりぼっちで寂しかったから、人間に一種のアピールをしている(1)」と読む。確かに、「ひとりぼっちで寂しかった」ではあろうが、おにたはそれほど深刻に孤独の淵に沈んでいるわけではない。おにたは、鬼は人間の家の天井の隅で一人で生きるという宿命を受け入れている。ただ、「おには悪い」ということを否定したい、自分は悪い鬼ではない、いい鬼でいつづけたいという単純な思いから、人の役に立つ行為にいそしむのではないだろうか。

「〈おにた〉は人間になりたかった黒鬼(2)」と中村龍一氏は読む。しかし、おにたは鬼として生きているし、人間に理解を求めているものの、人間になりたいという願いを示したことはない。むしろ、鬼としての尊厳を主張しているとさえ見える。おにたは隠れ住みながら、自信をもってその宿命に生きている存在である。おにたを哀れに思う読みが、おにたのアイデンティティーを見えなくしてしまうことは避けたい。あまんきみこは、前掲「おわりに」で「自らの姿をはじて」と述べているが、おにたは作者のことばを裏切って、鬼であるという宿命を受け入れ、外に出るとき以外は鬼の姿でいることを決してはじてはいない。そう描かれてはいないだろうか。

　おにたには角がある。それこそが鬼の象徴である。姿や顔かたちが人と同じであっても、決定的な違いが角である。角のある姿は人にとって異形である。理解を超えた怪異の存在である。鬼に人力を超えた魔力がなかったとしても、異形は人を恐怖させる。人が鬼を邪悪なものとして追い払うのは、鬼の怪異を恐れるからである。おにたは「人間っておかしいな。おには悪いって、決めているんだから。」と嘆くが、実際には

「人間」は幼いおにたの理解を越えている。人には鬼と向き合ってきた歴史があり、単純に「おには悪い」と決めつけているわけではない。人が文化として積み上げてきた「鬼像」や「鬼観」は、鬼を善悪で判断して「悪い」としたものではなく、鬼を恐れ避けてきたところに生まれたものである。その認識が壊されない限り、おにたが鬼である限り、人は、おにたを一人の愛すべき存在として認識することはできない。「おににも、いろいろあるのにな。」というおにたの自意識とは隔たったところに、人の鬼に対する認識はある。

しかし、おにたも角を意識している。普段はかぶっていないぼうしを、物置小屋を出るときにはかぶるのである。季節外れの麦わらぼうしは、おにたの唯一の持ち物である。おにたの日常をうかがい知ることはできないが、節分の夜に雪の町へ出て行くのに、使い古した麦わらぼうしで角を隠す、その無防備な姿に、おにたの孤立が見える。彼は、守ってくれるものを持たないばかりか、身を守るすべさえ教えられていない。「おににも、いろいろあるのにな。」と嘆きつつ、「カサッとも音をたてないで」、存在をそっくり消し去ってしまうように、雪の中へ出ていくのである。

四　姿現し

住みかを追われたおにたは、雪の中を裸足でさまよう。（絵本では大きな麦わら帽子をかぶったおにたは裸である。）おにたにとって寒さは問題ではなく、鬼やらいの豆とひいらぎの葉が決定的に彼を阻む。どこの家でも節分の行事を行っている中、「小さな橋をわたった所」の「トタン屋根の家」はその気配をさせていない。鬼を追放する年中行事に参加しない、いや参加できない、表面上は文化共同体から外れた家である。しかし、それはおにたにとっては都合がいいわけで、おにたは「どこから入ろうかと、きょろきょろ見回し」、ドアが開くと「すばやく、家の横にかくれ」、「今のうちだ。」と「そろりとうちの中に入」るのである。まるで盗人かねずみやゴキブリのように、忍び込むのである。そして、「てんじょうのはりの上に、ねずみのようにかくれ」る。おにたは、人家に隠れ住むことが宿命なのだ。追われても追われても、住むことができる人家を探して、そこに隠れ住まなければならない。鬼であるという宿命、人家に隠れ住むという宿命。おにたは、人に恐れられ追われる存在でありながら人の家に住まなければならないという、矛盾した宿命を生きている。

　読み手は、ここまで落ちぶれた鬼に心を痛めずにはいられない。鬼の強さを知る読み手は、人に脅威を与えないどころか、雪の中に裸足の足跡を残してさまよい、忍び込める家を探し、「ねずみのようにかくれ」る姿に、鬼のイメージががらがらと崩れていく思いをすることだろう。まして、おにたは幼く、人の役に立つ行為にいそしむ存在である。おにたは、伝承の鬼の勇猛さも怪異もはぎとられ、人に避けられ追放される要素だけが残った悲しい宿命の鬼である。まるで無力で無垢《むく》な少年を見るようで、そのいたいけさに哀切の情を感じるのである。だが、おにたに人間を見てはならない。おにたは鬼である以上、鬼として生きるほかないのである。おにたは人間になりたがっているのではない。あくまで鬼として生きようとしている。しかし、そのことは、人から受け入れられないことを意味するのである。

　おにたは、天井のはりから、寝ている母親と女の子を見る。おにたは、女の子の名前を知らない。語り手は名前を明かさない。女の子は母親の「おなかがすいたでしょう?」という問いかけに、「はっとしたようにくちびるをかみ」ながら「顔を横にふり」「いいえ、すいてないわ。」と応える。女の子は空腹である。何も食べてはいない。しかし、そのことを病気の母親に告げることはできない。そこで「知らない男の子が、持ってきてくれたの。あったかい赤ごはんと、うぐいす豆よ。今日は節分でしょう。だから、ごちそうがあまったって。」と嘘《うそ》の物語をする。病気の母親はその嘘に気づかぬまま、安心して眠りにつく。女の子は母親に気づかれなかった安堵と、空腹のために「フーッと長いため息をつ」く。それを見たおにたは、「背中がむずむずするようで、じっとしていられなくな」る。母親を思って悲しい嘘をつく女の子に深い同情を覚えたのである。おにたが見た台所は、女の子の話が嘘であることを証明するように、食べ物の影さえない。この時、おにたは、女の子に「あのちび」という呼び名を与える。自分の保護を必要としている、力なき存在として、まるで妹か何かのように親しく「あのちび」と呼ぶのである。

ねずみのように隠れ住むおにたに大きな転機が訪れた。おにたは信じたのである。今、自分の目の前にいる女の子は、自分を必要としているに違いないと。「気のいい」おにたは、空腹を抱えたかわいそうな女の子を見過ごすことができなかった。それ以上に、母親に嘘をつかなければならない女の子に深く同情を寄せた。それまでのおにたは、自分の存在を知られぬように人のためになることをやっていた。それは、人に知られずとも、鬼としていい行いをするというおにたの信条であった。しかし、空腹の極地にいる「あのちび」は、助けなければならない存在として、おにたの献身を必要としていた。そこで、おにたは、この時とばかり、鬼の魔力を発揮して、女の子の嘘を本当に変えることにする。それが、おにたの誠心誠意を尽くした献身の愛であった。

女の子を救うという使命を自らに課したおにたは、その使命に邁進《まいしん》した。ビー玉拾いや干し物取り込みや靴磨きなどのささやかな行為ではない。「あのちび」を救うという、いい鬼にしかできない大きな使命なのだ。だからおにたは、ためらわずにドアをノックする。おにたに「姿現し」へのためらいはない。しかし、角を見せるということへの恐れをぬぐうことはできなかった。そこで「雪まみれの麦わらぼうしを深くかぶっ」て、「ふきんをかけたおぼんのような物」を持って、女の子の前に立つ。おにたは人に姿を見せた。しかし、麦わらぼうしは、おにたを鬼であることから隠した。おにたは人間になりたかったわけでも、鬼であることを卑下しているわけでもない。しかし、麦わら帽子を脱ぐことはできない。「姿現し」はしても、鬼の姿をさらすことはできないのだ。鬼であることは人とは相容れない宿命であることをおにたは自覚している。「あのちび」と呼んだ女の子のそばにいて、女の子と話をすることができる。それはとりもなおさず、おにたが人のためにいい行いをしたことを、人に認めてもらえる瞬間だった。だが、それはおにたが人になりすましているからこそである。いい行いは伝わっても、いい鬼として理解してもらえるわけではないのだ。人になりすまして、女の子を偽って、虚偽をまとった行為であったが、おにたはこの献身に至福の時をもつ。「あのちび」のためにごちそうを用意するくらい、魔力のあるおにたにとって難しいことではない。女の子の笑顔とともに、物語が閉じていくのであれば、鬼という真実を隠蔽して成り立った献身であったとしても、女の子の「にこっとわら」った顔に、おにたは幸福の絶頂を感じたに違いない。しかし、真実を隠蔽したことの代償は小さなものではなかった。

五　残された麦わらぼうし

おにたによって空腹を満たされた女の子は、突然、「あたしも、豆まき、したいなあ。」と言う。女の子も、やはり文化共同体の一員なのである。貧しさと母親の病気ゆえに豆まきという年中行事に参加できなかったが、食べることがかなったことで、豆まきへと要求が高まったのである。そのことに、おにたは「とび上が」るほど動揺する。彼は共同体の外の存在であり、その共同体こそ、彼を排除する制度なのだ。一瞬のうちに至福の時は終わり、おにたは暗黒へと突き落とされる。そういうおにたに追い打ちをかけるように、女の子は「だって、おにが来れば、きっと、お母さんの病気が悪くなるわ。」と言う。おにたは女の子との間に生まれた至福の関係が自分勝手な幻想だったことを思い知らされるのである。

女の子は、おにたが鬼であることを知らない。人間の男の子と思って接している。女の子は虚偽のおにたに向き合っている。おにたは角隠しの麦わらぼうしがなければ、男の子にはなれない。鬼なのである。幻想は消え、おにたは鬼としての宿命を突きつけられる。「おにたは、手をだらんと下げて、ふるふるっと、悲しそうに身ぶるい」する。おにたの絶望。どうあがいてみても、おにたという存在が認められることはない。「おにだって、いろいろあるのに。おにだって……。」と言ってみても、その声はだれにも届かない。最期の声さえ、聞く者はいなかったのである。

おにたは「おににも、いろいろあるのにな。」「おにだって、いろいろあるのに。」と主張する。おにたという名前を持って鬼を生きているおにたにとって、鬼は個別の人格を持った存在として自覚されている。自分は、人にとって、恐れられ追い払われるような鬼ではないという自負もある。しかし、それは人の認識とは違う。人にとっての鬼は、おにたのような人のためになることを喜んで行う鬼ではない。おにたはそのことを知りながら、そのことに深く傷ついている。「おにだって、いろいろあるのに。」という言葉の空しさを知りつつ、おにたはそうつぶやかないではいられない。

だが、嘆きつつもおにたは、豆まきがしたいという女の子の願いに殉じる。おにたは消え、「あとには、あの麦わらぼうしだけが、ぽつんとのこってい」る。鬼であることを隠す偽装の装置であった麦わらぼうしの下には、あたたかい黒い豆がある。節分の豆は黒ではない。黒いのは、おにたの変身を語る。おにたは

「雲霧四散」して黒い豆になり、女の子はおにたの豆で鬼を追放する豆まきをする。おにたは、自分で自分を追放するという非情の運命を生きることになる。

　おにたは、「あのちび」に献身の愛を捧げる決心をした。「おにだって、いろいろある」ことを自ら証明すべく、いい鬼であることを貫くべく、女の子の願いに殉じる道を選んだ。鬼を追放する豆に変身し、自分で自分を追い払うという自己矛盾に身を捧げ、消滅したのである。ひたすら母親の回復を思い、母親のために豆をまきたいという女の子の願いをかなえることに、おにたは自己存在の意味を見出し、献身したのである。おにたは、鬼の魔力を使って豆に姿を変え、自らを追放することで、逆説ながら鬼として生きたとは言えないだろうか。田中実氏が述べるように「決して『おにた』は犠牲や献身を望んではいなかった[3]」のである。しかし、「急に」いなくなったおにたに、豆になることへのためらいはなかったであろう。献身こそが、自己を自己として燃焼させる唯一の道であると、幼いおにたは考え、そこに生きる道を見いだしたのではないだろうか。

　おにたは消滅し、麦わらぼうしが残った。鎌田均氏は、「消えた『おにた』にとってはきっと帽子も一緒に消えるものと信じて疑わなかったのではないか。帽子は『おにた』にとって自己と一体化したものであった[4]。」と読む。帽子はおにたと一体化したものではない。むしろ異物である。自分の真実の姿を偽装するための装置である。だから残されたのだ。田近洵一氏は、「『麦わらぼうしだけがのこっていたということ』は、おにたが『麦わらぼうし』を残したということであり、自分を隠すものを捨てたということである。それは、自分を隠す必要がなくなったということであり、人の目をごまかさなくなったということである[5]。」と読む。おにたが女の子の元に、麦わらぼうしをあえて残したとは思わないが、自分を隠す必要がなくなったということは同感である。消滅するおにたに、もはや、角を隠す帽子は不要なのだ。しかしなにより、麦わらぼうしは、おにたの真実の姿を偽装する装置であり、献身に生きるおにたとともに昇華することができなかったのだと筆者は読む。

田中氏は、帽子について次のように述べる。

ぼうしをとること、それを幼くとも女の子に示すことが必須だった。もちろんそうしたとしても、女の子は必ずしもその「おにた」の気持ちを受け入れてくれたりはしない。彼女にとって今大切なことはお母さんの病気、お母さんの体のことだから。だがその女の子も、もし「おにた」が勇気をもって自分自身を現すことができたなら、「おにた」という人物を認め、理解しただろう。(6)

鬼という宿命を生き、それが人に理解されないことを嘆き続けてきたおにたにとって、なんという厳しい提言であろう。角を見せるということは、鬼であるという宿命をさらけ出すということである。その勇気がおにたにあれば、と筆者も思う。宿命と向き合い、宿命を超えて生きる道はそこにしかない。しかし、そのことでおにたが女の子に理解されると考えるのは、あまりにも楽観的だ。たとえば、そうして女の子とおにたは仲よく暮らしたとさというハッピーエンドになれば、勇気を出した鬼の子どもの話となるだろうが、語り手はおにたをそこにとどめることはしなかった。おにたはあくまで、鬼として生きた。それしか許されなかったからだ。

女の子は「さっきの子は、きっと神様だわ。そうよ、神様よ……。」と考える。願いがかなった不思議を、幼い知識で神の行為と見たのである。女の子は意識していないが、このことばはおにたへの鎮魂のことばである。人から恐れられ、追い払われる鬼の子どもが、神になったのである。おにたの自己犠牲は、女の子の神になるということで昇華されたのである。おにたは神になりたかったわけではない。最期の「おにだって、いろいろあるのに。」ということばにすべてをかけておのれを生きたのである。自分の考える、あるべき鬼の姿を生きたのである。悲劇的な最期ではあるが、ここに天井の隅に隠れ住むねずみのような卑小さはない。何の見返りも求めずに、「だから、お母さんだって、もうすぐよくなるわ。」という希望を女の子に与えた。おにたの生は潔く完結したのではないだろうか。

六　鎮魂の祈りを語る語り手

節分の夜に豆まきの声がしたのはいつ頃までだったか。地方では豆まきの行事が残されているのかもしれないが、高層ビルの建ち並ぶ都会では、豆まきの声どころか人間の声さえ響いてはこない。『おにたのぼうし』は、豆まきの声を失った現代を歴史的に照射してみせる。もはや人間の住居から、伝承の鬼たちは追放され尽くしたのだろう。あるいは、生きにくい時代に絶望して、雲霧四散していったのかもしれない。おにたは、その献身の愛ゆえに、悲劇の物語を留めたが、名も知らぬ多くの鬼は、豆まきの記憶さえ残すことなく消えていったのである。鬼が人間の家に隠れ住む世界では、既に鬼はその尊厳を奪われている。語り手はそのような世界を物語の現在として語る。しかしながら、隠れ住む卑小な存在となった鬼の子どもに、「人間っておかしいな。」と人間を批評する知恵や「おににも、いろいろあるのにな。」という自負を見ている。そういう鬼の子どもが、人間と折り合いをつけながら生き延びていくことの困難さを、豆まきに追われる節分の夜の姿の上に象徴的に語っている。人間に見られずに同居することが鬼の宿命なら、人間に関わり人間に理解を求めるおにたは宿命から逸脱して生きようとする者である。決して対等ではない人間との関係だが、その関係をおにたの側から越境しようとすることは滅亡を予感させるものだ。

語り手は、女の子に愛情を感じてその願いをかなえるべく豆になった、鬼の子どもの献身の愛を語りながら、宿命を超えて生きる、そういう生と死を肯定的に語っているのだ。

物語は、「とてもしずかな豆まきでした。」で閉じる。成田信子氏は「女の子のあずかり知らないところで進行し、終わったおにたの物語に出会えないまま、女の子がお母さんのためにしずかに豆まきをしていることの事態に対する批評性である。(7)」と述べ、語り手の批評性を見ている。確かに、女の子は「おにたの物語に出会え」なかった。真実を何も知らないまま、神様と出会った。それが女の子の物語である。結末は女の子の豆まきで、これはひたすらに母親の回復を祈る祈りの豆まきである。鬼や福の神は姿を消し、ただ神様だけが女の子の祈りの対象となる。語り手は、出会えないままに終わったおにたと女の子の物語を受け入れる。そして、女の子の「さっきの子は、きっと神様だわ。そうよ、神様よ……。」という心の声を語るのである。おにたは自己犠牲の感傷を拒絶して生きた。そうであるからこそ、消滅することで、女の子の心に絶対的信頼の対象である「神様」となって生きるのである。

結末で、語り手はおにたを語らない。女の子の祈りと希望を語る。「おにだって、いろいろあるのに。」というおにたの思いは「氷がとけたように」昇華したのだ。「とてもしずかな豆まきでした。」と語ることばの向こうには、消滅していったおにたへの鎮魂の祈りを見ることができる。語り手は、自らを消滅させて、女の子の願いに殉じたおにたの生に、女の子に対する献身の愛と共に、「いろいろあるおに」を命をかけて体現した、おにたの生きることの尊厳を語ったのだった。

注

（1）田中実「メタプロットを探る『読み方・読まれ方』――『おにたのぼうし』を『ごんぎつね』と対照しながら――」（田中実・須貝千里編『文学の力×教材の力　小学校編三年』教育出版　二〇〇一）

（2）中村龍一「『私』を問うこと、それは思い入れの〈読み〉から始まる――読書行為論の新しい地平をめざして――」（『日文協国語教育』二〇〇四・五）

（3）（1）に同じ。

（4）鎌田均「『読み』のベクトル――『おにたのぼうし』の場合――」（『日本文学』二〇〇三・三）

（5）田近洵一氏が二〇〇八年三月十日に江戸川区立本一色小学校において配布したレジュメより

（6）（1）に同じ。

（7）成田信子「新しい文学教育の地平――実践への『水路』――」（『日文協国語教育』二〇〇四・五）

実践への視点

1 物語の設定を読む

①ファンタジーとして読む

ファンタジーは、現実世界には存在しない生き物が登場したり、現実世界では起こりえない出来事が起こったりする世界である。『おにたのぼうし』には鬼の子どもが登場し、不思議な力を発揮する。そのことを受けとめて読む必要がある。

②時空の設定を読む

物語に根拠を与えることの一つが、時空の設定である。『おにたのぼうし』の場合は、鬼が追いやられる「節分の夜」の出来事であることを、読みの前提として押さえなければならない。

2 登場人物を読む

①おにたの人物像を読む

おにたが、どのような人物として造形されているか、性格や持っている力や宿命などをとらえることが大事である。特に、おにたの言動が「おににも、いろいろあるのにな。」という思いに裏付けされていることを明確にすることが、読みを深めることになる。

3 作品の構造を読む

①物語の発端と結末を関係づけて読む

節分の夜に住みかを追われたおにたが、ようやく見つけた居場所は、貧しい病気の母親と少女の住まいである。しかし、そこはおにたの居場所となることはなく、おにたは消滅する。

②人物と人物を関係づけて読む

おにたの消滅は、無邪気で純粋な少女との関係で起きることである。おにたが自ら消滅を選択したことをどのように読むか、そこが作品の本質をとらえることになる。

4 語りを読む

語り手は、どのような思いでこの物語を語ったのか考える。

授業の展開——そのポイント

一次　ストーリーの把握と初発の感想
・印象に残った言葉や文を確認し、感想を書いて交流する。
・物語の展開をまとめ、読みのめあてを持つ。

二次　場面の読み
・おにたはどんな鬼であるか、「ぼうし」にどんな意味があるかを読む。
・おにたの女の子に対する心情を読み取る。

三次　まとめ読み——再読
・おにたが消えた理由について話し合う。
・残された麦わら帽子と題名について話し合う。
・「おににも、いろいろあるのにな。」と言ったおにたのことばの意味について考える。
・語り手の思いについて考える。

『大造じいさんとがん』椋鳩十　東京書籍5年　学校図書5年　三省堂5年　光村図書5年　教育出版5年

人間の側の物語として読む

木下ひさし

これは大造じいさんという人間の物語である。残雪というもう一方の主人公ともいえる「人物」も登場してくるが、あくまで野生の存在としてえがかれている。その「野生」がこの作品のおもしろさの中心だともいえよう。しかし、それとて大造じいさんという人間とのかかわりがあってこそなのである。

大造じいさんという人間と本能のままに生きる残雪という鳥。このかかわりから見えてくる人間の生き方。日本が敗戦というゴールを見ずに戦いに突き進んでいった時代に書かれた作品の意味をもう一度読み直してみたい。

椋　鳩十

一九〇五（明治三八）～一九八七（昭和六二）。小説家。長野県生まれ。教員、図書館長も務める。読書運動にも参加。山窩《さんか》小説からスタートし、やがて動物小説へと移った。主な作品に『月の輪熊』『片耳の大鹿』『大空に生きる』『孤島の野犬』『マヤの一生』がある。

一　はじめに――異なったテキストの存在

二〇一一（平成二三）年度より使用されている教科書において全五社採録した『大造じいさんとがん』は、教科書掲載文学教材として見るならば特異な存在である。掲載されているそれぞれを比較してみれば一目瞭然であるが、漢字表記以外の本文の異同が目立つのである。大きくは二つ。一つは、文体の異なり。常体と敬体による二つの本文が存在する。もう一つは「前書き」の有無である。(1)

出典（底本）の異なりに拠《よ》るものだが、本文批評の進んだ現在では珍しいことといわざるをえない。それぞれの編集担当者にそれぞれの主張があるわけだが、結果として、現象として、異なった作品が掲載されているといってもよいだろう。

こうなるに至った経過については、関口安義氏(2)や田中実氏(3)の論に詳しい。また、作者自身の曖昧な態度も結果的には複数の本文の存在を招くに至ったようだ。

『大造じいさんとがん』を一つの「作品」と見なして読むならば、どのテキストをいわゆる決定稿とするかは大きな問題となる。だが、結局のところ新資料が出てこない限り、作品を読み比べることのできた読み手が、自己の「読み」にいちばん合致するテキストをその読み手にとっての決定稿としていくしかないだろう。比較論議そのものが不毛であり、それならば異なるテキストの比較そのものを学習課題にという鶴田清司氏(4)のような提案もあるが、それもまたテキストにどう対するかという姿勢の範囲内のことである。

いずれの立場をとるにせよ、「作品」ととらえた場合、設定やストーリー、そして語句そのものの異同はないものの、文体そしてなにより「前書き」の有無は、読みに大きな影響を与える。これは教材として子どもが読む場合も同様である。だが、現実問題として、複数のテキストを教科書の読み手である子どもたちが比較することは稀《まれ》だろう。つまり、子どもたちの目前にあるテキストが子どもたちにとっての『大造じいさんとがん』なのである。

もう一つ、この作品の特異さがある。佐野正俊氏(5)の指摘によるものだが、戦時中に戦意高揚を目的としている雑誌『少年倶楽部』に発表された作品が、戦後脈々と現在もなお教材として採録されているということである。それゆえ、教科書に採録すること自体を問題視する千田洋幸氏(6)のような意見も出てくる。

本稿では、以下、初出形を出典（底本）とする教育出版掲載本文をもとにしながら、各種のテキストの共通項ともいえるストーリーやプロットを中心に読み進め、その教材価値を探ってみたい。

二　鳥と人との物語

この物語を初めて読んだとき、ある違和感、というか中途半端さを持った記憶がある。『ごんぎつね』のように、登場する動物が虚構のなかで人間のような言動をとるわけでもない。かといって動物の生態に即した自然動物社会の物語でもない。野性の鳥と人間の「交流」の物語なのだ。それも例えば飼い犬と飼い主との心温まる話ではない。まるで意志を持つごとく、いや持たされてしまっている動物（鳥）と人間の物語になっており、そこに虚構としての中途半端さを感じたのである。

だが、考えてみればその「中途半端さ」こそが、この物語を成立させているとも言えるのだ。残雪が「ごん」のように話したり考えたりしたらどうなるだろうか。語り手が残雪の心情まで入り込んでしまったらどうだろうか。残雪と名づけられてはいるものの、あくまで自然の雁が雁として行動し、それに人間であるところの大造じいさんがかかわっていくから、この物語は緊迫感をもった物語として読み手の前に立ち表れてくるのである。決して中途半端なのではない。残雪は残雪としての、大造じいさんは大造じいさんとしての明確な存在が物語を支えている。しかし、残雪は人間的な主体性を備えているわけではない。この作品の題名は『大造じいさんとがん』である。『大造じいさんと残雪』ではない。なぜ「残雪」ではなく「がん」なのか。残雪はあくまでも鳥の種としての雁の残雪なのである。その残雪に向かって、人としての大造じいさんが半ば自己中心的にかかわっていくのである。

物語の最後。自分の元で傷を癒やした残雪を大造じいさんは解放する。「また、堂々と戦おうじゃあないか。」と呼びかけながら。この呼びかけを、そもそも力の差のある鳥と人間である、その人間が鳥に向かって堂々もなにもないだろうと冷めてとらえることもできよう。だが、ここでは、「大造」という一人の狩人の、自分がかかわった他者、あるいは自分を変容させた相手に対しての心からの呼びかけとしてとらえるべきなのだ。

三　残雪の物語

「今年も、残雪は、がんの群れを率いて、沼地にやってきた。」と、「前書き」のないテキストの場合、物語はここから始まる。「今年も」であるから、当然今年が初めてではない。やってくるのが、ではなく、「群れを率いて」やってくるのが、である。そして、残雪という名の由来を語り手は語る。「残雪」と名づけたのは「かりゅうどたち」らしい。当の残雪は残雪と呼ばれていることなどもとより知りはしない。だが、名づけられることによって、一羽の雁は擬人化される。読み手からすれば登場人物となる。

その残雪は、「頭領」で「なかなかりこうなやつ」で、銃の届くところまで人間を、つまり狩人を「寄せつけなかった」狩人泣かせの雁である。[7] 冒頭でこのように語ったあと、語りは大造じいさんに沿うようになる。大造じいさん、あるいはそれに近いところから語るのである。つりばりを使った作戦が失敗したあと、「これもあの残雪が仲間を指導してやったにちがいない。」とあるが、この表現などは、常体テキストの場合は特に、大造じいさんの心内語に近くなる。一方、残雪はますます第三者的な登場人物すなわち大造じいさんの「敵」としての存在感を増す。

「その翌年も、残雪は、大群を率いてやってきた。」と、翌年は、大群を率いてやってくる残雪。大群とあるからある意味で挑発的でさえある。対して、えさをばらまきおびき寄せ、小屋の中で銃を構える大造じいさん。だが、残雪は、「油断なく地上を見下ろしながら、群れを率い、」ふと、「昨日までなかった小さな小屋」をみとめ、大造じいさんには近寄らなかった。「またしても、残雪のためにしてやられた」のであった。「かれの本能は、そう感じたらしい」と、残雪の主体的な行動のようにここは語られているのだが、結果的にやられてしまった大造じいさんが残雪の行動をそうとらえたのだとも読み取れる。

そして、「今年もまた、ぼつぼつ、例の沼地にがんの来る季節になった。」と、第三場面は始まる。ここでは残雪ではなく「がん」と語られている。残雪はまだ来ていないのである。残雪グループ以外の群れも来るのだろうか。おとりのがんを大造じいさんが放したあと、残雪は「いつものように、群れの先頭に立って」やってきたのである。そして、はやぶさの急襲。大造じいさんのおとりのがんを助けようとする残雪。ここぞとばかりに残雪を狙う大造じいさん。

「残雪の目には、人間もはやぶさもなかった。ただ、救わねばならぬ仲間のすがたがあるだけだった。」と、ここから語りの視点は残雪に近づく。物理的にも心理的にも大造じいさんから離れていくのだろうか。「敵」に「ぶつかって」いき、「力いっぱい相手をなぐりつけ」る残雪は、ここではもはや鳥ではない。語り手からも大造じいさんからも、そして読み手からも見えるのは、必死に戦う登場人物である。

戦いで傷ついた残雪に大造じいさんは「かけつけ」ていく。残雪は、大造じいさんを「第二のおそろしい敵」と感じ、「正面からにらみ」つける。「じたばたさわが」ず大造じいさんに抱かれただろう残雪。

「最期の時を感じて、せめて頭領としてのいげんをきずつけまいと、努力しているようでもあった。」と、こう語られる残雪。これは、大造じいさんから見た残雪の姿でもある。その残雪の姿は、仲間のために自らを犠牲にするあるべき「英雄」の姿だろうか。

やがて、冬を越し、大造じいさんに見守られながら北へ飛び去っていく。残雪の行動は、自由となった鳥としてあくまで自然である。いや、「バシッ！」という羽音は、あくまでもかかわりあおうとする大造じいさんを拒絶する音のようにも聞こえる。そんな残雪に大造じいさんは朗々と呼びかけるのである。

四　大造じいさんの物語

このように残雪に焦点を当ててみると、残雪の物語の多くは大造じいさんによる物語であるとわかる。

1　狩人としての大造じいさん

大造じいさんは狩人である。とはどこにも書かれていないが、「この沼地をかり場にしていた」とある。雁を専門に獲《と》っていたのかどうか、そういう狩人がいたのかどうかはわからないが、狩りの邪魔をする残雪を「いまいましく」思ってはいた。狩りを生業としていたとするならば、まさに由々しき事態である。

ところで大造じいさんは何歳くらいの狩人なのだろう。「大造じいさん」に対する印象は読み手によって異なるだろうが、「じいさん」なのだからもちろん若くはない。が、前述の「前書き」がつくと、読み方によっては大造じいさんの若かりし頃の物語となり、じいさんは三十代の壮年狩人となってしまう。老練の狩人と壮年の狩人では物語の様相は異なってくるように思われる。本稿冒頭で「異なった作品」と述べた所以《ゆえん》である。ここではあくまで「じいさん」として進める。

さて、大造じいさんを老狩人としよう。「じいさん」ではあるが狩りに対する情熱はいささかも衰えてはいない。いまいましく思うだけではなく、プロの狩人としてのプライドもあるのだろうか、一晩中かかってつりばりを仕掛けるのである。ここですでに残雪に対しての強い思いが出てきている。いや、たくさんしかけるのだから、残雪をというより残雪に率いられるがんたちを獲るというやはり狩人としての情熱だろう。

つりばり作戦は功を奏し、とりあえず一羽だけ捕獲する。だが、結局この一羽だけだった。大造じいさんは「思わず、感嘆の声をもらしてしまった」のである。いまいましいという腹立たしさからの変化がある。だが、あきらめたわけではない。翌年は夏のうちから五俵という膨大な数のたにしを集めておいたのである。腐らせるわけにはいかないからどこかで飼っていたのかもしれない。まさに執念である。何が大造じいさんをここまで突き動かすのだろうか。狩りが自らの職業としても、何か職業以上の「思い」を感じさせる。

たにしをえさとしてまき、小屋で待つ大造じいさん。この場面の描写は実に丁寧である。ドラマチックでさえある。まるで映像のように雁の群れがこちらに向かい、大造じいさんの胸は高鳴るのである。そして、「あの群れの中に一発ぶちこんで、今年こそは、目にもの見せてくれるぞ。」と大造じいさんの声が直接語られる。つぶやきだろうか、心の内だろうか。「ぶちこんで」というようなところに獲物を狙う狩人としての性格が出ているように読める。「猟銃をぐっとにぎりしめた大造じいさんは、ほおがびりびりするほど引きしまった」と次に語り手はやや客観的に語る。そして、視点は残雪に転じ、また失敗が語られるのである。大造じいさんは今度は「ううん」とうなるのみであった。

その翌年は、大造じいさんは残雪の仲間をおとりにするという作戦を立てる。「おとり」をどうとらえるかによるかもしれないが、さすが「長年の経験」からよくぞ思いついたとも言えるし、そこまでして獲りたいのかとも言える。なお、この「長年の経験」という表現からはやはり大造じいさんはベテラン、すなわち「爺さん」ではないかと指摘できよう。それはそれとして、ここで大造じいさんはもう残雪しか見えなくなってしまっている。おとりのがんを放した大造じいさんはまた小屋にもぐりこむ。「さあ、いよいよ戦闘開始だ。」とあるが、これは大造じいさんの決意のつぶやきであり、語り手の思いでもあろう。「戦闘」という仰々しい表現に愚直なまでの大造じいさんの思いが込められている。そして、情景は「東の空が真っ赤に燃えて」いるのである。

わくわくする大造じいさん。対照的に冷え冷えする銃身。大造じいさんは、「あの残雪めにひとあわふかせてやるぞ。」と声を出す。ここでもうすでに大造じいさんにとって残雪は鳥ではなくなっているようだ。ひとあわふかせるとはどういうことだろうか。撃ち落すのか、捕獲するのか。一種の偏向した愛すら感じさせる。もちろん残雪は何も感じてはいないのだが。

ここで場面は急展開する。「一直線に落ちてくる」はやぶさという第三者の闖入《ちんにゅう》である。「はやぶさだ。」という地の文はそれこそ語り手の叫びであろう。ここで語りの視点は一気に引き、広がり、客観的になる。逃げ遅れ、襲われる大造じいさんのおとりのがん。そこに飛び込んでくる残雪。ここでまた地の文で「残雪だ。」となる。これは、語り手の叫びでもあり大造じいさんのつぶやきでもある。再び大造じいさんに戻る語り手。大造じいさんは機会到来とばかり銃で残雪を狙う。しかし、「なんと思ったか、再び銃をおろしてしま」う。語りは大造じいさんの中に入ってはいかない。この動作を語るのみである。

なぜ、大造じいさんはここで残雪を撃たなかったのか。大造じいさんに見えていたものは何だったのか。撃たないということは狩人を放棄することなのである。

狩人を生業としているならばこれほどの好機はないはずである。さらに、狩人という身を超え、残雪を敵視するまでに至り、ひとあわふかせてやると意気込んでいたはずである。その大造じいさんの強い思いを残雪の本能的な自己犠牲行為は逆に撃ったのだ。

2　残雪に心打たれる大造じいさん

冷静に見るならば、大造じいさんの一人芝居かもしれない。だが、そのような「芝居」をさせたのは、残雪の行動である。人智を超えた残雪の行為は大造じいさんを感動させ、読み手を感動させる。大造じいさんの残雪に対する敵愾心《てきがいしん》が強ければ強いほど銃を下ろすという行為は重みを増す。卑怯なことはしたくないという後の思いにつながっていく。

さらに大造じいさんの心を強く撃ったのは、傷つきながらも長い首を持ち上げ大造じいさんを見る残雪の姿であった。「じいさんを正面からにらみつけた」のは残雪であるがそのように残雪を見たのは大造じいさんである。そして、「ようであった」「ようでもあった」と語り手は必要以上に残雪に入り込まないように様子を語る。また、「鳥とはいえ」とか「ただの鳥に対しているような」というように残雪が「鳥」であることが語られる。ゆえに残雪は鳥を超えるのである。

やがて一冬を越し、残雪は大造じいさんのもとから飛び立つ。いや、大造じいさんが残雪を解き放つ。この冬を「二人」はどこでどのように過ごしたのか。すももの花が残雪の羽に触れはらはらと散るという描写はいささか大仰であるが、最後の大造じいさんの呼びかけはさらに大げさにも受け取れる。だが、これが大造じいさんなのである。この大造じいさんをこそ読まなくてはならない。

大造じいさんの叫びを読んでみよう。まず、残雪を「がんの英雄」とする。英雄としてしまうところに大造じいさんの素朴さをみたい。素直に感動しているのである。それゆえ「えらぶつ」を「ひきょうなやり方」でやっつけたくはないと言う。卑怯《ひきょう》な方法とは何だろうか。そもそも銃を使うことが卑怯なのではないか、えさを使うことだって卑怯だとも言える。だが、大造じいさんにとってそれは卑怯な手なのではない。狩人としての経験から考え出した正当な方法なのである。卑怯なのは、はやぶさという第三者を介したところでの銃の使用であり、そのはやぶさに攻撃されて力尽きたところでの捕獲なのだ。だから、銃を下ろし、一冬を越させたのである。「堂々と戦おう」とは、雁の頭領として、つまり、あくまでも自然の流れの中での残雪と戦おうという意志であろう。

武田常夫氏は、この「ひと冬」に大造じいさんはどのように残雪に接したのかを、先のおとりのがんと対比させながら問題にしている。(8)残雪に対しては「どんぶり」のどじょうを食べさせることはなく、できるだけ野性を保ちつつ冬を越させただろうことは想像に難くない。鶴田清司氏はここで大造じいさんがおとりのがんのように「にわとり小屋」ではなく、「おり」に残雪を入れていたことに注目している。(9)

その「おりのふた」を大造じいさんは「いっぱい」に開けてやるのである。残雪は「一直線」に飛び上がる。その飛び去っていく残雪を大造じいさんは「晴れ晴れとした顔つきで見守って」いた。一瞬でも卑怯なことをしようとしてしまった自分への反省と新たな目標を得たことによる爽快感だろうか。残雪を見送るのではない。見守るのである。大造じいさんにとって残雪は他者ではなくなっていたのである。

だが、残雪から見れば自由になっただけである。残雪と大造じいさんの心の触れ合いなどはない。前にも触れたがここでの「バシッ！」という羽音を大造じいさんはどのように聞いたのだろうか。残雪からの感謝、あるいは挑戦状だろうか。だとすれば、やはり一方的な大造じいさんの思いで聞いたのである。

ここであえて深読みが許されるとするならば、これが最後の別れであると思いたい。大造じいさんも自分の衰えを感じていたのではないだろうか。また、残雪は危険なこの沼地にはもう羽を向けないのではないだろうか。そう考えたほうがより余韻が残るような気もする。だからこそ、前書きにあるようにのちのち残雪を語ることができたのだ。

大造じいさんは、前時代の愚直で素朴な人間なのである。そんな存在に読み手として心動かされる。

五　語り手の位置

三人称の視点で語るこの作品の語り手は基本的に大造じいさんに寄り添っている。換言すれば大造じいさんの側に立って物語を語っている。それゆえに視点が残雪の側に移る場面は、残雪の行為が読み手に強い印象を与える。残雪が人間化されるといってもよい。たとえばえさとしてのたにしを避ける場面。「ふと、いつものえ場に、昨日までなかった小さな小屋をみとめ」るわけだが、この語りは残雪の内面に入り込んでいるようだ。だが、残雪は野鳥として語られてきている流れからすると違和感を覚える。語りは残雪のすごさを語るために、つい残雪に入り込んでしまったようである。逆に読み手には残雪がまさに生きた登場人物として印象づけられる。

そして、はやぶさとの戦いの場面。「残雪の目には、人間もはやぶさもなかった。ただ、救わねばならぬ仲間のすがたがあるだけだった。」という、大造じいさんが、「再び銃をおろしてしま」った直後のこの語りは、大造じいさんの思いともいえるが、語り手は完全に残雪を語っているようにもとらえられる。語り手がその思いを吐露してしまっているのである。語り手を作者と重ねれば、作者が思いを語ってしまったのかもしれない。それゆえに本来は単なる野鳥の本能的行為なのかもしれないが、これ以後の残雪の英雄的行為が臨場感を持って際立つ。語りは残雪に入り込みはしないが、間近で、はやぶさとの戦いと、傷つき大造じいさんの手に落ちる残雪を語る。

「それは、鳥とはいえ、いかにも頭領らしい、堂々たる態度のようであった。」という残雪に対する評価は大造じいさんの思いを超えて語り手の思いになっている。語り手（作者）の英雄観を述べているようだ。それゆえにこの場面だけを読むならば、この物語は残雪の物語となる。教室の読み手が残雪にひかれる所以《ゆえん》であり、初発感想においても多く触れられるところであろう。それはそれで当然の読みであるし、それは作者の意図の内なのかもしれない。

しかし、全体の流れのなかに位置づけるならば、やはり基本的な視点人物は大造じいさんである。語り手が前面に出てきてはいるけれども、そうやって、つまり大造じいさんを通して、英雄観が語られているともいえる。が、あくまで大造じいさんを通してである。このような英雄観を語り、それに陶酔するような語り手もここに認めることができるのである。

なお、はやぶさとの戦いの場面における「残雪だ。」の一文であるが、これが敬体の「残雪です。」となると語り手の位置が大造じいさんからすっと離れることになる。ここだけではないが、文体と語り手の位置について考えるならば、常体の物語の方が語りはより大造じいさんに近くなるだろう。

六　人間を読む

このように、足かけ四年に渡るこの「大造じいさん」と「残雪」の物語は、結局のところ大造じいさんの側の物語である。残雪のそれこそ英雄的なあるいは本能に逆らえない悲劇的な行為は感動的である。だが、その行為を人間として見ているのは大造じいさんだけである。ときに残雪に振り回され、ときに感動し、やがて保護し解き放つ。大造じいさんという人間の行為があってこそ、残雪もまた残雪としての存在感を持つのである。この大造じいさんを前時代的な老狩人として読むか、純粋に突き進む愚直な人間として読むか、いずれにせよ、この人物の読みこそがこの物語の教材価値である。

先行するいくつかの実践の学習目標を引用してみよう。

◇目標（松本幸久[10]）

○　大造じいさんと残雪の知恵くらべを読む

○　頭領としての威厳のある残雪の魅力を読む

○　残雪に感動していく大造じいさんの心の動きを読む
○　美しい表現に気づかせ、ていねいに読む
◇目標（立尾保子[11]）
◎　大造じいさんの、残雪に対する見方・考え方が変容していく過程を読み取り、対峙して決して交わることのない哀しさ、厳しさに触れ、豊かな心情を培うことができる。
◎　優れた情景、心情の描写に気づき、場面の情景や人物の心理・心情を味わって読むことができる。
◎　主題を理解し、生き方・考え方などに対して感想を持つことができる。
◇教材のねらい（遠藤和彦[12]）
(1)　大造じいさんの残雪に対する心情の変化の過程を読み取ることができる。
(2)　残雪と大造じいさんとのかかわり合いや大造じいさんの人間性について自分の考えを持つことができる。
(3)　効果的に用いられている自然描写や情景描写に気付く。

どれもそれなりに妥当ではある。だが、まずは残雪の扱いだろう。前節でも述べたように読み手である子どもたちの多くは残雪の活躍に目を奪われる。それが素朴な読みなのかもしれないが、残雪に目がいくと残雪と大造じいさんが物語の中で対等になってしまう。それでよいのだろうか。残雪の物語でもよい。だが、そうなるとさらに、大造じいさんは狂言回しにしか過ぎなくなってしまうのである。この作品を残雪の英雄物語ととらえ物語を楽しめばよいという意見もある[13]。だが、それではこの物語を軽く読み流すことになってしまう。それだけの物語ならば教材とする意味はないだろう。

一方、大造じいさんに焦点を当てるとして、大造じいさんの変容だけを追うのもまた表面的である。そも

そも大造じいさんは「変わった」のだろうか。また、そう問うだけでも大造じいさんはまた異なった姿に見えてくるのではないか。

やはり、この物語を読むことの意味は、「人」を読むことである。そのための残雪であり、残雪との知恵比べであり、情景描写である。椋鳩十は動物を主人公とする作品を書いてきたからこの作品での主人公は残雪であるという読み方もできるかもしれないが、それは作品外の問題である。作者を視野に入れるとするならば、最後にわざわざあの大造じいさんの長い「叫び」を入れていることに注目したい。人智を超えた自然の動物である残雪を一方で描きながらも、その残雪に対して朗々と語りかけてしまう素朴な大造じいさん。ひとつの英雄観とそれに感動するそういう人間を作者は自然の雁とともに「戦時中」に描き出したかったのである。

注

（1）二〇一一（平成二三）年度の各社教科書におけるテキスト状況
教育出版　五上「大造じいさんとがん」常体　前書きなし
光村図書　五年「大造じいさんとガン」敬体　前書きあり
東京書籍　五下「大造じいさんとがん」敬体　前書きなし
学校図書　五下「大造じいさんとがん」敬体　前書きなし
三省堂　五年「大造じいさんとガン」敬体　前書きなし　※「頭領らしい。」（7）を参照のこと。

(2)　関口安義『文学教育の課題と創造』（教育出版　一九八〇）
(3)　田中実『読みのアナーキーを超えて――いのちと文学――』（右文書院　一九九七）
(4)　鶴田清司『「大造じいさんとガン」の〈解釈〉と〈分析〉』（明治図書　一九九七）
(5)　佐野正俊「『大造じいさん』の〈変容〉という〈主題〉」（田中実・須貝千里編『文学の力×教材の力　小学校編五年』教育出版　二〇〇一）
(6)　千田洋幸『テクストと教育――「読むこと」の変革のために――』（溪水社　二〇〇九）
(7)　常体テキストは「がんの頭領らしい。」と句点で終わっているが、他のテキストの多くは「がんの頭領らしい、」と読点で次の「なかなかりこうなやつ」の文に続いている。
(8)　武田常夫『イメージを育てる文学の授業』（国土社　一九七三）
(9)　鶴田清司『〈解釈〉と〈分析〉の統合をめざす文学教育――新しい解釈学理論を手がかりに――』（学文社　二〇一〇）
(10)　田近洵一・田宮輝夫・井上尚美編『たのしくわかる国語5年の授業』（あゆみ出版　一九八八）
(11)　渋谷孝・田近洵一・浜本純逸編『学ぶ意欲を育てる国語科の授業　5年』（教育出版　一九九一）
(12)　渋谷孝・市毛勝雄編『「大造じいさんとがん」の言語技術教育――5年――』（明治図書　一九九七）
(13)　市毛勝雄『文学的文章で何を教えるか』（明治図書　一九八三）

実践への視点

1　虚構の物語であるということ

雁という鳥は身近ではない。そのため、題名読みをしたときに、「大造じいさんと癌」と読む子が出てきてしまう。だが、だからといってあまり具体的に説明する必要もないように思う。残雪は雁という種類の鳥ではあるが、この雁は椋鳩十の創作した雁という鳥なのである。そのあたりをわきまえておかないと、一般的な雁の大きさや食性、性質とこの残雪たちがかけ離れているために、教材として不向きであると安易に断定してしまうことになる。

2　テキストの確定

本稿の冒頭で述べたように現実的には子どもたちの持つ教科書で読むことになるのだろうが、教材研究の一環として他のテキストにも目を通しておくことは無駄なことではないはずである。

まず、文体の問題。端的に言うと、「歯切れのよい、より大造じいさんに近い語りになる常体」か、「より客観的な視点となり囲炉裏端《いろりばた》でゆるやかに語られるような敬体」かである。敬体については、もともとは常体で書かれたものを敬体に直したので無理が生じた部分がある。教科書によっては、かっこを加えたものもある。本文に見られる漢語の多用も常体で書かれたゆえではないだろうか。だが、敬体には敬体の語りのよさはある。緊迫した場面では緩んでしまうが、情景描写や心理描写を丁寧に読む場合は敬体の方が適しているかもしれない。

3　「前書き」について

最初執筆した時点において前書きは存在し、スペースの関係で省いたという作者の発言もあるようだが、それはそれとして、あるとないとでは、物語の読みが異なってくる。本論でも触れたが、例えば大造じいさんの年齢。前書きの「土台としてこの物語を書いた」という部分をどうとらえるかによるのだが、やはり壮年と老年では人物像が変わってくる。また、語り手をより意識させるならば、つまり、語り手は聴き手でもあったとするならば、本人から聞いた話ということがはっきりする前書きは物語の一部となるだろう。

実践への視点

授業の展開　——そのポイント

一次　基本事項の確認——①あらすじ（ストーリー）、②登場人物、③場面設定

・初発感想をまとめさせてもよいが、読みの固定化を防ぐために、「書く」のではなく「言う」だけでもよい。そして、簡単な感想交流を持つ。

・「主人公」を無理に決めることはない。どちらの側から読んだのかを確認する。

二次　場面ごとの丁寧な読み

・沼地の状況や情景、残雪の行動、大造じいさんの思いなどを読む。

・時系列に即しながら残雪と大造じいさんのかかわりを読む。

・残雪の「野生」と大造じいさんの「狩人魂」を読む。

三次　終末とまとめの読み

・最後の場面の意味をとらえつつ、大造じいさんの人物像を考える。

・物語全体の感想（自分の読み）をまとめ交流する。

『雪渡り』宮澤賢治　三省堂6年　教育出版5年

「狐《きつね》は人を騙《だま》す」か？

――『雪渡り』教材研究における〈読み〉の条件

幸田国広

『雪渡り』は、豊かな歌謡性を持ち、ミュージカルのような楽しさを読み手に与える。しかし、作品解釈については正反対の解釈が示されるなど、難しい教材でもある。ここでは、従来の『雪渡り』作品論・教材論における読みの二方向性を統一し、学習者の置かれている社会的文化的状況を考慮した教材研究の在り方を示した。

現在の子どもたちにとっての狐《きつね》認識やレディネスから、『雪渡り』の教材価値を引き出すために、末尾の「黒い影」という表現に着目し、そこからクライマックスシーンにおける登場人物の心情や出来事の意味を逆照射する。そこから見えてくる『雪渡り』の光景を論じた。

宮沢賢治

一八九六（明治二九）―一九三三（昭和八）。岩手県生まれ。童話作家、詩人としての創作活動のかたわら、農業指導者、地質学者としても活躍。童話に『注文の多い料理店』『銀河鉄道の夜』、詩集に『春と修羅』など。

一　教師は何を読むのか

今日、教室で文学教材を扱う場合、教師の教材研究における〈読み〉には、どのような内容と質が求められるのか。文学の授業が、子どもの〈読み〉を規制しつまらない「正解」に囲い込んでいく、また一方では、物語の設定や展開を無視した勝手な読みが放置されている、という状況が指摘されている中で、文学の教育はその両者を乗り越える授業実践を構想・構築することが課題となっている。(1)

「言語活動の充実」が要請されている昨今では、文学教材も読み深めの対象というより、スピーチや発表、話し合いといった学習活動を展開するための契機的素材として用いられる傾向がある。(2)しかし、その場合でも、教材の確かで豊かな読みが単元的展開を下支えし、各言語活動の内実を保障するのであり、〈読み〉が等閑視されたままでは、活動を通して身につけるべき思考力も、判断力も、表現力も十分な期待はできないだろう。言語活動の多様さとその充実が求められればなおのこと、学習者の〈読み〉の問題は十分に検討されなければならない。

そこで再び冒頭の問いに戻るが、今日、教室で文学教材を扱う場合、教師の教材研究における〈読み〉には、どのような質が求められるのか。正解主義でも自由放任主義でもない〈読み〉を教室で追究するために教師はどのような準備と用意をする必要があるのか。教材研究における〈読み〉の条件について、その見取り図を素描すれば次のようになろう。

まず、教師自身の読みをしっかりと持つこと。その確かさを鍛えることは言うまでもない。教材（作品）のことばに着目し、関係を読み、語りを読む。まず教師自身の〈読み〉を深めることが教室での子どもの

〈読み〉を活性化させる第一条件となる（A）。しかし、看過してはならないのは、問題解決の矛先を教師の〈読み〉に定めた場合、そのような教師の〈読み〉が起点にあるとしても、その〈読み〉がなされれば問題が「解決」するのかという点である。教師の〈読み〉が深められ精緻《せいち》を極めるほど、「正解」を教える欲望は強化されないだろうか。また、作品との対話だけで教材研究が完結するとすれば、学習指導の重点も発見できないし、学習者の〈読み〉を生かす道筋も見えてはこない。作品との対話だけでは不十分であり、同時に、教室における子どもの〈読み〉がどのように変容しうるか、その可動領域を測定しつつ、また子どもが読み浸る自由をどのように保障していくかを、子どもと教材との関係に照準を合わせて読むことも必要となる（B）。さらに、そのためには、読者としての子ども自身の現在（発達段階・社会的文化的状況等も含む）を読むことも必要な前提条件として求められよう（C）。教師の教材研究としての〈読み〉はA、B、Cそれぞれの位相で働く。それらが総合化されたとき、問題点の「解決」への道がひらかれるのではないだろうか。無論、ABCはそれぞれ相互に交渉し合う。Aを深める過程でBCが参照されることでAが変動したり、BやCを検討する際にAの学習指導への生かし方が見えてきたりする。またBの検証を通してCの像が鮮明になる場合もある。つまり、教材研究において教師は何を読むのかと言えば、教材本文を中心に一言で言い直すと、その本文とは子どもの実態や背景、子どもの読みの傾向などがセル画のように幾重にも重なったイメージの総体なのであり、そのような重層的なテキストを読むことこそが教材研究における〈読み〉なのである。

　さらに、教室という空間の中で働く〈読み〉への制約は教師も生徒も自覚の有無を問わず、少なくない。私的で純粋な楽しみとしての読書行為のみを想定することは、何かを見落としたり見誤ったりしかねない。一個人としての〈読み〉と、教室で教材として扱う場合の〈読み〉とは全くの同一ではないはずである。

以下、そのような問題意識から、宮沢賢治『雪渡り』を取り上げ、教材研究における〈読み〉のあり方について考察を試みる。社会的文化的な存在としての子どもと、そうしたさまざまな文脈の中に布置される子どもの〈読み〉を批評的に解読した上で、教師自身の〈読み〉がストラティジック（strategic）に動く一つのケースとして、『雪渡り』の今日的な教材価値を検討したい。

二　「雪渡り」の先行研究

教育出版『ひろがる言葉　小学国語　五下』及び、三省堂『小学生の国語　六年』に掲載されている『雪渡り』は、一読して楽しい物語である(3)。「キックキックトントン」という擬態語や、「堅雪かんこ、しみ雪しんこ」といった歌の掛け合い、すなわち歌謡性が物語の展開とマッチして読むものの心を躍らせる。比較的早い時期に、この作品の教材性を論じた佐藤通雅氏は「ミュージカル」としての教材性を指摘し(4)、また、関口安義氏は、朗読や、動作化したり演じたりという教材にはとてもよい作品と評している(5)。

しかし、ひとたび深読みしようとするとやっかいな教材でもある。先行研究は充実しているが、石川則夫氏が整理するように、その〈読み〉は大きく「二つの傾向」に分かれるといってよい(6)。一つは「登場人物たちの視線にあくまで寄り添った読み」であり、もう一つは「〈童話〉というオプティミズムへの異議申し立てを示唆する読み」である。前者には、寺田透(7)、佐藤通雅(8)、続橋達雄(9)、恩田逸夫(10)、各氏があり、後者には、皆川美恵子(11)、別役実(12)、平澤信一(13)、各氏がある。この石川の整理は概ね妥当であり、従来の『雪渡り』研究のわかりやすい見取り図となっている。「人獣交歓の透明な美しさ」（寺田）や「子狐と人間の子どもとの交流」（続橋）といったオプティミズムな主題把握に対して、「これはかなり怖いおはなしである。」（別役）、「両者の間には一筋縄ではいかない溝が意識されている」（平澤）といった一見ネガティブと思えるような疑義が呈されているのである。

石川氏は作品を論じる前提として、

狐とは恐いものなのだ。そういった狐という心象的フレームが、宮澤賢治『雪渡り』には、まず働きかけられるのである。たとえ『雪渡り』の物語内容がこの狐にまとわりついた頑なフレームを更新しようとしているとしても、狐である以上どこまでも警戒を怠らない姿勢が読者をためらわせ、どこかに罠を予想させてしまうだろう。(14)

と述べ、「『雪渡り』は果たして、狐にまつわる心象を新たなことばの編成をもって克服し得ているのであろうか。」と問題提起し、先行諸論の穴を埋める観点として、「共鳴、共振」といった身体性に着目する。そして、そこから〈雪渡り〉の意味づけを行っている。また、石川氏は、先行研究が捉えてきた物語構図を基本的には継承し、森に棲む獣と里に暮らす人間との「二項対立的世界」の緊張関係とその変容としての「共鳴、共振」、さらには「共食」を読んでいる。

一方、石川氏と同書に収められた牛山恵氏の論文も二項対立的構図を元に教材解釈を試みている。(15)その上で、「〈読み〉の学習は、読み手が、作品の何に感動したのか、作品の言葉と再び向き合うことを要求する」とし、学習者が「自らのその感想を、見直し覆し再構築するために、どのように作品の言葉と格闘すればいいのか。」を考えることが教材研究だと述べている。そして、この『雪渡り』の場合、「互いに相容れない世界に住む生き物である人間と狐との交歓が、どのように成立したのかに視点」を置いた読み深めの過程を学習構想として提起する。論文中に紹介されている子どもたちの初発の感想からは、「きつねはうそをつくとさいしょ思ったけどやさしくていいどうぶつだった。」「きつねは人をだます動物だと思っていたけど、この話を読んできつねはいいやつだなと思いました。」など、基本的に、人と狐の交流といった『雪渡り』の物語構図が読めているものがあることがわかる。

しかし、牛山氏は「その感想を、見直し覆し再構築する」必要を説く。そして、そこへ向けて「狐社会」の存在、狐発見の物語性、交歓成立の根拠へと考察が深められ、極めて鮮明に作品構造とその意味が整理されている。だが、牛山論からは、物語世界における「人間と狐との交歓」は読み取れるが、肝心の「互いに相容れない世界に住む生き物」どうしの「交歓」であるという点がやや見えにくい。物語内では狐と人間は「交歓」できても、現実には不可能である、ということが困難性の内実だとすると、物語の〈読み〉のレベルと生身の人間の現実とを対比することになってしまう。むしろ、「交歓」の困難性を作品内部のことば表現からどう読めるのか、この点に本稿の関心の焦点はあり、以下の考察はその点を補うものである。

三　感想文というメディア

石川論も牛山論も、「狐は人を騙《だま》す」という前提については共通しており、その点を疑う余地はない。牛山氏は、子どもたちの初発の感想の中に、狐に関するものがかなり多くあったという。中でも、狐に対する認識が変わったというものに着目している。

子どもたちが、狐はうそをつくあるいは人をだます動物だと思っていたのは、昔話のような伝承の中でそのように教えられてきたからだ。その印象が変わったのは、①に見られるように、紺三郎に対する発見が原因しているのではないだろうか。「礼儀正しい」という発見は、狐に、本能で生きる野生ではなく、他との関わりを重んじる社会性を見出すということである。つまり、四郎やかん子が、初めに出会った狐は、決して言い伝えられているような怪異な生き物でも野生のものでもなく、人間と同じように社会性を持った人格のある存在だったのである。四郎とかん子が、紺三郎に会ってその印象を変えたように、子どもたちも狐に対する見方を変えたのだ。[16]

（傍線は引用者）

子どもたちは物語の読解において、登場人物、特に主人公に同化しながらストーリーを紡ぐ傾向がある。教室で表出される感想も、多くはストーリーと登場人物の視点からのものとなりやすい。ここで注意しなければならないのは、『雪渡り』の場合、ストーリーそのものが、主人公の四郎とかん子が狐の幻灯会に行きそこで狐に対する認識を変えるという構図になっていることである。ストーリー自体が、〈認識の更新〉という図式を持っているのである。子どもたちの感想文がそうしたストーリー構図を下敷きにして表出されているという点に留意する必要があろう。「きつねは人を騙すものだと思っていたが、そうではなかった」と語る感想文の記述には立ち止まらなければならない。

そもそも、子どもたちは本当に「きつねは人を騙す」動物だと思っている（信じている）のだろうか。二十一世紀の首都圏に暮らす小学校高学年児童の狐認識を、そのようなものとして想像できるだろうか。また、そもそも紺三郎という狐は、虚構の、物語の中のキャラクターであり、それゆえ子どもたちは狐が人のことばを語り人間の子どもとコミュニケーションをとっていることにすらいちいちおどろくことはない。そのような暗黙の前提は子どもたちにしても了解済みのことではないのか。いかに現実には起こりえないことでも作中の出来事はそれとして受け止めるレディネスは備わっているはずであろう。

現代の子どもたちからすれば、『雪渡り』の世界もすでに昔話の地点にあるだろう。幻灯会というイベントさえ、実感を持ってイメージすることは難しい。しかも、東北の雪深い里に暮らすというリアリティーは全国に都市化が行き渡った現在、日本全国、ほとんどの子どもは作中の四郎とかん子の暮らしをリアルには想像しえないだろう。

また、小学校国語教科書における狐表象も読みのレディネスとして無視しえないだろう。『きつねのおきゃくさま』や『ごんぎつね』『手ぶくろを買いに』など。擬人化され人間に近い存在としての狐表象はなんとも人間くさい。民間信仰の中で捉えられてきた、神や自然に近いところの妖しく不可思議な存在とは異なる。〈人を騙す狐〉というイメージは、もはや実感や畏れの感覚とは異なり、知的了解の対象となっているとはいえないだろうか。

そうであれば、「人をだますと思っていたきつねが、じつはいいやつ」と語る子どもの感想も、教室の中で無意識に行われている学習済みの身振りとして捉えることができる。しかし、ここでの指摘は、子どもが嘘《うそ》を言っているとか、教師の顔色を窺《うかが》って都合のいい感想を述べようとしているとかということではない。ここにみられる子どもの〈読み〉の深層は、まさに、作中人物の四郎やかん子の立ち位置から紺三郎というキャラクターを意味づけようとして言語化されている、すなわち作品世界に参入し作中人物に同化することによってそのような認識が表出されている、という点である。

そもそも感想文は、学習者が教師に提出するものであり、第一義的な読み手は教師である。だが、感想文に記述される〈読み〉は、子どもの読書行為遂行過程における〈読み〉の実相をリアルに反映したものといえるのだろうか。また、子どもは自己の〈読み〉を対象化して書くというメタ認知行為の意味をどれほど自覚化できているだろうか。さらに、子どもはそれまでの学習の経験から、教科書教材を読んだ後の感想文にはどのようなことを書けばよいかをすでに多く学んでいるのではないだろうか。つまり、教室で書かれる感想文は子どもの〈読み〉をリアルに伝えるメディアといえるのかどうか、という問題である。言い換えれば、メタ認知的活動としての感想文は、必ずしも子どものリアルな〈読み〉の体験をストレートに語るものとは言えないということなのである。

四　「人を騙す狐」という観念の消失　――『雪渡り』を読むためのレディネス――

しかしながら、感想文に代替しうる子どもたちのメタ認知活動をここで提示する用意はない。ただし、右に述べた指摘がそれほど的外れでもないことを、次に提示する内山節氏の知見が示唆している。内山氏は、かつては狐に騙されたという話が日常的にあったのに対し、一九六五年頃を境に日本社会から急激にそうした話が消えていったことを歴史哲学の問題として次のように考察している。

村人たちは自分たちの歴史のなかに、知性によってとらえられた歴史があり、身体によって受け継がれてきた歴史があり、生命によって引き継がれてきた歴史があることを感じながら暮らしてきたのである。日本の伝統社会においては、個人とはこの三つの歴史のなかに生まれた個体のことであり、いま述べた三つの歴史と切り離す

ことのできない「私」であった。（中略）

キツネにだまされたという物語を生みだしながら人々が暮らしていた社会とは、このような社会であった。そしてそれが壊れていくのが一九六五年頃だったのであろう。高度成長の展開、合理的な社会の形成、進学率や情報のあり方の変化、都市の隆盛と村の衰弱。さまざまなことがこの時代におこり、この過程で村でも身体性の歴史や生命性の歴史は消耗していった。（中略）

生命性の歴史は、何かに仮託されることによってつかみとられていたのである。

そして、この生命性の歴史が感じとられ、納得され、諒解されていた時代に、人々はキツネにだまされていたのではないかと私は考えている。だからそれはキツネにだまされたという物語である。しかしそれは創作された話ではない。自然と人間の生命の歴史のなかでみいだされていたものが語られた。

それは生命性の歴史を衰弱させた私たちには、もはやみえなくなった歴史である。[17]

雪深い東北の山里に暮らす四郎とかん子にとっては、まだ狐は自然や生き物の命を自分たちの暮らしの中にリアルに感じられる生き物であり、伝承の中で神や仏とともに物語られてきた〈騙す／騙される〉関係性を結ぶ存在だったのだろう。紺三郎と出会った場面においても、四郎はかん子を後ろにかばいながら警戒することを怠らない。自然な身振りとして紺三郎の出現に反応している。歌の詞にある「狐の団子は兎のくそ」というフレーズがなによりそのときまでの二人の狐認識を物語っていよう。

そうした二人が、クライマックスの場面において、狐に差し出された団子を食べることは、すでに田近洵一氏が指摘していたとおり当然、相当な覚悟と勇気を伴う行為だったのである。

狐の学校生徒がみんなこっちを向いて、「食うだろうか。ね、食うだろうか」なんてひそひそ話し合っているとき、彼らに見られている四郎は、まだ狐の子どもたちの外におり、彼らと喜びを共有する存在ではなく、やはり見られる存在でしかなかった。しかし、黍団子をみんな食べた四郎は、すでに狐の世界の存在である。彼は、世間の常識よりも、紺三郎を信じ、今や自ら狐の世界に身を置いたのである。[18]

田近はこの場面に作品の感動の在処をみる。不信から信頼へと関係が転換し、二項対立的世界の間に通路が生まれる瞬間である。まさに、ここをいかに読ませるかが『雪渡り』の教材価値を教室にひらくことなのだといえよう。

だが、「交歓」が成立した瞬間をこのように捉える前提には、「狐は人を騙す」という観念が必要であり、読者の共感や感動の深さも、その前提を共有しているか否かで変わってくるだろう。もしも、現代の子どもたちにとって狐表象の前提が、かつての日本人とは少し異なっているとすれば、四郎の「決心」の重さも、狐の学校生徒たちの喜びも、単なるストーリー上の出来事として捉えられ、〈認識の変更〉を伴うような〈読み〉を期待することはもはや難しいのかもしれない。

では、今日、『雪渡り』の教材価値は失われてしまったのだろうか。

五 「黒い影」からの逆照射

牛山氏が言うように、子どもたちが「自らのその感想を、見直し覆し再構築するために」、教師は『雪渡り』の何をどのように読ませればよいのか。子どもたちの〈読み〉の傾向が、四郎やかん子に同化する傾向のものであれば、その同化の質をいかに高めるか。子どもたちが真に認識を変えるような出会い方は『雪渡り』において、どのような〈読み〉を必要とするのか。

別役実「二つの世界の出会い」は、物語の末尾、幻灯会から四郎とかん子が帰ろうとして、兄さんたちと出会う場面に着目する。別役氏は「何故四郎とかん子には、『迎ひに来た兄さん達』が、その前に一瞬、無気味な『三人の黒い影』に見えてしまったのであろうか」と問う。そして、その答えを「恐らくこの時二人は、森の中の狐の世界にある一員として人間を見てしまったに違いない。だからこそそれが『三人の黒い影』という、無気味な異物に見てとれたのである。」と述べる。別役もまた『雪渡り』に描かれた世界を、二項対立的に捉えている。

野原をはさんで森には狐の世界があり、村には人間の世界があるのである。狐は人間をだますと信じられており、人間は狐にわなをかけるのであり、それぞれの世界はそれぞれにむきあっている。(19)

その対立する二つの世界は、幻灯会において四郎とかん子が、狐がさしだした団子を食うという行為によって交わることを可能にした。だが同時にその交歓とはどのようなことか。別役氏は、異質な存在どうしが一つになるということはどういうことかをこの「黒い影」という語り手のことばが伝えていると読む。つまり、四郎とかん子は、一瞬ではあっても見慣れた兄さんたちを、そのような「黒い影」として認識される異質な存在として捉える目を持ったということである。そして、そのことを示唆することによって、人間である四郎とかん子とが物語の末尾にいたって狐の世界の側に立ったことを伝えている。この「黒い影」という表現には、人間からの一方的な見方、人間中心主義の「交歓」を転換する視座が提示されているのである。

教育学者の矢野智司氏もこうした別役の〈読み〉に注目している一人である。矢野氏は、物語の持つ力が教育において重要であることを説く。その具体例として『雪渡り』を取り上げ、この別役氏の読み方に沿ってこの作品の持つ力がいかに人間の成長・発達にとって有効かを述べている[20]。

このように「黒い影」への着眼は、今日において『雪渡り』の教材価値を問い直す際に極めて有効であるといえよう。

『雪渡り』という虚構の物語世界では、「交歓」の有りようはいたって人間中心である。狐は日本語を話し、人間と同じような振る舞いをして、人間的に必要なモラルについて語っている。それは、物語としての結束性を保つためには当然のことである。しかし、注意深く読むと、同時に物語内には異質なものどうしの「交歓」とはどのようなものなのか、その困難さと不可能性を示唆する要素がちりばめられてもいる。この「黒い影」という瞬間の視座の転換は、人間中心主義を相対化する最もキーとなる表現であろう。

その意味で、作中に一瞬だけ姿を見せかける鹿の存在も忘れてはならないだろう。

紺三郎は、「一二」の場面で、出会った四郎とかん子に対してははじめから一貫して丁寧な言葉遣いと態度で接していた。しかし、途中、わずかばかり姿を見せる鹿に対しては「いかにもばかにしたやうに」「あいつは臆病ですからとてもこっちへ来さうにありません。」といった態度を取る。「風の音」や「笛の声」のように「細いい、声」で歌う鹿の子は一切の交流を持たずに作品から退場させられるのである。狐の紺三郎にとって、「異種」である鹿は一貫して「異種」なのである。

さらに、トリックスターのような振る舞いをする、紺三郎とはいったい何者なのであろうか。「子狐」と「小狐」の表記の揺れ問題はここではおくとして、「一」の場面と「二」の場面ではキャラクターの違いすら感じられる。この紺三郎の差配によって、四郎とかん子は狐小学校の幻灯会に招かれることとなり、そしてみごとに狐との相互信頼を勝ち取るのである。はじめは「白い狐の子」として二人の前に突然現れ、幻灯会ではイベントを仕切るプロデューサー兼MCとして八面六臂《び》の大活躍、はたしてどちらが本当の姿なのか。

この紺三郎に視点を置き直せば、四郎とかん子の視座がいかにして獲得されたかを理解することができる。別役論ではそこまで踏み込んだ言及はないが、このことは次のような〈見る―見られる〉関係を要因として考えることができるのではないだろうか。

再び、クライマックスの場面に戻ってみよう。

狐小学校で、幻灯を〈見る〉存在としての四郎とかん子は、狐に差し出された団子を食べるかどうかという場面において〈見られる〉存在へと転換する。団子を食べることはもとより紺三郎との約束事であった。二人は、とまどいながらも大勢の狐生徒の視線を浴び、注目の中でそれを口にする。その行為が狐に受け入れられ、紺三郎の仕組んだ幻灯会のねらいはみごとに達成される。ここでは、狐小学校の子どもたちにとっての、いわば教材として四郎とかん子の行為は意味づけられ、狐生徒たちが勇気ある二人の人間を〈見る〉ことによって紺三郎の教育的ねらいが貫徹する。一方、四郎とかん子に視点を移せば、狐共同体の内部に入り込み、そこで過ごした緊密な時間は劇中に参加しながらまさにその劇を楽しむのに似た感興として狐たちとの一体化を体験した。このように、〈見る―見られる〉という視線の交換を通して、四郎とかん子は兄たちを「黒い影」として見る視座を獲得したのである。一連の出来事を仕掛け、見事な結末を導いたのは、ほかならぬ紺三郎である。

この「黒い影」からの逆照射によって、先のクライマックスの場面における緊迫感と交歓の感動を捉え直せば、レディネスの欠如としての狐認識を補う〈読み〉を可能とするだろう。

興奮と幸福感によって物語に幕が下りようとするその直前に、語り手が「黒い影」と語るとき、その興奮と幸福感とが、けっして人間にとって都合のいい他者として狐を認めるということではなく、今まで見ていたものが違って見えるような、自己の内部の変容を伴うものとして異類との交歓が成立するということを示唆しているのである。

注

（1）田近洵一氏は、国語の教室における〈読み〉の問題点を「子どもの〈読み〉を教師が規制してはいけない。しかし、それは恣意的な〈読み〉を認めるということではないはずである。」と端的に指摘し、「ではどうするか。」と、解決のための課題を提起している。「大事なことは、まず教材（作品）を独立した作品として読むこと、作品をその叙述に即して、その言葉をとらえて読むこと」であり、具体的な方法として「言葉の関係を読むこと、あるいは言葉を関係において読むことである。」とし、その上で「物語内容と語り手との関係を読む」のだと述べ、「さまよえる教室の〈読み〉の問題を解決する手がかりは教師の〈読み〉にある。」と述べている。（「さまよえる教室の〈読み〉」〈『日本文学』二〇一〇・十二〉）

（2）『言語活動の充実に関する指導事例集――思考力・判断力・表現力等の育成に向けて　小学校版』（文部科学省二〇一〇）や、『教材別・単元展開の可能性に挑戦する　全五巻』（東洋館出版社　二〇一一）等を参照のこと。

（3）よく知られているように、『雪渡り』は、賢治が生前稿料を得た唯一の作品で『愛国婦人』（一九二一年一二月号―一九二二年一月号）に掲載された。国語教科書への採録は、教育出版『国語　五下』に一九七七（昭和五二）年度版から。ただし、「きつねのげんとう会」という戯曲化された教材が学校図書小学四年下の一九六八（昭和四三）年度版に採録されていた。

（4）佐藤通雅「『雪渡り』論」（『日本児童文学』一九七六・二）
（5）関口安義『国語教育と読者論』（明治図書　一九八六）
（6）石川則夫「共振と共食」（田中実・須貝千里編『文学の力×教材の力　小学校編五年』教育出版　二〇〇一）
（7）寺田透「宮沢賢治の童話の世界」（『文学』一九六四・三）
（8）（4）に同じ。
（9）続橋達雄『賢治童話の展開――生前発表の作品――』（大日本図書　一九八七）
（10）恩田逸夫『宮沢賢治論3』（東京書籍　一九九一）
（11）皆川美恵子『日本児童文学史上の七作家　宮沢賢治・千葉省三』（大日本図書　一九八六）
（12）別役実「二つの世界の出会い」（『イーハトーボゆき軽便鉄道』リブロポート　一九九〇）
（13）平澤信一「『雪渡り』――あるいは二重の風景――」（『国文学　解釈と鑑賞』一九九六・十一）
（14）（6）に同じ。
（15）牛山恵「異界との交歓の物語」（田中実・須貝千里編『文学の力×教材の力　小学校編五年』教育出版　二〇〇一）
（16）（15）に同じ。
（17）内山節『日本人はなぜキツネにだまされなくなったのか』（講談社現代新書　二〇〇七）
（18）田近洵一『文学教育の構想』（明治図書　一九八五）
（19）（12）に同じ。
（20）矢野智司「子どもの物語はどこから力を得ているのか――宮澤賢治の『雪渡り』におけるオノマトペの力」（『研究誌「別冊子どもの文化」7』二〇〇五・七）

実践への視点

『雪渡り』の先行研究の見取り図には「二つの傾向」があった。本稿は、その「二つの傾向」の〈読み〉をある意味で統一する視点から『雪渡り』の語りに着目した。それは、今日における子どもの狐認識に配慮し、かつてとは変化があるとすれば読ませる力点も代わってくるだろうという仮説から設定した学習指導構想のための一つの焦点でもある。そのように、子どもの現在と、子どもの〈読み〉に潜む問題性を検討することを含んだ教材研究の〈読み〉の必要性の一端を論じてきた。社会的文化的な存在としての子どもの現在と、そうした現実の読者としての子どもの読みに潜在する問題とを、教材本文の上に重ね合わせたときに、ようやく何をどう読ませるのかが見えてくる。

「授業の展開」に掲げた課題は、本稿において考察してきた『雪渡り』の今日的教材価値に踏み込む内容となっている。ただし、その〈読み〉をそのまま学習者に提示するかどうかは別である。あくまでも、教室や学習者の実態、それまでの国語の授業の展開等との関連で、学習課題は検討される必要がある。課題の問い方や表現も含めて、目前の子どもの姿に合わせた実践を構想したい。そのための一つのプロトタイプである。こうした問いや課題の形として授業構想へと発展させることが教材研究の一つの成果である。しかし、こうした文学教材の教材研究のあり方は、一般的な精読の授業だけでなく、言語活動を駆使した単元学習などの場合にも必要なことなのである。

例えば、この『雪渡り』を読書単元の冒頭教材に位置付け、この教材の読解を皮切りに宮沢賢治の他の作品を多読し、その読書経験をブックトークにより発表するといった展開においては、何よりもこの『雪渡り』の〈おもしろさ〉や世界観にいかに出会うかが考慮されなければならない。自発的な読書行為や読書への意欲を促すためにも、ブックトークを通した発表力の育成のためにも、教師の教材研究における読みは、述べてきたような重層性を確保すべきであろう。

授業の展開——そのポイント

一次　紺三郎のキャラクター形象を追跡する
・紺三郎はどのような狐として描かれているか。
・紺三郎はなぜ二人を幻灯会に招待したのか。
二次　色彩表現に着目する
・本文中から色を表す表現を抜き出し、どのような傾向があるか、また、特異な色彩が使われている場面はどこで、それはなぜかを考える。
・「兄さんたち」が「黒い影」と語られているのはなぜかを考える。
三次　結末からクライマックスを読み直す
・小学校を後にするとき紺三郎は「今夜のご恩は決して忘れません」というが、何が、どうして「ご恩」になるのかを考える。
・「兄さんたち」を「黒い影」と見た二人にとって幻灯会での出来事はどんな意味があったのかを考える。

対談

文学の〈読み〉の理論と教育

――その接点を求めて

田近洵一×田中　実／中村龍一（司会）

一　文学の読みの課題は何か

中村　本日は「文学の〈読み〉の理論と教育」をテーマに、文学研究者の田中実先生（都留文科大学名誉教授）をお迎えして、田近洵一先生と対談をしていただきます。司会は中村龍一が務めます。よろしくお願いいいたします。

学習指導要領の改訂後、一般的に提唱されている文学の〈読み〉の授業の典型をまず紹介いたします。例えば、六年生の『きつねの窓』を、ファンタジーの仕組みを捉えて読み、読後の感想を述べ合うというような学習です。感想を交流して、一人一人の感じ方には違いがあるということを認め合うのです。さらに、ファンタジーの読書座談会やファンタジー作品を創作する学習に発展させます。

ここでは言葉そのものを検討し、作品の価値を追究するという学習は行われません。しかし、授業がこうなったのには理由があるわけです。平成元年（一九八九年）の学習指導要領では正解主義、詳細な読解が否定されました。新しい学力観と命名され、国語科では読みの違いが個性なのだということになりました。子どもたちは友達との読みの違いに価値を求めていく。誰かが発言したら、それと違うことを言わなければならない。その意味であれもいいこれもいいになった。これは現在も続いています。

田近先生は、これでは読み手である読書主体に他者は存在せず、自分の殻の中に閉じこもってしまうと批判されました。読者論から読書行為論への道筋です。一方、田中先生も読みのアナーキーをどう超えるかを問題にされていた。国語科に引きつけて言えば、新学力観をどう乗り越えるかを、田近先生も田中先生もお考えになってきたと思います。読み手の主体は他者との出会いによって立ち上がってくる。現在も、文学の〈読み〉の授業での他者の不在は大きな問題です。どうしたら主観に自閉せず、他者と出会うことができるのか、今日の対談の焦点であろうと考えます。

田中先生は「第三項理論」を提唱されています。文章を読んで読者に現象したものが〈本文《ほんもん》〉です。読者の〈文脈〉が〈本文〉をつくります。ですから、〈本文〉は読者のことばで意味づけた思い込み、虚偽です。しかし、その〈本文〉は、読んだ「元の文章」、了解不能の《他者》である〈原文《げんぶん》〉がはたらいて現象したものです。〈本文〉には「第三項〈原文〉の影」が内包されているのです。読者が、〈本文〉に内在する虚偽を捉え返し掘り起こすことによって、己の〈本文〉を瓦解させつくりかえていくのが〈読み〉です。

一方、田近先生は「創造の〈読み〉」を提唱されています。田中先生同様、「元の文章」を読んで〈本文〉を生成する。再読ではその〈本文〉を作り直すのですけれど、読んでしまった客体には、概念は残らない。けれど、言語的資材は残っていると言われます。その言語的資材に立ち戻ってもう一度自分の〈本文〉を問い返し、それまでの〈読み〉を壊していく。新しい他者の発見、出会いによって、読者は「私の一義」を求めて意味の創造をし続けるのだ。私の理解の範囲ですが、概略でまとめるとそんなことになろうかと思います。

また、新しい教科書には「語り手」という学習用語が「学習の手引き」にたくさん出てきました。しかし、「語り手」の定義には混乱もある。お二人の「〈読み〉の原理」のお話の中でそのことにも触れていただきたいと思っております。まず、田近先生からお願いいたします。

田近　文学研究者で読みの問題を取り上げているのは田中さんだけだと言っていいだろうと思います。古くは西尾実先生が『国語国文の教育』の中で主題・構想・叙述を展開されました。西尾先生ご自身はあとで、『国語国文の教育』という書名にしなければよかったとおっしゃっているけれど、あれはやはり国語国文の研究でなくて教育なのです。教育の立場からでないと、読みとはどのように成立するのかというのは問題にならなかったと思います。しかし、私が見るところ、あれが初めての文学の読みの理論と言っていいだろうと思います。その後、戦後はいろいろな方が読みの理論を展開されたけれども、一番本格的だったのは、三好行雄さんの『作品論の試み』だっただろうと思います。しかし三好さんには教育は視野の中になかった。ところが、田中さんが文学研究者でありながら教育を視野の中に入れることによって、読みの理論はより具体的に創造されてきたのだろうと思うのです。

私の立場からいうと、読むという行為自体に教育的な意味がある。教育においては読むという行為をいかに成立させるかということ、それが教育における課題だというように考えています。そこで、私は一貫して読みを成立させることに、教育的な意味があるということを言ってきました。

ところで、読みがどういうものであるかということに絞って田中さんとこれまでも意見の交換をすることがありました。そのたびに、田中さんは私の発言を取り上げて批判の対象にしてこられました。これは大変ありがたいことで、批判を受けるたびに、私は、田中さんによって田中さんと私の違いを明らかにしていただいているように思っています。『文学の力×教材の力　理論編』の巻頭論文「〈原文〉という第三項」、これが一番柱になる論文で、田中さんは「――プレ〈本文〉を求めて」というサブタイトルで三好行雄を取り上げ、さらに私の言説を取り上げて手厳しい批判をされています。しかし、私にはその批判の中で言っておられる第三項自体がどうもよくわからないのです。

しかし中村さんが言われたように、わからないながら、いかにして読みのアナーキーを超えていくのかという中核的な部分で田中さんと問題を共有してきていると思います。価値の相対主義的なものに陥らない読みというのは、「なんでもあり」の読み、それを超える読みを求めてきたという点では、私と田中さんは一貫していたといえます。具体的にその辺のことを詰めてお話ができればいいと思っています。今日は、確認するまでもないことでも、対談ですから一応確認しながら、「第三項理論」の問題、「プロット」の問題あるいは「メタプロット」の問題、あるいは「語り」の問題、さらには私の言葉でいうと「書き手としての作者」の問題、それをどう考えるかということについて、さらにお互いの考えを確認できればいいなと思っています。

田中　田近先生のことを初めて、と言うべきか、改めてと言うべきか、意識させていただいたのは、都留文科大学に勤務し始めてしばらく、初等教育学科で先生のご講演があったとき、一九八三年頃だと思いますが、僕ら国文学科の者はその時は教授会に参加していて、ご講演のことは全く知らされていなかったのですが、先生から『言語行動主体の形成』（新光閣書店）というご本を初等教育学科の関口安義先生から手渡しされましたことをよく覚えております。ここでその序文の肝心な箇所を読ませていただきたいのですがよろしいでしょうか。こうです。「認識主体（読み手）は、その意識において、対象（言語作品）に向かうと同時に、その対象を自分にひきつけ、自分の問題として受けとめようとすると言えよう。その相互否定的な二つの作用の拮抗《きっこう》したところに真の認識が成り立つのである。（私が先に言った「深い読み」とは、このような弁証法的な認識としての読みのことである。）このことを、言語作品に対する主体のあり方として言うと、『私』から離れる（作品に即《つ》く）と同時に『私』に返る読みであって、そのような過程を経て自分のものとなった内なる他者が、自己相対化を可能にするのだと思われる。」、こういう文章がございます。

これは一九七五年に出たものですが、いただいたのは三版でした。現在の田近先生のお立場の基本、先駆的な主体論であり、他者論であって、この本は繰り返し多くの人に読まれたのだと思います。「『私』から離れる（作品に即《つ》く）と同時に『私』に返る読み」とは、「離れる」と「返る」という一見相反するベクトルが指摘され、このメカニズムをいかに超えるかを止揚されています。

客体の文章を捉えることとは、読み手の外の作品に読み手が即《そく》すことですから、それは私が私から離れて客体にたどり着き、そこで私の読みが働くことを意味します。その行為は私が私から離れることですが、その離れることは同時に私のなかの現象に外ならず、私自身のこと、私に返ることを意味します。そこに私と客体の文章との関わりがあります。このメカニズムをさらに明確に捉えると、どうなっているのか、これが本日の問題の出発、意義だと思っています。すなわち、読み手の中に現象した、その主体と客体の相関の出来事と「元の対象」とがどんな関係になっているのか、わたくしがそのことを集中的本格的に考えるようになったのはそれから二十四年後、四半世紀も後の二冊の研究書をまとめた後のことでした。

個人的なことで恐縮ですが、実は、先生に紹介していただいた先の本（『文学の力×教材の力』全十巻）が出版される二年前、一九九九年の下半期、私は家族と北京にいました。その出発の前に右文書院から『〈新しい作品論〉へ、〈新しい教材論〉へ――文学研究と国語教育研究の交差』全六巻を須貝千里さんと編み、その第一巻に「〈本文〉とは何か」という百枚近い評論に「プレ〈本文〉の誕生」という、後に〈第三項〉の〈影〉という概念に当たるサブタイトルを付けた長編の論文を書きました。読書主体と客体の作品の相関関係の原理、グランドセオリーに取りつかれ、当時、正直苦しかったのですけれど、半年間北京に滞在したおかげで回復、帰国後、教育出版の企画で、須貝千里さんを司会とする、田近先生との三人の座談会で、「元の文章」に対して「返る」という先生のお説との食い違いがあらわになり、対立の所在が顕在化しました。「八〇年代問題」の一環でもあります。

当時ポストモダンのムーブメントのまっただ中、いかに「起源」を問わないかを競う時代であり、全てにおいて相対主義が喧伝《けんでん》されていましたが、私はそれ自体に違和感を持ち、主体と客体の二項で考えるのでなく、客体そのもの、〈第三項〉の、その〈影〉、プレ〈本文〉という概念にたどり着いたのです。その頃、論敵は二重、いや、三重でした。第一がバルトの第二期以前の自称テクスト論者、エセ読みのアナーキーを唱える人たち、数多《あまた》の実体論者たちのことですが、これと第二に「読みのアナーキー」の「表層批評」やイデオロギー批評の人たち、しかし何より、それらを混在させる日本の文化風土に生きる第三の論敵、自分自身との闘いでした。

今、思うと、先生の場合、バルトの第一期、読書行為論を展開され、「物語の構造分析」に立たれている時期だと思います。先生はたぶん、当時の「読者論」や、日文協の部会の活動とも距離を取られていらっしゃったと思います。

対象の発見は自己の発見、自己の発見は対象の発見に反転する。ここまでは先生と私との間に何の齟齬《そご》もありません。既に芦田恵之助が大正五年に「読むことは自己を読むこと」と言っていたと先生のご本で知りましたが、増補版を含め『戦後国語教育問題史』（大修館書店）をベースにして、国語教育問題の歴史が私のような門外漢にも少しは見えてきたと思っています。二〇〇一年、「〈原文〉という第三項――プレ〈本文〉を求めて」を書いた時も、とくに奥田靖雄と荒木繁の対立が示唆に富んで、先生のおかげです。

ところで、二〇一二年の日本文学協会の国語教育部会の大会では今をときめく加藤典洋さんが発表され、論文は『日本文学』の二〇一三年三月号に出ていますが、加藤さんは、やはりイーザーを引用して〈第三項〉不要と断言されています。会場はその加藤さんのパフォーマンスでいっそう盛り上がったそうですね。先生はいらっしゃったと聞いていますが、加藤さんは三月号の論文発表では口頭発表の時と違って、さすがに第三項正解説は撤回されているようですが、当日の大会会場では、中村龍一さんの質問に応えて、まだ第三項を「やはり典型的な他者（正解）外在説の例だ」と断定されていました。私は時に「新手の正解主義者」とこれまでも言われてきました。

二　「〈読み〉の原理」が解釈を生む

田近　加藤典洋氏の発言は、第三項の読みをどう考えるかということですね。第三項の〈原文〉の〈影〉というのがあるという仮説の上で。田中さんは、その〈原文〉の〈影〉を捉えなければならないというように考えておられる。〈第三項〉というのは仮説ですが、そこに原文の影というものを設定する。仮説ではあっても、〈原文〉の〈影〉を捉えるということになると、正解を求めるようになりますよね。私の理解が正しければ、加藤さんはそのことを問題にしたのだと思います。

田中　はい。それは何を根拠にどこにたどり着くか、その読書行為はどういうメカニズムをたどっているか、あとでもう一度申し上げると思いますが、「田中は正解主義者だ」と批判される場合は、だいたいあらかじめ、私はその人の解釈だけを批判しているのでなく、〈読み方〉の方法論を批判しているので、論敵に当たる方は自身の存在を懸けて批判を浴びせかけてこられますが、自業自得。二〇〇五年の右文書院の企画の座談会での浜本純逸さんの発言は、実に正直で率直。「『真正のアナーキー』と『エセ読みのアナーキー』との違いがよく分かりません。『エセ読み』とは田中さんの読み以外を指すことですね。みなの者は田中の『真正読み』に従え、ということですか。」という類い、これは要するにロラン・バルトの用語で言うと、「還元不可能な複数性」と「容認可能な複数性」との違いがわからないと言われているのと同じことです。この違いがわからないと「テクスト論」は「鵺《ぬえ》」、何がテクスト論かわからないままになります。これは浜本さんだから、こうストレートな発言をなさるのですが、この皮肉は有効と思います。私の見るところ、これは文学研究、文芸批評、国語教育、どの分野でもほとんど、この事態になっています。『日本文学』の八月号で、加藤典洋さんと厳しく対立したのも、その問題が扇の要になっています。関口安義さんを批判しましたが、それは、単に個人の解釈を否定したんじゃない、解釈なら、それぞれでお互いさま、それでなんら否定されることはありません。関口さんの〈読み方〉、方法論は、少なくとも当時、小説からストーリー、登場人物と登場人物の相関関係しか読まない、小説を物語でしか読まない典型例、そうではなくて登場人物と語り手との相関を読む、これが〈読み方〉の基本と僕は考えています。

田近　関口さんのことで言っておくと、関口さんの読者論というのは、ある時代的な一定の役割を果たしたと思うのです。つまり、今は、正解主義批判ということが批判の対象になるけれども、正解主義の時代に関口さんがもっと一人一人の読みを大事にしようと言ったわけで、その時代的な役割というのは極めて重要、そのことはきちんと認めておかなければならないと思っています。

田中　はい。もしそうだったら、あの八〇年代から九〇年代、荒木繁を再評価しないといけないし、「十人十色」の太田さん、「状況認識」の大河原さんを評価する必要があったと思います。彼らは関口さんを歯牙にもかけていなかったと思います。関口さんは太田・大河原の先輩たちの苦闘をほとんど通過していないから、両者はかみ合わないままでした。関口さんが上滑りとわたくしが思うのは、「読者論」という名で、イーザーとかヤウスとか名だたる批評家の極めて優れた文明批評家の名を立てて、「教材本文から逸脱しない限り、どのような〈読み〉も許容される」という、わたくしから見たら滑稽な自己矛盾した主張を根拠にされている。田近先生のように〈読み〉を問題にされるのとは原則的に違う。関口先生は意欲的な伝記の研究、掘り起こしをなさっていた。その大事なお仕事があり、作品の表層のプロットを丁寧に追い続けていたにもかかわらず、一気に「読者論」を唱えられるから立場がぐちゃぐちゃ。

中村　こういうことですよね。関口先生の読者論というのが出てきて、一時代、正解主義批判として注目された。しかし、田中さんから見ると、関口先生の読者論というのは、ここまでは許されるという枠の中での読みの自由であるからやはり正解がある。正解の範囲の中での自由ですよね。これは、読者論とは違うのではないか。まして、戦後国語教育の学習者主体の系譜である荒木、太田、大河原を視野に入れていないのはおかしいのではないか。

田中 はい。バルトの言い方ですと、「容認可能な複数性」、それぞれの読みはあくまで許容されます。関口先生はそんな「構造分析」も相対化しない。どっちつかずなら、どっちつかずでももちろん、かまいません。その問題と格闘し、向き合っているなら。そこで自身の問題を深めることもできる。目先の流行、舶来品に乗っかって「十人十色」、「状況認識」の積み上げを軽んじ、国語教育問題が吹き飛んでいく。せっかく、手堅い伝記研究に精を出し成果をあげながら、流行の先どり、形だけの「読者論」といってしまうから、つじつまが合わなくなってしまう。「読みのアナーキー」の問題などかすりもしない。

田近 教材本文から逸脱しない限りどのような読みも許されるということは、逸脱しない限りということで、正解というものが予定されています。そこの中の自由な読みというのは、本当に読者論かという問題が一つあります。

それは、何人かの人によって批判されていることなのだけれど、読者論そのもの、読者を大事にするということにはさらに重要な問題が内包されています。読者論が、アナーキーな読みの内側、その自己肯定にとどまったのでは、その自分勝手な読みには他者との出会いがないんですよ。だから、読者論ではなくて、読書行為論でなければならない。イーザーは、私は読者論とは読んでいないのだけど、あの原文の題は読書行為論なのです。だから、どのような読みの行為が成立するかということをイーザーは問題にしたのだと思う。それを受け取る側が、読者が自由に読んでいいんだというように受け取ったところに、当時そのように読まれたところに問題があったのだと思います。教材本文から逸脱しない限りという意味で、それは正解主義だったと思います。

中村 そこでは一致しているのですね。

田中 はい。

田近　それに、教材本文から逸脱しない限りの自由な読み、つまり自己本位の読みというのは、自由な読みに見えて、その実、読みの行為が成立していないのです。つまり、自己本位の読みは、他者との出会いとしての読みじゃないのです。そして、他者との出会いの成立のないところに、自己創造としての読みが成立しているとはいえない。そこを田中さんが問題にされた。私はそこに、リンクしたのです。

中村　それが田近先生の読者論から読書行為論へ、『創造の〈読み〉』だった。読者論ではだめで、読書行為論でなければならないという先生のお考えの流れですね。

田近　読者反応理論というのがはやっている。言葉が一般受けするものだから、読者反応理論というラベリングで取り上げている研究者が多いのだけれど、読者の反応ではないのです。読書行為が成立するか否かなのです。その点では、田中さんと私は同じ立場です。

三　「物語＋語り手の自己表出」の定義

中村　ここから話を先に進めたいと思います。一つ出てきたのは田中先生の理論が新手の正解主義ではないのか、という批判がある。先ほど少し触れられましたが、ご本人は正解主義などとんでもないとお考えでしょう。しかし、そういう批判はある。田近先生もそうした懸念をお持ちだということでいいでしょうか？　田近先生が「第三項論」をどうして正解主義だとお考えになるか、お話しください。

また、田近先生は、「言語的資材」に立ち返るということをもう少し具体的に、どう立ち返ることができると言われているのかをご説明ください。田中さんにも、「〈原文〉の〈影〉」というのはどういう現象かを具体的に話していただきたい。

ところで小説や物語の定義は、「物語＋語り手の自己表出」、お二人は全く同じ文言を使われているのですね。その意味するところを絡めながら話していただけるとお二人の論の違いが見えてくるかと思います。

田近　僕のほうが常識的なことで言っているから、先に言ってみます。田中さんには言うまでもないことですけれど、漱石の文学論というのは、「文学=F＋f」（ラージエフ　プラス　スモールエフ）。スモールエフの解釈はいろいろあるみたいだけれど、「ファクト　プラス　フィーリング」というふうに一応言っていいと思います。そこに書かれている事実とフィーリング。言葉を変えると、物語内容と自己表出。物語内容に対してどのように捉えているかという自己表出。すなわち「F＋f」で成り立っているのが文学だ。これは漱石の文学理論ですが、私はその漱石の「f」の意味で、自己表出と言っているのです。その自己表出はどういったところに表れるかというと、例えば副助詞や副詞といった陳述の部分に表れてくる。『ごんぎつね』の「その明くる日も、ごんは、くりを持って……」。そこで語られている物語内容は、ごんがその明くる日くりを持って出かけた、ということです。それを語っている語り手が「その明くる日も」という副助詞「も」を使っています。くりを持って出かけた、という事実に対する語り手の思いが、「も」に表れています。そういう意味で「物語内容＋自己表出」と私は言っています。田中さんの場合も私は最初そうだと思っていたのだけど、最近、「機能としての語り」の問題が出てくると違うように思います。そこが私には理解できていないように思います。

田中　田近先生の話はよくわかりました。先生が「物語＋語り手の自己表出」と言われているのは今日まで全く知らず、初めてうかがいました。多分、先生のお説と私の考えているその図式とは全く別だと思います。僕の〈語り〉論、第三項論は先ほど申しあげましたように、バルトの「文学の記号論」批判、「還元不可能な複数性」の克服、〈第三項〉というグランドセオリーから発したもの、だからそれ以前のジュネットに代表される「物語論」、ナラトロジー、「容認可能な複数性」に戻って、「読むこと」を肯定しているのでなく、ジュネットや第二期のロラン・バルトとの対立から発したものです。

僕は物語の類いを「物語＋語り手の自己表出」という図式で考えていません。しかし、今、先生のお説をお聞きして、その御論の脈絡と有効性もよく理解できます。先生のお考えは明確にして明晰だと思います。しかし、僕のはそうではありません。物語論の枠組み、あるいは「文学の記号学」に《転向》できないでいるナラトロジーの〈読み方〉に対して、〈近代小説〉を「物語＋〈語り手〉の自己表出」と定義しました。物語はそもそも語り手がいないと物語れませんから、物語のなかに語り手が内包されています。それが表出している箇所が古典でいう草子地《そうしじ》ですね。僕のは、原則として物語という枠組みを外部から抱え込んで相対化し、批評しているのが〈近代小説〉の〈語り〉の在り方のもう一つの機能、これが〈近代小説〉の核心と考えています。その究極が志賀直哉の文学、すなわち、語り手によって語られる物語の出来事とそれをメタレベルで批評する二重性をいかに統一するか、ここに芥川の自殺に関わる、〈語り〉の究極があり、極北の文体を志賀が『城の崎にて』で成就します。

僕は日本の〈近代小説〉を「読むこと」を自分の専門領域としていますが、現在、文学教育の読みの現場との関わりのおかげで、〈近代小説〉とは何かという問い、文学研究者が問わないことにしているジャンル論を問題化せざるを得なくなりました。結論的に言うと、〈近代小説〉は通説を覆して、〈近代の物語文学〉とは峻別されなければならない。これまでの「近代文学史」は尾崎紅葉や泉鏡花らの硯友社から彼らと対立する自然主義文学、私小説の道筋を〈近代小説〉のメインストリートと考え、自然主義リアリズムで大筋を読んできましたが、それこそ厳密な意味で〈近代小説〉ではなく、それは近代の物語文学を造り出す力学でしかありません。近代の物語文学だから、作品的な価値がないと言っているのでは全くありませんよ。知覚できるものを相対化し、そこに近代の諸々の矛盾を合理的知的に発見し、抉《えぐ》り出し、告発して行くことで人間の解放を進めようとする、これは正しく近代の物語文学、このように考えました。〈近代小説〉はこの〈物語小説〉ではない。そういう知覚できる合理性近代性を超越する絶対性・了解不能の《他者》性を内包すると僕は考えています。人はなぜ生まれ、なぜ死ぬのか、なぜ雨は降り、人は恋するのか、これをＨＯＷでなく、ＷＨＹで問い、これに応えていくのが〈近代小説〉、これを解明していくのが近代文学研究と考えています。

■物語の語り手とそれを超越する語り手

中村　そうすると、物語を話している語り手と、それを超越している「＋」のあとの語り手と二重の語り手がいると考えていいのですか。図式は「物語＋語り手の自己表出」だけれど、物語の中にも語り手がいて、その物語の語り手を超越して語らざるをえない問題を抱え込んで語っているもう一人の語り手がいる。

田中　はい。物語るということは語る主体が働いて現れる、その意味での〈語り〉には語る主体、〈語り手〉が必ず働いています。ところが、語ることは、近代社会になってくると、読み手の密室化によって、自分の内面世界に閉じこもらざるを得なくなる。閉じこもると、相手に向かって語っていたものが、自身に向き合わざるをえない。それは「内面」の誕生ということですが、それは同時に自身の語ることの虚偽を見てしまう。自己の他者性ですが、これ自体が苦闘の坩堝《るつぼ》。『浮雲』からずっと〈近代小説〉の作家たちが激烈に苦悩して次々討ち死に、自決までせざるをえない所以《ゆえん》です。〈近代小説〉の主人公たちは、例えば、「ぼくはキミを愛している」と語りながら、その語りの中で自己充足できれば恋愛が成就なり、挫折なりする。どちらでも同じ。ところが、そう語る自身の虚偽を意識する、あるいは事後的に気づく。これをどう克服するか、これが語られた人物の問題であると同時にそう語る自身の問題でもある、そうなると、表現それ自体が、虚偽、ミミクリー、擬態を、問題化せざるをえない。〈語り〉の虚偽、これが二葉亭四迷の『浮雲』以降の表現のアポリアであり、『小説神髄』を書いた坪内逍遥はすぐに小説を書くのをやめ、二葉亭は創作を中断します。

〈近代小説〉というのはもともとどういうのかというと、〈語り〉の叙述でありながら、《他者》を内包させられている形式、それ自体成立不可能な一種の自己矛盾を抱えているのです。もともとそんなものはあたりまえにしていれば、語れないのです。だって、複数の人物を内側から語ることは、三人称客観小説という形式があるかぎり、語れないのです。相手の内側からはどんな天才でも直接には語れない。相手から見た自分は書けません。僕の言っている〈近代小説〉は、語ることそれ自体虚偽性に投げ込まれるから、この虚偽性をどうやって超えるか、その相克を強いられているもののことです。

■物語の語り手を生み出す虚構の作者

中村　田近先生は、語り手というのは物語の語りと考えられる。そこでは物語というストーリー、出来事が一方で語られている。それを語り手がどのような思いで語っているのかというのを、例えば副助詞という言語的資材に読者の再発見があって、新しい〈本文〉が形成される。漱石のフィーリングという言葉を使われたのですけれど、助詞は語り手の思いがこもっているところですから、そういうところに着目しながら、読者は〈読み〉を創造していく。しかし、田近先生はその物語を超える位相も考えていらっしゃる。そこが「虚構の作者」の領域。それは物語の外部にある位相だと考えていいのでしょうか?　「虚構の作者」と物語の関係はどのようになっているかお聞きしたいのですが。

田近　「虚構の作者」と言っているのは、その作品を書いた書き手としての作者、つまりその作品の上に読むことのできる書き手です。それを作家ではない「作者」と言っています。賢治の『やまなし』を読んだら、『やまなし』の向こうに作家としての伝記上の宮沢賢治ではなくて、その『やまなし』という作品を書いた作者が見えてこなければならないだろう。その作品で読み取ることのできる書き手、読者にとっては、それが問題です。そして、そういう作品の作者像を、いくつもの作品を読み重ねていったところに作家論というものがやがては論じられることになるだろうと思います。

中村 語り手を作っているのは作者と捉えられていますよね。

田近 そうです。語り手によって語られている物語を生み出したのは、その作品の作者です。読者は作品を読み返して、その虚構世界を生み出した作者を読むのです。

中村 そうすると語り手を超える虚構の作者なんじゃないですか。

田近 そうです。語り手を生み出したのは作者。語り手をしてその物語を語らしめたのは作者です。読者の関心はその物語を生み出した作者に向かいます。作品の上に読者はその「虚構の作者」を読むのです。

中村 語り手を生み出したのは作者。語り手の思いもあるけれど、作者の思いももう一つある。そうすると、読者は作者を追究することになるのですね。

田近 そうですね。そう思います。語り手というのは、物語の語りの上に現れます。すなわち、その物語を語っているのが語り手です。なので、その語り手はナラトロジーが問題にするように、その言葉のはしばしに現れるし、どのような視角からその物語を語っているかという語りの視角にも現れます。読みの学習では、そういう語りが問題になります。おそらく教科書に取り上げられるとしたら、その物語をどのような視角から語っているかということが語り手の問題として問題になると思うのです。私は「語り手」という言葉はそのレベルでしか問題にしていない。田中さんはそれを「機能としての語り手」ということで、作者の自己表出の問題として、語りの問題を捉えようとなさっているると思う。それは、虚構の産出者である作者（＝虚構の作者）ではないのか、そこのところが、どうもまだよくわからない。

質問させてほしい。近代小説というのは、三人称客観でなくても近代小説、というのが成り立ちますよね。そうすると、その一人称視点でももちろん近代小説。語り手は、一人称で「吾輩は猫である。」と語っているわけ。そして、それがそれを捉えているだけでは近代小説なのかどうかはわからないわけですよね。『猫』が近代小説であるということは、「吾輩は猫である。」と語っている語り手をも自己対象化する視点があるからではないか、実体としての語り手、「吾輩は猫である。」と語る語り手は作品の上に実体として読み取ることのできる語り手ですね。そうではなくて、機能、働き、ファンクションとしての語り手というのは、『猫』の場合はどうなるのですか。作品の「書き手としての作者」ではないのでしょうか。

■機能としての語り手は虚構の作者か

中村　田中さんの「機能としての語り手」は、物語の超越に立つ「虚構の作者」のことではないのか？　核心の問題が出されたと思います。

田中　はい。田近先生のお考えは近代文学研究としては、きわめて的確かつ難解な問題だと思います。まず簡単に答えれば、〈語り手〉が実体化して現れるのが『吾輩は猫である』です。これは一人称小説ですが、誰も猫が本当に語っているとは思っていません。方便、〈仕掛け〉です。生身の〈語り手〉＝猫を語る〈機能としての語り手〉が作中の実体の批評家として語っていると読んでいると思います。猫は透明化していて、形式的に猫を借りた分、叙述された対象世界が直接的に批評的、アイロニカルにおもしろおかしく語られます。だからその分〈機能としての語り手〉は実体化された主体として読者の前面に現れてきます。申しあげなければならないのは、小説の叙述は全て、語られた出来事として現象であり、〈機能〉、ファンクションが問われないことはありません。従って叙述の全て〈語り―語られる〉機能が問われます。三人称の彼でも一人称の生身の語り手の「私」でも作中に表出した瞬間、語られる客体として〈語り―語られる〉機能が問われます。

そもそも〈語り手〉という概念を私個人がどうして考えたかというと、私の場合は読書行為に限らず、世界は全て知覚されて現れる、知覚され、思考されなければ世界は存在しない、こうした原理的な世界観認識から〈語り手〉を考えました。僕の場合、全てではないですが、基本的にフランスのナラトロジー、その構造主義やポスト構造主義の「理論」から学んだのでも、十全な体系化をしているわけでも全くなく、単なる我流で正直言うと、文学理論にそんなに関心はない。関心があるのは〈読み〉、文学作品の可能性を掘り起こし、引き出すことです。ですから、〈読み〉自体は原理のなかにあり、制度で造り出されていることに自覚できず、自分の読みだと思い込まされてしまうことを許すことはできないし、認めることは僕にはできない。これを相対化する必要があって、原理や方法論に関心を持ちました。原理的な問題で言うと、読み手は、読み手の中に現象する出来事しか捉えられないし、読み手に起こった現象を読み手自身が捉えている。例えば、太郎なり、次郎なりが登場するとします。すると、太郎は自分を太郎というわけではないから、太郎を太郎と語っている語り手がいて太郎が現れる。太郎が次郎とどうしたかというお話のレベルを読むだけでなく、人物と語りの相関関係に注目し、物語から語っている主体のレベルを読み取ることが特に近代小説の場合は必須、読み方の基本です。〈語り〉の主体を問うことですね。一人称なら「私」なり「僕」なり「俺」なりが出てくると、「俺」を「俺」と語る語り手と「俺」との関係を対象化して読む。〈語り手〉をそう語らせている主体、これが〈機能としての語り手〉で、これとの相関を読むのです。この相関の力学が〈語り〉であると考えています。『猫』の場合、方便としての語り手の猫を語る〈機能としての語り手〉の表現や批評の主体を読み手は捉えようとします。

中村　たとえば『きつねの窓』でしたら、「いつでしたか、山で道に迷ったときの話です。ぼくは、自分の山小屋にもどるところでした。」という文章を、語られた〈ぼく〉である、道に迷って自分の山小屋に戻ろうとしていた物語の中の人物と、これを「いつでしたか」と語っている「ぼく」の相関で読むことになるのですね。

田中　「ぼく」という人物が出てくると、それが〈語られる〉出来事のレベル、お話の空間とそれを語る〈語り手〉と〈聴き手〉の空間との二重が同時に現象します。『きつねの窓』は「今は昔、竹取の……」という千年前の物語のパターンをそのまま物語形式として踏まえています。我々読者は物語の枠組みを読み取りますが、その人物をそうさせている働きを読まないと、その人物がなぜそうしているか、当人はわからないでそうしていますから、作中の出来事は読めません。Aという人物がBという人物に会うということは、Aは初めてそこで会うわけですけれども、Bに会うということは隠れている〈語り手〉は基本的にはわかっているわけです。そうさせる必然があって、それが起こる、作中人物のレベルとそうさせている〈語り手〉のレベルとの双方を読むことが物語を〈語り〉論で読む「読み方」です。

■小説童話と物語童話の峻別の根拠

田近　私は『きつねの窓』の場合の語り手ということでいくと、この『きつねの窓』は、語り手は物語内容をどう対象化しているのでしょうか。田中さんは、物語童話と小説童話というのを分けられています。たとえば、『ごんぎつね』などは物語童話なのですよね。そうではない小説童話というのを近代小説に対応する童話と認めておられる。『きつねの窓』の場合には、『やまなし』でもどっちでもいいのだけど、この場合これが小説童話だといえるのは、そう見ておられるかわからないけれど、物語を語っている語り手の思いではなくて、語り手の語りの上に作家の自己表出、作家の思いをここに読み取ることができたときに、これが小説童話だと言えるわけでしょうか。

中村　いかがでしょうか。

田中　そういうふうには考えていません。

田近　これは小説童話なんですか。

田中　僕から見ると『きつねの窓』は安定教材で広く読まれて、愛読されていることは承知していますが、評価しにくい。僕にとってはおもしろくなかった。どんなものがおもしろいかというと、例えば、母恋で言えば、坪田譲治の『きつねとぶどう』とか、浜田廣介の『よぶこどり』とか、娘に読んで聞かせていると、その奥の深さ、生きることそれ自体の哀しさにジーンと涙が出てきます。これらは傑作だと思います。『きつねの窓』は『ごんぎつね』に比べると決定的に評価できません。凡庸、しかし『ごんぎつね』はすぐれた母恋の作品だと思っています。

田近　私は『きつねの窓』を田中さんが言われるほど否定的には見ていません。この物語は、主人公の「ぼく」が指で作った窓を通して、昔の大切な人と会えたけれど、うっかり手を洗ったために、その大事な窓をなくしてしまった話です。それだけだったら、昔からの物語のパターンの中の作品でしょう。ところが語り手は、さらに、過去への郷愁にとらわれている「ぼく」を「変なくせ」の上に突き放して語っているのです。『きつねの窓』はロマンを破る近代の児童文学だと見ています。

四　他者と自己変容・自己倒壊

中村　具体的な作品が問題になってきました。お二人の解釈の違いが「〈読みの原理〉」からどう導き出されるのか、自己変容・自己倒壊の仕組みもお話しいただければと思います。田中先生、いかがですか。

田中　はい。『きつねの窓』の評価の違いは、先生との解釈の相違を競う個別作品論より、その〈読み方〉である方法論から原理論を相対化した方がよいと思います。それぞれの解釈の違い、好き嫌いは各自の内なる世界のフィルターの問題ですから、それより先に申し上げるべきことは読み手固有の内部の問題ではなく、文芸批評・文学研究、あるいは隣接学問を含めた世界観認識の問題です。

例えば『テクストから遠く離れて』の著者、加藤典洋さんを取り上げますと、加藤さんの「『作者の像』論」の立場から、僕の〈第三項〉論は批判を受けていますが、当然ですよね。加藤さんを僕の方から見ると、加藤さんご自身が鵺《ぬえ》的な曖昧な混沌としたテクスト概念しか持っていない。率直に申し上げれば、加藤さんは「還元不可能な複数性」を通過しないで、「テクスト論」批判をしています。この「『作者』の像」の読み方の弊害は影響力が大きいと考えています。あの本が出た直後でしたが、浜本先生との対談でも強くそれを感じました。二〇一三年の『日本文学』の八月号で、僕の立場から見れば、加藤さんの「『作者の像』論」が広く支持されることは看過できず、批判をさせていただきましたが、もともと私は加藤ファンで、加藤さんの本はたぶんほとんど購読し、加藤さんに原稿の依頼もしてきましたので、できれば、加藤さんから反論していただけたらと願っています。

要するに、〈近代小説〉というのは自分の語っているものは相手の真実につながっていくはずなのにそうではない、別の価値観を持って了解不能、《他者》なわけですから、その《他者》に伝達不可能、そこでは了解不能の《他者》と〈わたしのなかの他者〉という二つのキーワードが重要になってきます。〈原文〉とか〈語り〉とかということを単に文学作品を教材として読むにすぎないのになぜ問題にするかということが問題で、実は今日ここでもっともお話ししなければいけないのは、その問題であります。田近先生の「言語的資材」、「未見の他者」、「深層批評」という田近ワールド、先生のおっしゃっていることと僕が考えていることのずれを明らかにして、緩やかなことばの広場を造り出すこと、これがもっとも重要な今日の課題です。

田近　私は読むということは言葉に意味を与えていく行為だというふうに考えています。言葉というのは言語的資材。言語的資材としての語とその連鎖からなる文章は意味を持っていない。それにどのように意味を与えていくかというところに、その人の読みが成立する。そのように考えてきました。それが、私の言う「創造の〈読み〉」です。すなわち、読みとは、読者にとって意味生成行為であり、文脈形成行為です。読みを通して、私たちは、「私の一義」を求めて意味世界を生成するとともに、自らそれを問い直し、変容・形成を続けていくのです。

中村　それは〈本文〉でいいわけですよね。それは田中さんと共有している。そして、言語的資材とは言葉である。

田近　はい。読者の内側に成立する世界が本文です。本文を成立させる行為が文脈化。文脈を掘り起こすと日文協は言っている。言語的資材から文脈を創り出していく。それが文脈化の働き。文脈化の働きを通して本文が立ち上がる。それは、ソシュールの記号論が、聴覚映像と概念とで成り立っているのを捉えるのが言語を理解することだ、ということに対して、聴覚映像に意味を与えていくこと、そのことによる意味生成の働きが言語的な行為だということです。要するに、僕が言っているのは、読むということは、言語的資材に意味を与えていくこと。意味を与えることで初めて一つの意味世界が成立する。その意味を生み出していく意味生成の働きが読むという行為である。文学だけでなくて、全ての言語的な行為がそういう意味では自分の世界を創造していく行為です。そして、そこにできるのが本文です。内なるものを本文と捉える捉え方も今に始まったことではありません。はっきりと本文と内なるテクストというようには言っていませんが、また、第二テクストという言葉も使っていないけれども、それが、読み手の内側に存在するということは、今に始まったことではない。垣内松三や西尾実にもみられる考え方です。しかし、本文というのは主観的なもの。内なる他者だということはわかっていなかった。大事なことは、外なる他者であるはずのものと出会いながらわかった気になってしまうのは、内なる他者にしてしまうことだということ。つまり、内なる本文は自己化した他者なのであって、それでは本当に他者と出会ったことにはならないということです。そのように考えるところから、私たちは絶えず自分自身の文脈化の行為を問いただしていくことになります。絶えざる本文の問い直しを伴って、文脈形成行為がはじめて読みの行為として成立するのだと思います。

中村　意味のない聴覚映像、視覚映像かもしれないけれど、そこに返る。立ち返り問い直す。それにまた新たな意味が与えられる。

田近　私たちは、わが内なる本文を絶えず捉え直しながら、コミュニケーションをやっている。その時に返っていくのはどこか、そこが問題なのですね。私が「元の叙述に戻っていく」と言ったら一斉に批判を受けた。しかし、言語的な資材に戻らないわけにいかない。言語的な資材に戻りながら、どうしてこのような本文が立ち上がったか、どのような意味の与え方をしたからか、自分の言語的資材に対する意味生成行為としての文脈化の働きを自らに問い直すことで、本文を見直すことができる。本文の根拠は、言語的資材に対する文脈化の働きにある。そのような文脈化の働き、どのような意味の与え方をしたからそのような本文が生まれたか。

絶えずそれを問い直しながら、僕らはコミュニケーションを成立させているのだと思います。

■「言語的資材」に返る

中村　そうすると自分の〈本文〉の中になんらかの思い込みや思い違いがあるという考え方に立って、もう一度言語的資材に返ってみよう、と。先生はこれまで叙述という言葉を使われていたのだけれど、叙述には意味があらかじめ付与されていると批判を受けた。でも真意はそこにあったのではない。言語的資材には意味はない。言語的資材という意味のゼロ地点に返って、もう一度自分の〈本文〉を読み返し、新たな〈文脈〉を立ち上げるということでしょうか。

田近　自分の文脈化の働きを問い直すのです。文脈化によって本文が成立したのだから、文脈化の働きを問い直さなければならない。問い直すとは元の文章との関係で、どういう意味の与え方をしたか、その文脈化の働きを問い直す。私は、それを「叙述に返る」という言い方をしたのです。叙述の向こうに意味があるとか、叙述の奥に意味があるなどとはどこにも言っていないのだけど。いつのまにか田近は実体論者だ、なんていうレッテルを貼る人がいる。しかし、私は、読むという行為に関する事実を言っているだけです。

田中　はい。先生のは「言語的資材」に返るのであって、「叙述」に返るのではない、「叙述」に返ると言えば、既に叙述は概念を持っていますから。そういう意味でないおつもりで言われていることは今ははっきりしています。何を言われているかと言えば、先生にとって、湊吉正さんの言われる聴覚映像＝シニフィアン＝「記号」のこと、概念、イミは読み手にあり、概念のない「記号」に「返る」のだから、実体論者と批判される覚えは一〇〇パーセントない、不当なレッテル貼りだとの憤りはよくわかります。もっともです。問題はまず用語にあり、それから言語の記号性をどう考えるかにあります。

「言語的資材」とは、概念（シニフィエ）なき形態（シニフィアン）のこと、バルトなら、これは宇宙に無限に散乱しているため、ここには返れない、読み手自身に戻るしかない、だから、捉えている〈向こう〉にはたどり着かない、「還元不可能な複数性」を余儀なくされる。こう考えるし、私もそう考えます。二〇一二年八月号の『日本文学』で先生が御紹介された湊さんの御論では「記号」、文字と区別された記号、その意味での「記号」なら知覚の対象物であり、「叙述」とは違って概念はなくとも、特定できるから返れるということになりますよね。たぶんそうお考えだと思います。先生はこの湊氏の立場を共有されている。読み手にとっての眼前の客体の文章である文字群は概念と視覚映像の任意に結びついた文字から、視覚映像を媒介にして、概念を継起的に読み取る作業ですから、読書行為が始まった瞬間、本の紙の上の残された客体は視覚映像＝インクの痕跡＝物質の断片でしか残りませんから、読みは一回性、そこにもう一度、戻ることはできません。いや、カタチがあるから、そのカタチに戻ることができるではないか、それが記号と言うことだとお考えになるかもしれません。そこが急所、その際、カタチは同定できますが、概念、イミの方はあらかじめ、読み手に個別に、一回性で生成されています。同定したカタチに戻っても、それはカタチだけ、イミはあいかわらず、一回性で現象し、客体の文字に戻ることはできません。それを概念なき記号＝「言語的資材」とし、カタチで同定して、元の客体に「返った」としても、「返った」のは文字のなかの視覚映像、カタチの面だけ、すなわち、シニフィアン＝「能記」、「能記をして記号たらしめる作用」までは可能としても、それを「記号へと充実させ、変貌させる作用」の「充実」が問題点をもたらします。それは言語が客体そのものをさすかのごとく作用させます。言語で客体の世界を捉えている人類の世界は客体そのものを捉えることはできない。客体の文章の「言語的資材」に「返っている」と見えるのは客体そのものではなく、読み手が捉えた客体でしかありません。

■創造の〈読み〉

中村　言語的資材が概念なき記号としても、シニフィアンを「記号へと充実させ」るということは、結局、言語が客体の事物を指し示すことになってしまわないのか？　と、田中先生はおっしゃっているのだと思います。田近先生はこのご指摘をどのようにお考えになりますか。

田近　私は一九九〇年の頃から、意味世界の創造を論じ、その後、意味生成の読みを論じてきました。繰り返しますが、私は、言語的資材に意味を与えると言っています。私が使っている言語的資材ということばは、あくまで言語としての資材をさします。つまり、ただの資材ではない。概念と他の資材との結合の法則性を持った資材であって、ただのインクのシミではない。それは「語とその連鎖」として存在します。したがって、それに意味を与えるとは、「語とその連鎖」、言いかえると「つながりとしての語」に意味を与えて文脈化していくということです。語とその連鎖としての文章。語を捉えるのは辞書を引けば捉えられる。連鎖は文法的な知識があれば捉えることができる。辞書的な知識と文法的な知識、これを駆使して元の文章を文脈化していく、また、本文を問い直すとは、それらの知識を駆使して「語とその連鎖」としての文章、そこに戻っていく。言語的資材に文脈のあり方を問い直していくのです。別の言い方をすると、ラングに戻ると言ったほうがいいかもしれない。ラングということばを使うとソシュールと時枝先生の間の問題が問題になってしまうので、使いにくいけれど、時枝誠記の場合も、「語とその連鎖」というのは認めておられて、そういう言語事実を理解したり表現したりする、言語活動の中に言語は存在すると考えておられる。そういう意味での言語的資材なのです。

それから、田中さんが「還元不可能な複数性」と言われた、そのことが非常に大事だと思っています。しかし、私はそのことばはあまり使わない。なぜかというと、「還元不可能な複数性」ということは、そこにある他者を自分で理解するということを前提としているからです。読むという行為も理解なんだけれども、私は理解するというよりは読むという行為は、むしろ受容よりも創造という行為だと考えています。だから、相手を理解する、漱石なら漱石を理解するのではなくて、漱石のことばを仲立ちとしながら自分の世界を作っていくことが読むという行為だと考えているからです。それが結果的に理解を成立させるということになるだろうと考えているのです。だから、「還元不可能な複数性」ということは、自分のキーワードとしては使わない。繰り返しますが、基本的に読むというのは単なる理解行為ではなくて、意味生成行為であり、自分を創り出していく自己創出行為だと考えているからです。

田中

　そうなるでしょう。「創出」とか「創造」とかであるためには、客体の言語との接点、クロスを前提にしています。「読むこと」から仮に「理解」を排除しても、関わるという行為を排除することはできません。読書行為は客体の対象の文字群である言語と読み手の言語感覚とが交差している、その交差がその「創出」も「創造」も、もちろん「理解」も生み出す力になります。その際、読み手の捉えた客体の対象の言語それ自体が既に主客の混在した言語であり、それは客体の文章そのものではない。客体の文章そのものは読めないと言うのは先に述べたとおり、読み手は文字のカタチを見て、イミを読み取り、残っているのはインクの跡、シミでしかないし、そこに返れません。読み手が捉えている客体のその文章は既に主体のコンテクストと客体のそれとの混在した働きの現象であり、その混在が〈第三項〉の〈影〉から折り返しているのです。読書行為それ自体が既に客体そのものの「折り返し」を意味しています。「物語の構造分析」から転向した、第二期のロラン・バルトの限界点をもしも私が指摘するなら、眼前の文字群たちは、読書行為が始まることによって、「還元不可能な複数性」として我々の前にアナーキーな行為として現れるかに見えて、実は、それと同時にその読み手に現れた文脈、コンテクストは

〈読みのアナーキズム〉ではない、こう私は考えます。〈第三項〉の〈影〉が〈形〉として織り込まれていたのです。バルトにはこれが見えなかった、文字通りの

先生はご自分で実体論者ではないと明言なさっていますが、それはまさにその通りであり、田近先生が実体論者であろうはずがありません。実体論者は客体の対象の一義を想定し、その同定に根拠を求めるからです。先生は既に読者論者を対象化し、読書行為論に立たれ、読み手に現象した出来事を捉えるところに自身を位置付けていらっしゃいます。ところが、それが客体の「元の文章」、すなわち、「言語的資材」に返ることができるとお考えになる、それはたぶん、「容認可能な複数性」に立たれることのように思います。これは実体の客体を許容する最後の要塞です。僕が思うに、先生がバルトの「還元不可能な複数性」を認識としては正しく捉え実体論を否定しながら、なお、客体の対象に「返る」という立場を一貫して崩されないのは、「返る」という行為がなければ、「読みのアナーキズム」に陥るから、それは「教室」に責任を持つお立場として、断固許されない、絶対に認められないという強い使命感がそう言わせると勝手ながら、考えます。

田近　それは、田中さんの誤解だと思います。私はこれまで、一貫して読みは読者一人一人のもの、つまり、本質的にアナーキーなものだと考えてきましたし、それを「私の〈読み〉」の生成・変容とか、「私の一義」を求める読みといったことばで提言し続けてきました。かつて、私は日文協でも、読みは本質的にアナーキーだと言ったと記憶しています。しかし、それは、読みの主観性を容認するということではありません。主観の枠組みをあてはめた読みには、他者との出会いによる自己創造の契機はありません。アナーキーとは、他者との関係においてあくまで主体的であるということ、自己創造的であるということです。だから、読者としての私は「私の一義」を求めて、内なるアナーキーと闘うのです。わが内なるアナーキーを問い返すのです。

田中　はい。極めて大事な局面に来ました。先生のお立

場の核心に関わる問題かと思われます。「読み」は主観性から抜けられない、どんな天才、偉人、聖人も同じ、主観の枠組みをあてはめなければ読みは起こらず、〈瓦解〉、〈自己倒壊〉も起こらない、読む意味もない、私はそのように理解していますが、今はそれを置き、先生のお立場は深く受け止められます。しかし、アナーキーという言葉の意味を「他者との関係においてあくまで主体的であろうということ」と言われるのは驚愕、全く思いがけないご発言で、そこに立ち止まらせていただきます。はい。それで、先生がテクスト論のキーワード、バルトが物語論から転向した要、「還元不可能な複数性」という用語をお使いにならない意味がわかります。文芸批評・文学研究・文学教育におけるポストモダニズムの急所はこの実体性を残すナラトロジーの「容認可能な複数性」から真正のアナーキーの「還元不可能な複数性」に転向し、そこからポストコロニアル、フェミニズムなどのイデオロギー批評を生み出したことにあると私は考えています。真正のアナーキーであれば、「読むこと」は客体の文章にたどり着きませんから、恣意の一回性の連続となり、読みの意義は無効でしょう。

　誰でも客体そのものは捉えられない。自分が捉えたものしか捉えられない。しかし、それは真正のアナーキーで、客体そのものがないのではない。客体そのものが影として形を現している。この世の森羅万象も同じ。人間は生をもってこの世に現れた瞬間、客体そのものを捉えるのでなく、その影のなかで生命を全うする。文学も哲学も社会学もこの機微を捉えるのが学問・芸術である。本当はみんなこれを知っている、そう思う瞬間があります。

五　改めて読むことを問う

田中　世界を世界たらしめたのは言語のなかの概念（シニフィエ）であり、これが形（シニフィアン）に勝手に意味づけし、世界が誕生します。そこで、もう一度、「言語論的転回」のためには、言語が先か、人間が先か、これに決着をつける必要があります。

初めに言葉があるのか。言葉の前に、既に現実の世界があるのか。僕は一般の常識を取りません。非常識な立場に立っています。言語があって人間がある。人間があって言語があるとは考えていません。言語が外界の世界を世界として捉えさせるのですから、言語なしで世界は現れてきません。〈言語以前〉をどんなに想定しても、それを全て我々は言語で想定します。つまり、言語が世界を創造します。捉えた世界は客体そのものに還元できない、世界は捉えた瞬間、世界そのものと主体の捉える世界とに分離している。人間は客体そのものを知ることはできない。ロラン・バルトは構造主義者のチャンピオン、旗手になった後、世界そのもの、客体そのものは正しく捉えられない、客体の対象に還元できないことに気づいたはずです。だからこそ、その時確信的に「文学の生命の《尊重》」を棄《す》て、その代償として逆説的に「文学の擁護」を「文学の記号学」に求めたと思います。恣意から永遠に免れないなら、「読むこと」を禁じ、アナーキーとなって、読まずに対象作品を「爆発」させ、「散布」させ、「横断」するという「文学の記号学」に立ち、『聖書』の言葉、カソリックの神の絶対性を解体させた。それは一種の表層批評です。真正の「読みのアナーキズム」とは読みの完全な恣意性に立つのですから、「読むこと」を禁じ、これをバラバラに解体させて、イデオロギー批評に移行する、国語教育でなら、言語技術教育に立つ、文学作品を読まずに、文学作品で、文学作品を使って読む、というように転換する、これを余儀なくされます。ところが、実際には、言語技術教育も今は名前をあげませんが、これで読んだことにしている。言語技術教育に立つなら、「読めない」という禁止のもとで、技術教育をすることであり、これが全国大学国語教育学会ではまかり通っているし、各民間教育団体は真正の「読みのアナーキズム」に向き合わず、過去の反映論・実体論に閉じこもって、客体の文章が実体として存在していると信じています。書かれた文字が読み取られるとそこに残っているのはインクの跡でしかないというのはまず、共通認識にならなければならない。これができないのが現在のアカデミズムの実情です。

しかし、これを斥《しりぞ》けることはできない。彼らもまた自身の役割を担ってもらうしかない。肝心なのは「読む行為」の奪回です。まず、「容認可能な複数性」としての実体を斥け、「読むこと」は客体そのものに還元できない、文字から形に伴う概念を取ると永劫《えいごう》の物質の散乱、カオスとしての「還元不可能な複数性」、という読みのメカニズム、そのブラックボックスを見つめなくてはなりません。〈言語以前〉、捉えている極点の〈向こう〉から客体そのものの〈影〉でしかないものが現れている、人に見えるもの、知覚できるものは〈向こう〉からの〈影〉が現れたにすぎないのです。

中村　ブラックボックスというのはどういうことですか?

田中　永劫の認識の闇、客体そのものは誰も捉えられない闇のことをそう呼びました。目の前に例えば、『坊っちゃん』があるとします。『坊っちゃん』を十人の人が読めば十通りの読みがあります。読みは一回性、読み手が捉えているのは読み手に現れた客体ですから、客体そのものは永遠に人間には捉えられません。しかし、その「そのもの」がなければ読む行為も成立しません。第三項はあっても捉えられません。第三項はあるのですが捉えられません。その時作者は死にます。たとえ、漱石が自分でこれが正しいと言おうと、「夏目さん、それは違うよ。」と言う権利を僕ら読者は持っています。結局神、作者の言葉は無前提に特権的ではない、その意味で死にますから、究極的には読み手次第ということになってしまう。「ナンデモアリ」を呼び込んでしまう。「物語の構造分析」、ナラトロジーではまだ「容認可能な複数性」の実体論を残していましたが、「還元不可能な複数性」で完全な「読みのアナーキズム」、ブラックボックスに落ち込みます。ここから、もう一度秩序を作り直さなければならない。エセ読みのアナーキーは真正のアナーキーに向かい、真正のアナーキーはブラックボックスを抱えている、ブラックボックスに世界が覆われていることに気づく。すると、そこから新たな世界が生まれてこなければならない。第三項、〈原文〉の〈影〉はこのブラックボックス、真正のアナーキーの廃墟からしか誕生しません。

中村 〈本文〉は影なわけですね。

田中 はい。ほうぼう書いてきたと思いますが、〈本文〉は〈原文〉の〈影〉を内包しています。ブラックボックスに激突することで、第三項が働く。〈本文〉は読み手によって現れた〈影〉、〈影〉は僕ら人間が、人類が造っている。〈ことばの仕掛け〉、〈仕組み〉に組み込まれて。クリエイション・創造とはこのことです。それは〈原文〉の〈影〉でミケランジェロもダヴィンチも創造しています。〈本文〉の領域、我々が読んでいる客体の対象というものは、何かというと、〈本文〉であって、これが準拠枠でなければならない。オリジナルセンテンスがあって、我々の中にパーソナルセンテンスが現れてくるということです。

■第三項〈原文〉（オリジナルセンテンス）があるという意味

中村 オリジナルセンテンスが「ある」ということが問題で、あると言ってしまうところで、田中さんは正解主義と言われてしまう。そこをもう少し説明してください。

田中 「ある」とはなければ成立しないからです。しかし、それは捉えられない。つまり、捉えられないものがある。その原理の下、方法論が生まれる。制度が生じる。その枠のなかで一回性の現象、読書行為が生成される。僕は原理論をたがえると、そこから生じた方法論も必ず失敗すると思っています。これは粉砕しなければならない。そう考えている限り、否定し、批判すべきは単に個人の解釈の全て、自身の解釈を含め、到達できない、個々の宿命に向かって、瓦解せざるをえない。否定された方は僕のことを正解主義と見当違いの批判で自身を守る、こうなります。

田近　オリジナルセンテンスがあって元の文章があって、読むことによってパーソナルセンテンスが現象する。しかし、パーソナルセンテンスというのは、極めて恣意的なものである。その恣意的なものをより確かにしていくためにどうするかというと、オリジナルセンテンスはもうなくなっちゃっているから、パーソナルセンテンスの中に回収されてしまっている。そこで田中さんは、オリジナルセンテンスの影としての原文というものを想定する。第三項としてのオリジナルセンテンスの影を想定して、その原文の影を見ようとするわけですね。恣意的な自分の中のものを相対化し、それをさらに確かなものにしていくために原文の影を見ようとする。これが第三項理論だと思うのだけれど。しかし、原文の影というものがあるとすると、たとえ影であってもそれは到達すべきものとして想定されているのではないでしょうか。その点、第三項としての原文の影というものが、具体的にどういうものかというのがよくわからない。

田中　第三項それ自体は〈語りえぬ〉了解不能、捉えた瞬間に消えています。知覚できる世界には現象しません。作品論で見せるしかありません。村上春樹論について書いたものや例えば、私の志賀直哉の『城の崎にて』論と志賀の専門家のそれと対照していただくか、または『日本文学』の二〇一三年八月号の拙稿をご覧いただければと願います。

〈原文〉の〈影〉が〈形〉を取って〈本文〉となり、この〈本文〉という準拠枠の成り立ちを見ると、「読むこと」の究極が問われています。一般的に読書行為とは何かというと、芥川龍之介が昭和二年に自決したとき、小林秀雄は、『芥川龍之介の美神と宿命』で、「少《すく》くとも僕には、批評の興味といふものは作品から作者の星を発見するといふ事以外にはない。」と、こう断言します。もう何度もおしゃべりしてきたことですが、私はそう考えません。「作者」ではない。「読者」です。「読者」が自身の宿命を発見することです。

■「宿命の星」と「未見の他者」

中村　「読者の宿命の発見」を求める読みが正解主義であるわけがない。

田中　はい。僕の想定している文学作品の読書行為とは、田近先生に出したラブレターの中にも書いていますけれど、〈自己教育作用〉です。どうやって読み手が〈自己倒壊〉を起こすか、そのサポートをするのが文学教育、文学教育は〈自己教育〉のサポートと考えています。まず、教師自身がそれがなされていなければならない、教師が己の宿命の星に向かう。時に国語教育を専門にする研究者に言われるのですが、自分は第三項を理解しているが、子どもは理解できないとか、現場には通用しないとかの指摘を受けます。教室での直接の教授法を私にきくな、僕はあなたに言っている、また、子どもへの〈自己教育作用〉にいかに関わることが可能か、〈本文〉が準拠枠、まずこれと向き合うべきだと僕は考えています。

田近　読者は、それぞれがそれぞれのパーソナルセンテンスを問い直すのだけれど、そのとき、それぞれの宿命の星とは何なのでしょう。宿命の星に出会えるとはどういうことなのでしょう。宿命の星とは、私のことばで言うなら、私にとっての「未見の他者」だと思うのですが、しかし、その宿命の星は、出会えたと思った時、すでに自己の枠の内にのみ存在します。私たちは読みを通して、はたして、そのようなものに出会えるのでしょうか。

田中　全て事後的、宿命の星の発見は読みの極意だから、その人の究極、急に取り出せるわけでないし、〈読みの動的過程〉の中にしかいない。我々は〈読みの動的過程〉のプロセスのある一端を生きているにすぎません。その中で、優れたものとの出会いによって、〈自己倒壊〉を続けていくことと思います。

■「宿命の星」と「〈原文〉の影」の関係

田近　それが成立するのは、原文の影と出会うからだと田中さんは考えておられる。そう考えていいでしょうか。原文の影とは、宿命の星とどういう関係にあると考えたらいいのですか。原文の影を求めて、宿命の星に出会うということになるのだと思いますが、そもそも原文の影というのはどういう形であるのでしょうか。実体として存在する原文に影があるとすると、それは原文の実体性とのつながりの上に存在することになります。原文の影を想定すること自体、原文にしばられることになるのではありませんか。田中さんの第三項理論の中核的な問題だから、できるだけ具体的にうかがっておきたいと思います。

田中　はい。どういう形であるか、具体的に僕もお見せしたいと思っています。二〇一三年の『日本文学』の二月号に掲載した拙稿「奇跡の名作、魯迅『故郷』の力」を例にさせていただきます。『故郷』は今まで日中双方とも、対象の文章が実体として安定的に実在すると読まれてきました。これを方法論ではなく、グランドセオリーから転換して読まなければ作品の力は十全に発揮されないと考えています。「昼と夜の同時存在」も、「二十年三十年問題」も、「読みの準拠枠」自体を変えなければ、魯迅の小説も〈近代小説〉ですから、読めない、これが僕の立場です。客体の文章はオリジナルセンテンスとして捉えないと、その〈仕組み〉が捉えにくい、〈近代小説〉の作家たち、彼らにとって世界は魯迅にとっても三島由紀夫にとっても、漱石・鷗外・賢治、いや、芥川や志賀直哉にとっても、究極において生死一如の牢獄です。自然主義リアリズムに収まりません。「鉄の部屋」なのは清朝や中華民国時代の中国だけではありません。生は「鉄の部屋」、生きることそれ自体が「鉄の部屋」に生きることと私は考えています。ここから脱出する鍵を内側にいて、外から開けようとするのが、世界の傑作です。『故郷』は相対主義の世界観認識を超克して表出しています。世界の複数性は前提になっているのです。昼にして夜、夜にして昼の世界です。主人公の「私」のなかの闘士《ルントー》はここに登場し、この世のものではないと猹《チャー》と闘います。「鉄の部屋」に『やまなし』のかにの親子は登場し、この世のものではないクラムボンが現れ、食物連鎖・生命連鎖の修羅＝「鉄の部屋」に『やまなし』の「春」が訪れるのです。このことはまた別の機会に詳しくお話ししなければならないこと、〈近代小説〉の究極の世界、世界は客体そのものでない、ではないが、生・老・病・死の「鉄の部屋」を内側から開けようとします。世界そのものは捉えられない、自ら捉えた世界に人は生きるしかない。〈原文〉自体は捉えられない。〈原文〉の〈影〉に囲い込まれている。これを〈向こう〉の折り返しで内破する。実践の読みのプロセスしかお見せできない。ただし、ポイントはある。何かというと、世界観認識の枠組みを示すこと、〈原文〉ということは、村上春樹ふうにいうと地下二階ですから直接的には永遠に捉えられないもの、了解不能の《他者》。この《他者》は永遠に捉えられない。〈向こう〉側から語ることはできない。これが絶対性の問題に重なっている。

〈近代文学〉の重要なものは絶対性、複数性、他者性。これとの出会いと〈自己倒壊〉が読み手の内なる制度を瓦解させ、その価値共同体を壊し、生命を生命たらしめていく。ドストエフスキーが最もそういうことをする、とそう考えています。

■『やまなし』をどう読むか

田近

『やまなし』でいくと、『やまなし』を読んで、ストーリーを一応読み取りますよね。それは、本文、恣意的なパーソナルセンテンスだと考えて、さらに読みを深めていく、つまり、それを瓦解させていく、そのために、宿命の星を『やまなし』に求めるとすると、『やまなし』が読者の上にどのような宿命の星としてあるかというのを自らに問うことになる。それは、読者が自らの中にあるパーソナルセンテンスとしての『やまなし』とは何かを問うのだと思います。読者は『やまなし』とは何かを問う、その動的過程を通して、自分にとっての「未見の他者」を求めていくのだと思います。

田中　はい。よくわかります。『やまなし』なら『やまなし』、自身に現象した〈本文〉を問い直すときに、何が問い直されるかというと、自分の中にある価値世界、その制度性です。現代文明社会の価値を背負い、その価値世界を瓦解させて、自身を発見していく。『やまなし』の〈ことばの仕組み〉がこれを促すのです。

中村　まず、「小さな谷川の底を写した、二枚の青い幻灯です。」という語りの一文がある。そして、「一　五月」、二匹のかにの子どもらの会話で始まる五月の物語があり、次に、「二　一二月」の物語。そして最後に「私の幻灯は、これでおしまいであります。」で『やまなし』は閉じられる。この語り、語られる関係の中に制度の価値を倒壊するからくりが仕掛けられている。こうした作品を田中先生は小説童話と言われる。

田中　この小説童話は、エンターテイメント性がほとんどない、これを読んですぐおもしろいとは思わない。なんだかよくわからない。しかし、何回も読み返していると、どこかで心に響いてきます。ああなるほど、西郷竹彦さんがこれだけがんばって著書をお出しになるのも牛山恵さんが情熱をかけて力作の論文を生み出すのもこの作品の力です。この作品を読み込んでいくと、だんだん自分が変わっていき、現世とはいったん、切断されていきます。僕らの日常や感情移入をはじき返して独自の世界が〈向こう〉に創出されてくる。この世と非連続のなかで。

『きつねの窓』は僕らの日常と連続している。『やまなし』はそれを許してくれない。だから、読んでも最初のうちはちっとも入ってこなくて正直、苦痛です。読まされるのが。しかし、繰り返し読んでいくと、ああそうか、これは拒まれた感情移入の〈向こう〉と向き合うのだ、〈向こう〉側から引き返すんだと感じます。クラムボンは魚に食べられる。死んだよ、殺されたよ、となります。しかし、クラムボンたちは目の前にたくさん、はじくようにいますから笑ったよ、という言葉が何回も、何回も出てきます。そこには生と死の問題が無邪気なかにの兄弟たちの中で繰り広げられていく。「五月」、かわせみはそのクラムボンを食べた魚をとっていく。食物連鎖の世界ですよね。食物連鎖の世界のまんま、そこには僕らのもろもろの感情、痛いとか苦しいとかという感情を全部はじきだしていく。それが小川の底の世界であり、「五月」の世界ではないかと思います。

「一二月」になってどうなるか。「一一月」ではだめで、非対称性の「一二月」でなければならない。世界は循環しながらずれていきますから。「一二月」の季節が次の「五月」にはなっていくわけだけれども、そのまま次の「五月」になるわけではなく、ずれながら重なって森羅万象が表れます。僕から見ると、結論は「死」に裏打ちされた生の恵、神の恩寵で満たされること、その神の恩寵が、この「五月」、「一二月」の繰り返しに現れます。

中村　『やまなし』の底なしの深層の中から、そういうものを宿命の星として田中先生は読んだ。

田中　僕はそう読んだだけで、お前の宿命の星を出してみろと言ったって、動的過程の中にしかありませんが、どういう死に方をお前は望むかと問われれば、「花の下にて」と思います。桜の花見てどうやって死のうか、と。僕は『小説の力――新しい作品論のために』の「あとがき」に書いているように小学校三年生のときから死ぬことばかり考えている人間でした。これは本当なんです。

■「〈原文〉の影」は読者の内にある

田近　田中さんの言われる原文の影というのは、読者の内にあるのですよね。繰り返し、繰り返し読んでいるうちに、今の『やまなし』のように、だんだん見えてくるわけですね。見えてくるものを、それはいったい何かというふうに探っていくわけだ。それが〈原文〉の〈影〉の読みですね。

田中　はい。おっしゃる通りです。『やまなし』は僕を拉致し、その結節点に宿命の星を想定しています。どうやって自身をクリエイトするか。どういう死に方をするか、それが僕個人の〈読み〉にほかなりません。

田近　田中さんのお話は、要するに、繰り返し、繰り返し、僕の言葉で言うと「語とその連鎖」としての文章を繰り返し、繰り返し読む。ということは、その度に本文が読者の中に、繰り返し立ち上がる。繰り返し、繰り返し立ち上がる本文の中に宿命の星というとカッコイイけれど、実は読者である田中さんを撃ったものが見えてくる。見えてくるものを想定しながら、つまり、原文の影を求めながら、本文1、本文2、本文3、本文4というように本文を繰り返し、繰り返し立ち上げていくわけですね。

田中　それが作品の評価になってきますよね。

田近　それはわかります。私も同じようなことを言っていますから。本文の根拠はどこにあるか、と言ったときに、文章をどう読んだか、という読みの中に本文の根拠はある。本文3、本文4……の根拠は、「語とその連鎖」としての文章にどのように意味を与えたかという読みのプロセスの中にしかないと思います。

中村　ただ、自分の中の問題として、「私の一義」に〈読み〉のベクトルはある。

田中　普遍的なものとかではなくて、が重要で、イーザーを斥けます。それが、イーザー派の加藤典洋と僕の違い……。

田近　その違いはね、加藤典洋氏の場合はね、第一項というのは読者自身。第二項はテキスト、第三項は読者のうちに現れる第二項の影ということでしょう。

田中　はい。そういう言い方でもいいのかもしれませんが、〈第三項〉は永遠に捉えられない客体そのもの、その〈影〉が読み手に現れていると僕は思います。〈第三項〉のない第二項の〈影〉では世界の秘密は見えないまま。読書行為の始まる瞬間と人が世界を捉えようとする瞬間とは原理的、原則的に同じ、同じ現象が起こる。読者が文学作品を読んだ瞬間、対象の客体は〈わたしのなかの他者〉と了解不能の《他者》に分離する、私はそう考えています。客体の対象そのものは永遠に誰にも捉えられない、この主客の分離、主体と客体は同時に存在する。主体がなければ客体もない。これが大森荘蔵の「真実の百面相」の趣旨、水深ゼロメートルです。

中村　『ごんぎつね』の「も」の問題を田近先生は言語的資材である副助詞と言われます。田中先生の説明では、自分の〈本文〉の中に齟齬ができて、「も」を〈本文〉と了解不能の《他者》である〈原文〉の影との相関で読み直さなければならないということでしょうか？

そして「〈原文〉の影」も読者の内なる現象なのですね。私の中で現象した「わからない」が〈本文〉に内包されている。

田中　先生がおっしゃっていることは、ジュネットから後期ナラトロジーのパトリック・オニールと基本は同じです。僕がこの「物語論」ではダメだと言っているのは「超越」との対決が薄弱、そのことです。「還元不可能な複数性」に立って、これをどう超えるか。ここが問題になってくる、ここに、マジック、世界が秩序を保つか、保ちえないか、ニヒリズム、神々の闘争で戦場カメラマンが殺されたように死んでいくか、どうかです。

田近　加藤典洋氏も誤解していると思います。私も今、田中さんの話を聞いて、はっきりしましたけれど、原文の影というのは読者の中にあるということについては、どれだけの人がわかっているでしょうか。繰り返し読んでいるうちに自分の中にだんだんだんだん宿命の星として見えてくるのが原文の影だと考えているんですよね。第二項本文というのは、極めて恣意的なものであって、この恣意的なものをなくすためには、第三項を想定して、第三項に近づこうとするというように受け取られている。つまり、読者の外に第三項があって、その第三項というものを想定して、それに近づこうというように、加藤典洋氏も考えているのではないかな。繰り返し読むごとに現象する本文が、その本文の中に原文の影があるというようになりますね。

田中　はい。その通りです。だから、瓦解、〈自己倒壊〉を読みの必須の条件にしています。加藤さんの『日本文学』三月号の論文ではそこは解消されているように思います。しかし、対立は根が深いですね。

六　『きつねの窓』の作品価値・教材価値

田近　僕の場合は、立ち上がる本文というのは恣意的である。本文2、本文3、本文4とできてくる。本文の根拠は、「語と連鎖」の文章にどのような文脈を与えるかという文脈化の働きの中にある。読者の文脈化の働きが重要である。文脈化の働きを問い返すとともに、そこに成立した本文の意味を問うていく――それが読みの教育の問題だ、と考えています。

田中　はい。先生の場合、だから、読書行為論、オニールに近いですよね。「語の連鎖」は客体に実体としてはめ込まれていると彼も考えています。第二期のバルトはそこを解体させて、「還元不可能な複数性」として、「読むこと」を禁じ、文脈を解体させ、「爆発」させ、「散布」させ、記号に解体させました。ここから、後期、第二のバルトとの闘い、僕の「深層批評」

が始まります。いつも申し上げていますように、田中の「深層批評」は読書行為論を含めた実体論との闘いだけでなく、この「表層批評」に対峙《たいじ》させ、第三項を立て、記号ではなく、〈文脈〉を、「読むこと」を復活、再生させて登場させました。先生との齟齬の問題は、お考えに思考の制度、思考の枠組みとしての瓦解、〈自己倒壊〉を認めていただければ、轡《くつわ》が並ぶと思います。具体的には何が問題かというと、〈近代小説〉の場合、〈語り〉は語った出来事ではなく、これを超えて〈向こう〉から照らし返す、これを読むことです。『羅生門』も、芥川がなぜ足かけ三年もかかって書き直したのか、そのたどり着いた「末期《まつご》の目」が志賀直哉の『城の崎にて』に重なります。その凄味《すごみ》は対象の文章をもし〈本文〉、パーソナルセンテンス、虚無の〈向こう〉から現れた現象であることを前提にし、これを準拠枠として読む文化のなかでなら、よくわかるはずです。志賀が天才的才能を持って「死」に臨んでいた表現者だった。「近代小説の一極北――志賀直哉『城の崎にて』の深層批評――」(『文学が教育にできること――「読むこと」の秘鑰――』教育出版二〇一三)で書いたことはこのことです。志賀の研究者とは大きく違います。

『やまなし』は読者の現実といったん切断している、『きつねの窓』は僕らの日常的感情をそのまま受け入れ、許します。消費の対象、消耗品です。子ぎつねは高僧の境地のふるまいをする。隣人愛よりさらに高徳、親の敵をも愛する稀有のなかの稀有、そのことを一人称の「ぼく」は全然わかっていない。生身の語り手の「ぼく」がわからないだけでない。〈機能としての語り手〉がわかっていない。何を語っているのか、問題がわからないからです。

「ぼく」が子ぎつねのお母さんを殺した可能性は十分にある。自分のお母さんを殺したかもしれない男に、武器だけを柔らかく受け取り、なめこをあげる。「ぼく」は、しょうもない人。しょうもない人物でもいいですよ。問題は「ぼく」を語る〈語り手〉がこれを相対化できていないことです。これは『走れメロス』同様、迂闊《うかつ》な語り手の〈語り〉です。メロスはセリヌンティウスを二度裏切る。一度は肉体の限界にあっても一度は酒を飲みながら、これは心が内面が約束を裏切っている。裏切りはこのことが問題であり、罪の問題です。メロスはその点だけなら、「ぼく」と同じ、これを回収しないと〈近代小説〉の〈語り〉にはならない……。

田近　『きつねの窓』もこれを読んで、二重の喪失、三重の喪失の物語として読んでいるところでは、それは本質的な意味で物語的かもしれないけれど、それを語っている、三重の喪失を語る私、その中に安房直子が入ってきている。自分の問題を掘り起こしている。要するに、自己表出をそこに見ることができるのではないかと思います。だから、この作品は感傷に流れることを拒絶しているのです。この作品の読みでは、田中さんとなかなか一致しないように思います。繰り返しますが、私は、この作品は感傷に流されようとする読者を拒絶し、読者に孤独に生きる「ぼく」を他者として突きつけてくる作品だと思います。

田中　「ぼく」が問題化しているのは、自身の奇妙な癖、せっかくの「きつねの窓」というマジックを喪失したこと、その痛恨の思いです。それは自身の失った記憶の再現のチャンスを失ったことです。「ぼく」には「女の子」や失った家族がかけがえのない存在だったはずです。もしそうなら、これを語る際、子ぎつねの母親を殺した自身の生業《なりわい》に思いがいたらないことがあるでしょうか。いや、話はそうはなりません。「ぼく」にとってごくあたりまえのきつね殺しは、「ぼく」の生業ですから。子ぎつねにとっての〈いのち〉、母親殺しはあたりまえでしょう。それなら、「ぼく」の家族が恐らくアメリカ軍に爆撃されたり、民間人として殺生されてもあたりまえでしょう。子ぎつねが「ぼく」の鉄砲をもらうかわりに「なめこ」をあげた意味の大きさが物語の一つの山場と思いますが、これを「ぼく」のみならず、〈語り手〉が放置して何を語りたいのか、〈語り手〉はみごとなほど、他者性を欠落させ、それに気づかずに、感傷に溺れて語っていると僕なら読みます。生きることの重さ、殺すことの意味。このことを引き受けること、これこそ児童文学の基本と考えます。河合隼雄が「カウンセリングの本を読むぐらいだったら児童文学の一冊でも読んでほしい」（『カウンセリングを語る　上』創元社一九八五）と言っていますが、それはそこに人生の究極、生き死にを感じ、受け取るからです。安房直子の作品は中学の教材『鳥』を読んだ時にもそう思ったけれど、この作品を読んでも、話の卓抜さ、それは異彩を放って驚いたのですが、その才気だけが浮かび上がっていて、全くこれと同じように感じます。先生との次の機会を待ちたいと願っています。中村さんがもう時間というお顔ですから、もうやめますが、今日のことは感謝しきれません。自分の内部のぎりぎりを話させていただきました。パトリック・オニール、田近洵一というラインが現れるとは思いもしませんでした。『日本文学』の二〇一三年八月号に拙稿「〈主体〉の構築」を出した時、信頼する友人からあの「主体」は田近先生の「言語行動主体の形成」の「主体」を田中は受け継いでいると指摘されました。意識していなかった分、ああ、そうか、とうれしく思いました。

田近　次の機会には、もっと作品に即して語り合いたいと思います。今、田中さんが話された『きつねの窓』にしても、私は、語り手をして、きつねの窓の物語の中に、母親を殺された子ぎつねを語らせているところに、「虚構の作者」を読まなければならないと思っているのです。それが「機能としての語り手」とどう違うのか、そのこともさらに突っ込んでみたいと思います。

中村　時間がまいりました。本日は長時間ありがとうございました。あっという間の三時間でした。文学教育の「〈読み〉の原理」論の双璧ともいえる田中先生と田近先生の対談の実現が、私の夢でした。田中先生からは、丁寧な説明をいただき「第三項論」の理解をさらに深めることができました。また、私たちに身近な田近先生の「創造の〈読み〉」にも新たな発見もあったのではないでしょうか。

ただ、「言語的資材」と「〈原文〉の影」の問題はソシュール理解の違いであるとの田中先生からの御指摘は、今後の重要な課題として残されました。さらに、『きつねの窓』の教材価値については、お二人の作品評価がはっきり分かれていましたが、十分には議論を深められませんでした。「教材の価値とは何か」の本質的問題です。

私たちは、今後も真摯に議論を続け、教室での新しい「文学の〈読み〉の方法」を追究したいと思います。そのことは、「ことばと教育の会」から新しい実践が報告されることにつながらなくてはならないでしょう。田中先生、田近先生に深く感謝し、記念すべき対談を閉じます。

（この対談は、二〇一三年三月二三日（土）に、お茶の水中央大学記念館で「ことばと教育の会」の主催で開催された。対談後に二度の加除訂正の交換を経て校了したものである。）

あとがき――ことばと教育の会の足跡と本書の試み

ことばと教育の会の活動は、三十年めを迎え、月例会は三百回を越えました。この間、実践を持ち寄って検討し、また、田近洵一先生を中心に、文学や教育の理論を共同研究してきました。当初は若手の実践家であった会員も、今では指導的立場になり、新しい会員も加わりました。

ことばと教育の会の基本姿勢は、第一に、児童・生徒（学習者）の主体を尊重することであります。具体的には、児童・生徒の「読み」や「ことば」をどのように受けとめ、どのように生かすかということに真剣に取り組むということです。第二に、教師自身が学び手であるということです。あたりまえのことですが、教師自身がまず「読む」「書く」「話す・聞く」という活動を行うということです。教師自身が「読み手」であり「書き手」であり「話し手・聞き手」であることが、教育の第一歩だと考えます。

このような基本姿勢のもと、会員は互いに切磋琢磨《せっさたくま》しながら、これまでに、共同研究の成果を著作としてまとめ、『教室のことば遊び』（一九八四年初版）を初め、四冊の本を世に送り出してきました。

このたび、三十年という節目を迎え、あらためて原点にかえろうということになりました。そして、「読みのおもしろさ」を追究してきたこれまでの研究の成果として、本書『文学の教材研究――〈読み〉のおもしろさを掘り起こす』をまとめました。「読むこと」に向き合ったとき、教材研究の重要性があらためて重要であると考えたからです。本書がまとまるまで、一編の教材について、何度も読み合いを行いました。三度も四度も教材論を書き直した提案者もいます。それでも、研究会で読み合うことは、多様な「読み」と出会うことになり、刺激的で、かつ楽しいものでした。そして、共同で読み合うことによって、教材の「読み」は深まり、あるいは広がり、教材論は練られていきました。本書に収載された教材論は、このような経過程を経て、提案者がたどりついた「個の読み」です。そういう意味では、一つの到達点を示すことになったとは言えますが、お読みいただいた方からのご意見をいただいて、さらに深化することと思います。

本書は「序」から「対談」まで五部構成になっています。まず、巻頭には、「〈読み〉のおもしろさを掘り起こす」というタイトルのもと、田近洵一先生の論文を掲げています。さらに、総論として笠井正信の論文も収載しています。具体的な教材論は、以下の通りです。

「一、基礎としての教師の〈読み〉」（野中三恵子、赤堀貴彦、伊藤あゆみ、神永裕昭）――若手の意欲的な「読み」を取り上げたもので、基本的には、「個の読み」の「覚え書き」集となっています。

「二、教師の〈読み〉から授業へ」（廣川加代子、佐藤久美子、坂本喜代子、橋本則子）――熟達した実践家により、教室実践をふまえてまとめた教材論文集です。

「三、作品論から教材論へ」（中村龍一、牛山恵、木下ひさし、幸田国広）――先行研究をふまえた本格的な論文集で、研究者による多様な「読み」が展開しています。

「対談　文学の〈読み〉の理論と教育」――中村龍一の司会で行われた、田近洵一先生と近代文学研究者の田中実氏による対談で、文学の「読み」の原理を明らかにしようとするものです。ことばと教育の会は、これまでにも機会を得ては田中理論の検討を重ねてきましたが、今回の対談からも学ぶことが多いと考えています。田中理論の「第三項」「機能としての語り」、田近理論の「未見の他者」「言語的資材」などのキーワードを理解することに、「読み」の理論を解明する手がかりがあるのではないでしょうか。

最後に、月例会に参加しながら、本書に執筆がかなわなかった方々、また、本書の出版にご尽力いただいた教育出版の玉井久美子さんに、心から感謝を申し上げます。

【牛山恵】

文学の教材研究
〈読み〉のおもしろさを掘り起こす

2014年3月15日　初版第1刷発行

編著者　田近洵一
　　　　木下ひさし　笠井正信　中村龍一　牛山 恵
　　　　ことばと教育の会

発行者　小林一光
発行所　教育出版株式会社
　　　　101-0051　東京都千代田区神田神保町2-10
　　　　TEL 03-3238-6965／FAX 03-3238-6999
　　　　URL http://www.kyoiku-shuppan.co.jp

装　丁：伊藤久美
ＤＴＰ：スペースアクト
印　刷：三美印刷
製　本：上島製本

ISBN978-4-316-80404-0　C3037